云南财经职业学院资助

Development Level,
Mechanism and Realization Path of Green Finance

绿色金融发展水平、机制及实现路径

李雪林 著

中国金融出版社

责任编辑：王雪珂
责任校对：李俊英
责任印制：丁淮宾

图书在版编目（CIP）数据

绿色金融发展水平、机制及实现路径 / 李雪林著. -- 北京 : 中国金融出版社, 2024. 11. -- ISBN 978 - 7 - 5220 - 2601 - 5

Ⅰ. F832

中国国家版本馆 CIP 数据核字第 2024MQ0202 号

绿色金融发展水平、机制及实现路径
LÜSE JINRONG FAZHAN SHUIPING、JIZHI JI SHIXIAN LUJING

出版发行 中国金融出版社
社址 北京市丰台区益泽路 2 号
市场开发部 （010）66024766，63805472，63439533（传真）
网上书店 www. cfph. cn
（010）66024766，63372837（传真）
读者服务部 （010）66070833，62568380
邮编 100071
经销 新华书店
印刷 北京七彩京通数码快印有限公司
尺寸 169 毫米 × 239 毫米
印张 13. 25
字数 262 千
版次 2024 年 11 月第 1 版
印次 2024 年 11 月第 1 次印刷
定价 62. 00 元
ISBN 978 - 7 - 5220 - 2601 - 5

序　言

党的二十大报告指出，“必须牢固树立和践行绿水青山就是金山银山的理念”以及“推动经济社会发展绿色化、低碳化是实现高质量发展的关键环节”。当前，我国经济进入高质量发展阶段，我国经济的高质量发展、绿色发展离不开金融支持，特别是离不开绿色金融的大力支持，因此，要大力发展绿色金融，助力实现“双碳”目标下经济社会的高质量发展和绿色低碳发展。

为大力发展绿色金融，支持实体经济绿色发展，近年来，一些专家、学者从理论和实践方面进行了大量研究，针对我国绿色金融方面的相关研究和学术论著也较多，但是针对我国绿色金融发展水平、机制以及实现路径的学术研究仍然较少，而本书正是研究我国绿色金融发展水平、机制及其实现路径方面的学术专著。本书以绿色金融促进绿色经济增长与环境协调可持续发展为主要依托，从我国绿色金融发展水平的现状所反映的问题寻找切入点，以促进我国绿色企业高质量发展进而推动绿色经济发展为出发点和落脚点，研究我国绿色金融发展水平与发展机制，提出提高我国绿色金融发展水平、完善发展机制的方法路径，促进金融机构与绿色企业协调可持续发展进而推动绿色经济可持续发展。

本书共分为十章，第一章为导论。首先介绍本书的选题背景与研究意义；其次对研究内容、研究思路和研究方法进行阐释说明；最后指出本书的创新点与不足。第二章为文献综述与基本理论。本章首先针对绿色金融发展的文献进行综述，并评述；再对重要概念进行界定；最后对绿色金融的基本理论进行阐述，作为绿色金融研究的基本理论来支撑本书研究。第三章为理论分析框架。从理论上构造绿色金融发展水平、发展机制的分析框架。其中，针对绿色金融发展水平的“四轮驱动”影响因素、发展水平的评估、发展水平的空间带动效应博弈分析以及发展水平上存在的主要问题及其在发展机制上的反映问题进行了理论框架分析；而针对绿色金融发展机制，主要是从绿色金融发展机制的外部引导和内部运行机制两个方面来分析我国绿色金融发展机制，并提出我国绿色金融发展机制中存在的一些问题，进行深入剖析。第四章对中国绿色金融发展现状进行分析，并对绿色金融市场发展现状与发展中存在的具体问题进行剖析。第五章为中国绿色金融发展水平及其测度分析。首先对我国绿色金融市场发展水平现状、绿色金融改革试验区发展现状进行分析；然后测度我国各省份绿色金融发展水平，并综合测度全国绿色金融发展水平；最后重点针对我国绿色金融发展水平中出现的主要问题及其在发展机制上的反映进行分析。第六章为绿色金融发展机制中参与主体的绿色金融活动分析。主要对绿色金融发展机制中的参与主体政府、金融机构和绿色企业的绿色金融活动进行相关分析，并对绿色金融发展机制在运行中所反映出的问题进行分析；再有，针对我国绿色金融市场上所开展的绿色金融业务存在的主要问题进行详细分析。第七章为政府的绿色政策促进绿色企业融资效果研究。本章主要实证研究了政府绿色政策促进绿色企业融资效果是否显著的问题。首先在理论上提出“政府绿色政策促进绿色企业融资效果显著”的基本假设，然后根据绿色企业经营数据和政府绿色政策指数来构建面板回归模型来对假设进行实证检验。第八章为市场化利率对绿色企业融资约束的影响研究。主要研究市场化利率对绿色企业融资约束影响分析和利率向上波动引致绿色企业逆向融资问题分析。最后，利率向上波动引致绿色企业逆向融资问题，运用银行间同业拆借利率和绿色上市公司数据进行实证检验，通过检验结果进行分析。第九章为提高绿色金融发展水平、改善发展机制的实现路径。本章分别从政府、金融机构和绿色企业三个主体层面对提高我国绿色金融发展水平、改善绿色金融发展机制提出实现路径。第十章为结论及展望。得出本书结论，进行以后研究的展望。

本书是由云南财经职业学院高层次引进人才——李雪林博士独著，是学校国家级职业教育教师创新团队的阶段性成果，较适合财经类专业学生以及对绿色金融研究感兴趣人士阅读。由于著者水平所限，加之撰写时间仓促，本书研究内容的疏漏和瑕疵之处难以避免，敬请有关专家、学者和广大读者批评指正。

李雪林

2024 年 6 月 20 日于云南昆明

前　言

随着全球经济的不断发展，环境日益恶化，环境问题已经越来越影响到全球经济的可持续发展和人类的正常生活，使我们不得不为此付出高昂的代价。为此，我们必须要高度重视环境问题。2015 年通过的《巴黎协定》是各国领导人基于《联合国气候变化框架公约》达成的全新协议，具有一定的历史价值和现实意义。现今，加入《巴黎协定》的国家约有200个，其中也包括我国。为进一步减少碳排放，联合国举办了气候行动峰会，邀请各国领导人共同商讨遏制碳排放的具体行动方案，以保护我们赖以生存的生态环境。在此背景下，近年来，世界各国通过大力发展绿色金融和进行产业转型等途径来降低碳排放，减少对环境的污染，从而保护生态环境，以促进经济、社会和生态的绿色可持续发展。中国作为世界大国，一直积极践行低碳减排。

本书拟在2016 年国家发布的《关于构建绿色金融体系的指导意见》所设计的绿色金融框架之下，来研究中国绿色金融发展水平、机制及其实现路径。具体来看，本书重点从我国绿色金融发展的三个维度六个方面，即绿色金融发展水平的宏观层面和微观层面、绿色金融发展机制的内部和外部、发展绿色金融行为主体的需求方（绿色企业及个人投资者）和供给方（金融机构），来多角度研究中国绿色金融发展水平、机制及其实现路径。采用文献研究法、比较分析法、模拟法、理论建模法、实证研究法等多种研究方法对我国绿色金融发展水平、机制进行研究。根据测度的2018—2020 年我国 31 个省、自治区和直辖市的各省级绿色金融发展指数来衡量我国省份绿色金融发展水平，综合测算了全国绿色金融发展水平，并比较分析了各省份绿色金融发展水平；通过模拟现实中的绿色金融发展机制构建一般性的绿色金融发展机制来对其进行分析；通过实证数据来研究我国发展绿色金融行为主体需求方（绿色企业及个人投资者）的融资问题，通过政策和市场运行来研究绿色金融行为主体供给方（金融机构）在提供绿色金融业务的发展中存在的主要问题。再针对这些问题进行研究，提出提高我国绿色金融发展水平以及改善机制的实现路径。

第一，在绿色金融发展水平方面，通过对全国及各省份绿色金融发展水平的测度，本书发现我国绿色金融总体发展水平在逐步提高，但部分省份绿色金融发展水平还较低，发展速度缓慢。这主要与绿色政策的贯彻执行不到位、金融市场上的金融机构在发展绿色金融中“打假绿色牌”有关。同时，我国绿色金融发展水平存在严重的区域发展不平衡，这主要与地区经济发展的较大差异、环保重视程度的差异以及经济高质量发展、可持续发展需求差异有关。再有，绿色金融改革试点对周边省份的绿色金融发展水平带动能力较弱。这可能是由于绿色金融改革试验区与周边省份的绿色金融合作较少，绿色金融业务帮扶较少等有关。

第二，在绿色金融发展机制方面，通过模拟构建的绿色金融发展外部引导机制和内部运行机制与现实情况结合分析，可以得出以下结论：从外部引导机制存在的问题来看，一是绿色政策引导行为主体参与绿色经济活动的效率较低，二是绿色金融发展机制不能有效引导非绿色企业承担社会责任；从内部运行机制存在的问题来看，一是金融机构仍大量提供非绿色资金，“打假绿色牌”，二是企业投融资存在“漂绿”“洗绿”问题。

第三，在绿色企业融资方面，近年来，我国绿色企业常常面临融资约束压力，出现融资难问题。那么，我国绿色政策在缓解融资约束压力，促进绿色企业融资方面是否起到了显著效果？为研究这个问题，本书选取2012—2020年148家上市绿色企业（包括中小板、创业板）数据和政府绿色政策支持度指数（代表绿色政策）进行实证研究，结果发现，绿色政策促进绿色企业融资的效果不显著。说明我国绿色政策在促进绿色企业融资方面，效果不明显。

我国建立的是以市场为主导的绿色金融体系，那么，市场化利率波动对绿色企业融资约束产生了怎样的影响呢？本书选取2012—2020年148家上市绿色企业（包括中小板、创业板）的数据和银行间同业拆借利率（代替市场化利率）进行实证研究，结果发现，近年来的市场化利率波动对绿色企业融资约束有着负向影响，这导致了绿色企业逆向融资问题。

第四，通过对我国绿色金融发展水平、机制的深入研究，对存在的问题进行分析，本书分别从政府、金融机构、绿色企业三个行为主体的角度，提出提高我国绿色金融发展水平、改善绿色金融发展机制的实现路径：

从政府引导绿色金融发展角度提出的实现路径有以下五条：一是完善绿色金融相关标准、评估体系及绿色金融法律体系；二是加强调控绿色金融市场机制失灵下的产品供给与需求；三是实施绿色金融监管，加大绿色政策与市场融合的推动力；四是发挥绿色金融改革试验区的带动、帮扶作用；五是提供充足的绿色财政资金支持绿色金融发展。

从金融机构提供绿色金融业务角度提出的实现路径有以下四条：一是积极践行ESG发展理念，严格执行绿色政策；二是落实促进绿色金融发展的外部激励措施，加强专业人才培养；三是投入研发以创新满足各类绿色企业需求的绿色金融产品；四是合理调整融资利率，保障绿色企业所需资金的有效供给。

从绿色企业融资需求角度提出的实现路径有以下四条：一是研发先进生产技术，提高绿色企业利润；二是建立公开化的企业信息平台，构建多方绿色合作机制；三是保持收益的持续性和稳定性，申请政策支持和商业支持；四是搭建融资互助合作平台，实现企业资金整合的规模效应。

目　　录

第一章 导 论

第一节 选题背景及研究意义

多年来，人类经济活动给大自然的生态环境带来严重的破坏和难以承受的负担，如果不及时有效地采取措施进行处理和解决生态环境恶化问题，势必会造成环保成本的急剧增加，导致全球经济发展出现不可持续性，不仅影响到经济社会的可持续发展，还会严重危害子孙后代的生存发展。因而，“绿色发展理念”将成为世界各国解决人类生存、社会发展与自然环境恶化问题的“金钥匙”，也成为世界各国经济社会和谐发展的基本理念。近年来，我国在以习近平同志为核心的党中央领导下，高度重视生态环保，将生态文明建设纳入“五位一体”的战略布局，弘扬绿色发展理念，将“绿水青山就是金山银山”的理念应用于实践，并大力发展绿色经济，发展绿色金融。然而，目前我国在提高绿色金融发展水平、改善绿色金融发展机制的过程中仍存在诸多需要解决的问题，研究这些主要问题进而提出实现路径，对于推进我国经济发展的绿色发展战略以及实现经济高质量发展与生态文明建设意义重大。

一、选题背景

随着全球经济的不断发展，环境日益恶化，环境问题已经越来越影响到全球经济的可持续发展和人类的正常生活，使我们不得不为此付出高昂的代价。如何有效保护生态环境、发展绿色经济便成为联合国及世界各国亟须解决的重大问题。2015 年的《巴黎协定》是在《联合国气候变化框架公约》的引领下得到各个国家领导人认可而形成的重要文件。到 2021 年 4 月已经有近 200 个国家加入，其中也包括我国。为进一步减少碳排放，联合国在 2019 年的气候行动国际会议上再次与各国领导人共同商讨遏制碳排放的具体行动方案，以保护我们赖以生存的生态环境。在此背景下，近年来，世界各国大力发展绿色金融并通过产业转型等途径来降低碳排放，从而减少对环境的污染，保护生态环境，以促进社会、经济和生态的绿色可持续发展。

随着我国环境问题与资源问题的逐渐凸显，环境相关信息的披露需要制定相关标准并进行加强。根据生态环境部网站的公告，仅 2019 年 12 月我国就接到环保举报 34725 起，其中大气污染和水体污染最为常见，占比分别为 50.4% 与 12.9%。与该情况近乎一致的是，我国最近几年的废气与废水的总排量呈现持续增加的趋势，使得污染事件的发生接连不断。

目前，我国经济社会发展迈入了新的阶段，经济发展也从高速增长向高质量发展转变，政府已充分意识到保护生态环境的重要性。怎样在稳步推进经济高质量发展与进步的同时还能注重生态环境的健康发展、高质量发展，是我国经济社会发展的核心问题之一。中共中央以及相关部门在 2015 年明确“绿水青山就是金山银山”的理念。党的十九大明确将污染防治列为“三大攻坚战”之一，而绿色金融发展在污染防治过程中发挥着至关重要的作用。随着我国政府陆续发布许多绿色金融相关文件及政策，各省份也纷纷大力发展绿色金融。2019 年 3 月，李克强总理在政府工作报告中提出要对生态文明建设和污染的预防治理进行加强，要更加重视绿色发展战略。这些政策对促进绿色金融发展起到了关键性作用。自从我国提出大力发展绿色金融以来，政府相继制定和出台了一些绿色金融相关的文件和政策以鼓励和支持大力发展绿色金融，并建立了六省份九地区的绿色金融改革试验区，以引领全国各省份、各地区大力发展绿色金融，提高绿色金融发展水平。针对我国绿色金融发展水平，我国有一些学者做过相关研究，其中，李晓西、夏光（2014）在《中国绿色金融报告（2014）》中综合测度得出了我国绿色金融发展水平。在后期的研究中，也有诸多研究者借鉴此方法进行绿色金融发展水平的测度。而王遥等（2018）在《地方绿色金融发展指数与评估报告》中，综合测度得出了我国各省份绿色金融发展水平。另外，对于我国绿色金融发展水平的测度，由于我国绿色金融发展规模中，绿色信贷规模的比重较高，因此，在研究我国绿色金融发展水平时，一些学者用绿色信贷发展水平代替绿色金融发展水平。

然而，近年来我国绿色金融发展水平究竟如何，以及在提高我国绿色金融发展水平的同时还存在着哪些问题？这些问题反映在绿色金融发展机制上的哪些方面？尤其是在我国绿色金融发展机制的内部运行中，参与主体在开展绿色金融的过程中还存在着哪些主要问题？针对这些问题，本书将重点展开研究。

二、研究意义

本书以绿色金融促进绿色经济增长与环境协调可持续发展作为主要依托，从我国绿色金融发展水平的现状所反映的问题作为切入点，以促进我国绿色企业高质量发展进而推动绿色经济发展作为出发点和落脚点，研究我国绿色金融发展水平与发展机制，提出可以提高我国绿色金融发展水平、完善发展机制的措施，实现金融机构与绿色企业的协调可持续发展，进而推动绿色经济可持续发展。

（一）研究的理论意义

第一，丰富和发展我国绿色企业融资约束的理论研究成果。本文结合我国所处的绿色发展阶段所面临绿色企业的融资约束，构建绿色企业融资约束的理论模型，深入分析我国绿色金融发展中的融资约束问题，并用市场供求理论和实证案例来验证模型的结论。

第二，针对我国绿色政策下绿色企业融资问题研究，本书通过运用绿色上市公司微观数据，构建基本模型，再将政府政策支持度指数、经济增长绿色化指数及金融规模等指标纳入基本模型，分别构建绿色政策下我国绿色企业融资的静态和动态面板模型，考察绿色政策是否显著促进了我国绿色企业融资。在理论和实证分析上拓展现有的相关研究成果。

第三，拓宽了现有对绿色金融发展水平、机制问题及其实现路径的研究范围。本书针对我国绿色金融发展水平、机制问题进行研究，并提出了提高绿色金融发展水平、完善机制的实现路径，拓宽了现有对绿色金融发展水平及路径的研究范围，对我国区域绿色金融发展水平、机制问题的研究及省际绿色金融发展水平、机制问题的研究也具有一定理论借鉴意义。

（二）研究的现实意义

第一，重点研究我国绿色金融发展水平和发展机制，寻求提高绿色金融发展水平、改善发展机制的实现路径，对深入发展绿色金融，推动绿色经济高质量发展，践行党的十九大提出的三大攻坚战之一的“污染防治”，大力发展低碳经济，实现“碳达峰、碳中和”具有指导性和现实性意义。具体来看，分析我国绿色金融发展水平和解决发展机制中存在的问题，可以有效引导绿色资金投向绿色企业，用于发展绿色项目、绿色产业及进行污染防治等，推动我国绿色经济的可持续发展。

第二，研究我国绿色金融发展水平、机制及其实现路径，有助于推动我国绿色金融体系的构建以促进绿色发展。我国绿色金融在推动绿色发展中居于核心地位，绿色金融在推动绿色发展中，在市场规模、绿色金融产品等诸多方面比绿色财政等其他方式具有显著的比较优势。为此，研究我国绿色金融发展水平和发展机制及其实现路径有着重要的现实意义。

第三，结合我国绿色金融发展水平的实际情况提出当前我国绿色金融发展路径，为我国经济高质量发展和低碳发展提供有价值的参考。同时可以为政府、金融机构发展绿色金融提供参考。

第二节　研究内容

本书的研究内容有：

第一章为导论。首先介绍本书的选题背景与研究意义；其次对研究内容、研究思路和研究方法进行阐释说明。最后指出本书的创新点与不足。

第二章为文献综述与基本理论。本章首先针对绿色金融发展的文献进行综述，并评述；其次，对重要概念进行界定；最后对绿色金融的基本理论进行阐述，作为绿色金融研究的基本理论来支撑本书研究。

第三章为理论分析框架。从理论上构造绿色金融发展水平、发展机制的分析框架。其中，针对绿色金融发展水平的“四轮驱动”影响因素、发展水平的评估、发展水平的空间带动效应博弈分析，以及发展水平上存在的主要问题及其在发展机制上的反映问题进行了理论框架分析；而针对绿色金融发展机制，主要是从绿色金融发展机制的外部引导和内部运行机制两个方面来分析我国绿色金融发展机制。并提出我国绿色金融发展机制中存在的一些问题，进行深入剖析。

第四章对中国绿色金融发展现状进行分析，并对绿色金融市场发展现状与发展中存在的具体问题进行剖析。

第五章为中国绿色金融发展水平及其测度分析。首先对我国绿色金融市场发展水平现状、绿色金融改革试验区发展现状进行分析；其次测度我国各省份绿色金融发展水平，并综合测度全国绿色金融发展水平；最后重点针对我国绿色金融发展水平中出现的主要问题及其在发展机制上的反映进行分析。

第六章为绿色金融发展机制中参与主体的绿色金融活动分析。主要对绿色金融发展机制中的参与主体政府、金融机构和绿色企业的绿色金融活动进行相关分析，并对绿色金融发展机制在运行中所反映出的问题进行分析，同时也针对我国绿色金融市场上所开展的绿色金融业务存在的主要问题进行详细分析。

第七章为政府的绿色政策促进绿色企业融资效果研究。本章主要实证研究了政府绿色政策促进绿色企业融资效果是否显著的问题。首先在理论上提出“政府绿色政策促进绿色企业融资效果显著”的基本假设，然后根据绿色企业经营数据和政府绿色政策指数构建面板回归模型来对假设进行实证检验。

第八章为市场化利率对绿色企业融资约束的影响研究。主要研究市场化利率对绿色企业融资约束影响分析和利率向上波动引致绿色企业逆向融资问题分析。最后，对于利率向上波动引致绿色企业逆向融资问题，运用银行间同业拆借利率和绿色上市公司数据进行实证检验，通过检验结果进行分析。

第九章为提高绿色金融发展水平、改善发展机制的实现路径。本章分别从政府、金融机构和绿色企业三个主体角度提出提高我国绿色金融发展水平、改善绿色金融发展机制的实现路径。

第十章为结论及展望。得出本书结论，进行以后研究的展望。

第三节 研究思路与研究方法

一、研究思路

本书采用“研究背景与问题的提出→相关概念→文献综述与理论基础→理论分析框架→问题分析→实证研究→发展路径→结论与展望”为本书研究的技术路线，具体如图 1.1 所示。

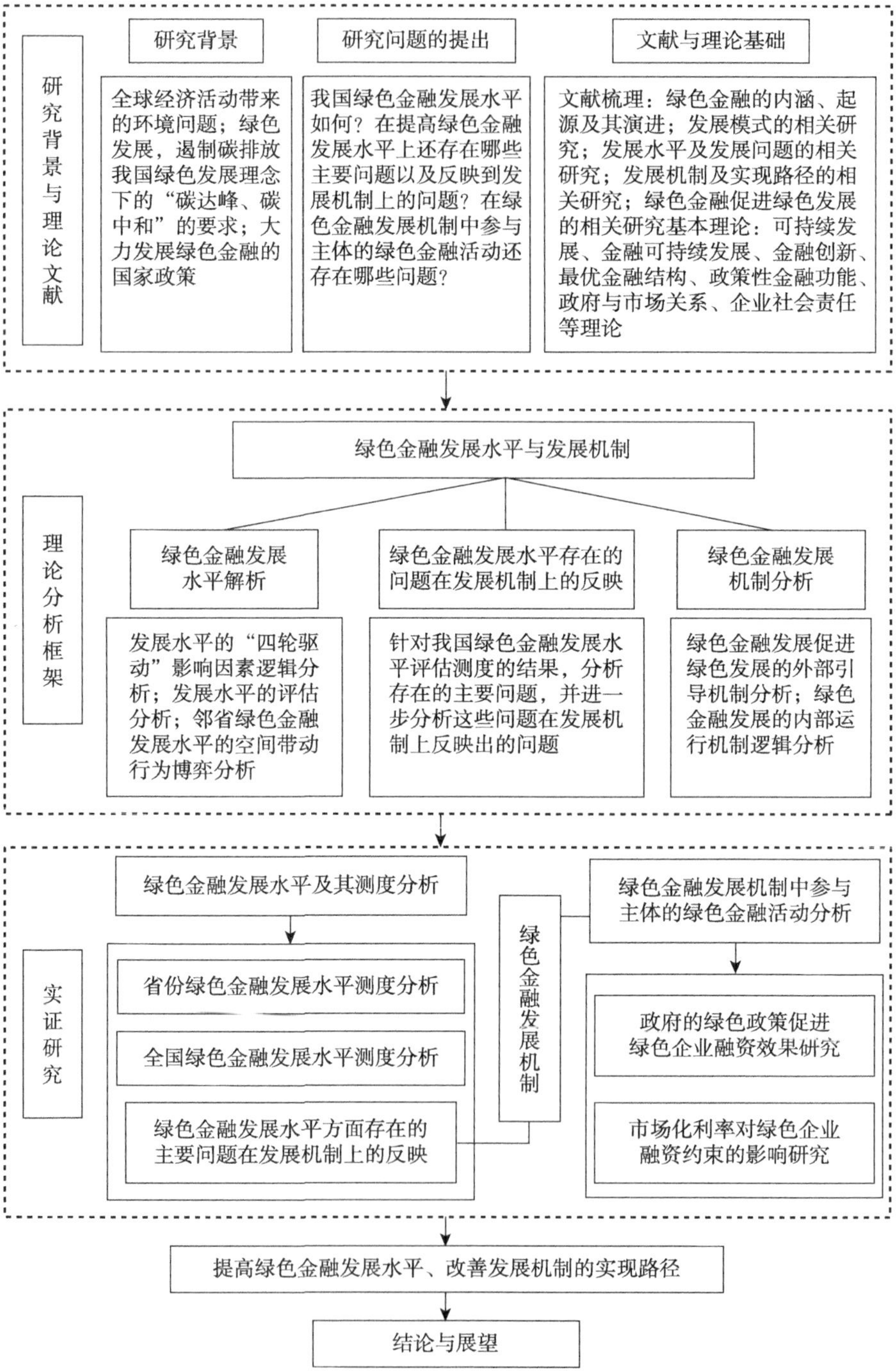

图 1.1　本书的技术路线图

二、研究方法

本书的研究方法主要有：

（一）文献研究法

本书运用文献研究法对绿色金融的起源、内涵、发展模式、发展中存在的问题及实现路径等文献内容展开综述，并在理论和实践方面分析我国绿色金融发展水平和发展问题。

（二）统计分析法和比较分析法

本书采用统计分析法对我国各省份绿色金融发展水平进行测度和统计分析。然后采用比较分析法对我国各省份绿色金融发展水平在政府政策效果和绿色金融市场实施效果方面分别进行比较分析，进而发现我国绿色金融发展中存在的主要问题。

（三）计量经济学回归分析法

本书在我国绿色政策下的绿色企业融资效果、利率向上波动引致绿色企业逆向融资这两个问题的实证研究中，分别运用了计量经济学回归分析法来实证研究我国在各种政策的影响下，我国绿色企业的融资效果问题、绿色企业逆向融资问题。以我国上市绿色企业的微观指标来构建基本模型，将我国政府的绿色政策支持度指数、经济增长绿化度指数、信贷规模变化、银行同业拆借利率等指标引入到基本模型中，通过静态和动态的计量回归模型结果来研究我国绿色政策对绿色企业融资效果的影响、利率波动对绿色企业融资的影响。

第四节　研究的创新点与不足

一、研究的创新点

本书的创新点有以下几点：

一是在前人测度的绿色金融发展指数的基础上，加入了金融科技指数，综合评估测度了全国绿色金融发展水平指数，将前人研究成果进一步优化创新。本书在借鉴王遥等（2018）测度地方绿色金融发展指数的基础上，加入了金融科技指数，综合评估测度了我国各省份绿色金融发展水平指数，并利用已评估测度的各省份绿色金融发展水平指数，在以各省份 GDP 和各省份金融存款余额、各省份贷款余额为加权指标的基础上综合评估测度了全国绿色金融发展水平指数。这进一步优化了我国绿色金融发展指数的评估测度，丰富和完善了现有的研究成果。

二是借鉴陈经伟等（2019）探讨的绿色生态产业融资约束内在机理模型，构建了绿色企业融资约束问题的理论模型。通过市场供求理论进一步验证陈经伟等（2019）探讨的绿色生态产业融资约束内在机理模型结论，然后运用理论模型结论来进行实证，检验利率向上波动引致绿色企业逆向融资问题，并提出相应的创新解决路径。

三是在绿色金融相关研究中，多数研究都是从开展绿色金融的供给端，即金融机构的视角出发进行研究，由于金融机构将绿色项目资金提供给非绿色项目和绿色金融的统计口径不统一等因素，立足于金融机构供给的绿色金融指标很难真实反映我国绿色金融配置效率。因此，从发展绿色金融的需求端，即绿色企业，来研究我国绿色金融配置效率具有针对性和准确性。故本文从绿色金融发展的需求端绿色企业角度出发，将绿色企业作为研究对象，从绿色企业融资需求方面来研究在各种政策的影响下我国绿色企业融资效果问题。以我国上市绿色企业的微观指标来构建基本模型，将我国政府的绿色政策支持度指数、经济增长绿化度指数、信贷规模变化等指标引入到基本模型中，通过静态面板数据和动态面板数据的计量回归模型结果来研究我国绿色政策对提升绿色企业融资效果的影响。需要说明的是，在本质上，绿色金融是生态环境约束下的金融资源配给，应将金融资源高效地提供给绿色企业。

二、研究的不足之处

研究的不足之处有以下三个：

其一，我国绿色金融涵盖面较广，本书只研究了绿色金融发展水平、发展机制及绿色金融市场发展、绿色企业融资等，但是对绿色金融发展机制的其他方面的研究还不够。

其二，本书基于绿色企业的融资需求端，采用不同的上市绿色企业的外源融资需求变化（负债变化）来衡量绿色企业的金融配置效率，进而来反映我国绿色金融配置效率，这在一定程度上存在着偏差。再有，所选择的上市绿色企业并不能完全代表我国绿色企业，但由于未上市的中小绿色企业数据难以获取，再加上仅选取了典型的148家关于新型材料、节能照明、新能源车、智能产业、大环保（风电、美丽中国、太阳能、尾气治理、污水处理、光伏和节能环保）清洁能源和先进材料这些方面的上市绿色企业，没有完全选取所有的绿色上市企业，因此，这也在一定程度上带来偏差，对本书的研究也会产生一定的影响。

其三，本书在研究绿色企业融资约束问题中，所构建的理论模型部分的假定有点过强，可能使得理论模型与绿色企业实际状况有点偏差；绿色企业生产的绿色产品都有一定的差异，用一个典型的绿色企业所生产的绿色产品来代表整体绿色企业生产的绿色产品会有一定的偏差，可能会使得绿色企业融资约束的主要问题有所遗漏；为验证绿色企业融资约束模型的“金融市场上的融资利率越低，绿色企业所面临的融资约束压力越大”的结论，采用我国一年期银行间同业拆借加权平均利率来代表我国市场融资利率，选择一些我国上市绿色企业的负债率作为绿色企业的融资约束程度的代理变量来做出对比检验模型的结论，选择的代理变量与实际也会有一些偏差。这导致检验的结果也只能很大程度上符合实际情况，不能完全精确地检验模型的结论。

第二章　文献综述与基本理论

第一节　文献综述

一、绿色金融的内涵、起源及其演进

（一）绿色金融的内涵及其功能

绿色金融从20世纪80年代产生至今，众多国际组织、政府机关以及学术组织赋予了它不同的理解和内涵，并没有构成一个统一的认知。对于国外的相关学者，Salazar（1998）对绿色金融发展方式进行研究，结果表明在发展中进行一定的创新，是使得金融与环境行业实现互通的重要方式。Cowan（1999）的相关研究表明，绿色金融是将绿色发展与金融学科相连的路径。Labatt、White（2002）也提出与此相似的观点，认为市场是绿色金融进行研究的基础，是将环境的质量进行提高以及危害环境的风险进行降低的金融行业的工具。世界各国对环境的绿色可持续发展持续重视，使绿色金融成为学术研究领域的热门话题。

关于绿色金融，有学者提出了自然环境与金融的发展存在着密不可分的关系（于永达等，2003）。自21世纪初期以来，许多学者们对环境与金融的相关研究成果进行了细致的梳理和探究（周纪昌，2004；朱文忠，2006；匡国建，2008）。通过提升环保意识来促进金融行业的绿色发展也成为人们的关注点。在此过程中，一些学者也提出了所谓的“环境金融”的概念。

环境金融的概念是最先在国外被提出的，Jose Salazar（1998）在对于环境金融的研究中，对于银行业在环保行业的融合资金的需求方面进行创新。在此基础上，在2000年颁布的《美国传统词典》之中，绿色金融被称为可持续性的环境金融，即从该行业领域出发，怎样使用金融的工具来对环境保护起作

用。Sonia Labatt 等（2002）在研究中提出，环境金融的主要内容是对环境的风险性进行降低，对环境的保护进行一种具有推进作用的融合资金的方式。在 2011 年 International Development Finance Club（IDFC）对金融的绿色发展的内涵在官方报告中进行了阐释，其内涵主要是金融和环境相关的项目对行业的绿色发展的可持续性进行投资和融资行为，该报告还对于经济和金融的可持续性发展方向进行了策略的制定。从微观角度来看，金融行业自身想要实现可持续性的发展，发展“绿色金融”也是十分必要的（Jeucken，2001）。

关于“绿色金融”这一概念的内涵及其运用，我国诸多专家学者对此方面进行了一些研究和梳理。其中，安伟（2008）在将国内外众多研究成果进行综合整理后，从较为宏观的层面对金融的绿色发展进行探讨，得出了以下观点：第一，《美国传统词典》将绿色金融称作可持续性的融资或者环境上的融资行为。第二，将绿色的产业发展作为信贷的对象是金融行业绿色发展中对融资发展的看法，在种类和方式以及期限政策和利率等各方面都拥有了一定较为有益的政策措施。第三，金融行业的组织机构在环保的政策之下制定了创新发展战略，从而实现了自身行业的可持续性发展。第四，金融行业在对于环保政策的响应上，实行了绿色发展的战略，信用贷款、保险等金融工具的运用都属于绿色发展的市场措施。也有些学者从不同的出发点来对绿色金融进行了阐述，以环境保护为出发点，方灏（2010）对绿色金融发展本质与模式的创新进行了阐述。也有从市场角度来界定绿色金融内涵的学者，曹和平（2015）从市场角度研究了绿色金融的概念和内涵，指出绿色金融是绿色金融资产一级市场和二级市场的综合。从金融支持的角度来看，安同信等（2017）指出，绿色金融的内涵是以金融支持来助推技术创新、实现经济高质量可持续发展、促进环境与经济的融合。从金融工具视角来看，Li Xuelin（2020）指出，绿色金融的内涵是通过绿色金融工具保护环境和节约资源，支持绿色产业和环保产业，促进经济发展方式转变和产业结构转型升级。然而近年来，也有些学者对绿色金融的概念和内涵的研究视角更为综合化，王凤荣、王康仕（2018）从发展理念、标准与规则相容以及市场化的供给与需求方面指出了我国绿色金融的内涵。而在研究文献的梳理方面，邓翔（2012）、邵光学（2019）和夏诗园（2021）从绿色金融的概念、内涵方面对绿色金融研究进行了梳理。

目前，国内外关于绿色金融的概念及其内涵还没有达成完全一致的共识。

但是，在2016年的G20杭州峰会上，我国发布了《G20绿色金融综合报告》，在该报告中提出了“绿色金融”的基本概念及其内涵的界定范围，即“绿色金融”是指能产生环境效益以支持可持续发展的投融资活动。这一基本概念及其内涵的界定受到了大多数发达国家的高度认可。

（二）绿色金融起源及其演进

国外和国内的绿色金融都有其不同的起源及演进发展过程，因此，本书按照国外和国内绿色金融的起源及其演进分别进行综述。

国外绿色金融最早起源于可持续发展的理念。关于该理念的具体内涵，于1927年在瑞典的第一届联合国人类环境会议上被探讨过。世界环境与发展委员会作为重要的环保部门在1987年发布了《我们共同的未来》，明确了可持续发展的内涵为：在既可以对当代人类的发展需求进行满足的情况下，还可以对于后代所需要的资源不进行损害的发展。为推行可持续发展战略，保护生态环境，世界各国纷纷运用金融工具重点支持环保产业和项目，以谋求各国及全球的可持续发展。

由于20世纪80年代，全球社会、资源以及环境问题日益严重，绿色金融发展理念逐渐进入大众视野（Jeucken和Bouma，1999）。各个国家对于环境保护以及节能减排等问题日益重视，因此，绿色金融发展理念也被逐渐推广开来。随着《京都议定书》的签订，世界各国纷纷着手发展绿色金融。在2009年，在哥本哈根召开的气候峰会中，又继续有一项关于全球气候治理的协议出台，对地球今后的气候变化走向产生了决定性的影响。2015年发布了《巴黎协定》，标志着各国在气候治理上形成共识。为进一步减少碳排放，联合国在2019年的峰会中邀请了各国领导人共同商讨遏制碳排放的具体行动方案。故此，开展绿色金融活动便成为每个国家节能减排的主要措施之一。

具体地说，20世纪70年代，欧美一些发达国家率先开展了绿色金融业务，德国在1974年建立了国际上第一家与生态环保相关的银行机构，专门负责对于普通银行不想开展环境项目相关的优惠贷款服务。在2003年，有10家具有全球服务性质的银行在世界银行的支持下一起开创了“赤道原则”，也就是使得金融机构在对项目投资和融资时，需考量对环境所产生的影响，进行整体性的评价后再进行投资和融资，使得企业、环境在协调发展的前提下，加强使用金融工具来促进经济发展，并且鼓励各种国际性质的大型银行实行绿色贷款业务。在国际性金融行业发展过程中，“赤道原则”作为国际性项目绿色投融资的首个基本标准，被国际上的一些金融机构纷纷采用。1980 年美国《综合环境补偿与责任法》的颁布是大众普遍认可的第一次国际绿色金融实践，对于危险性的物质信托基金和危险性的废物设施废除后的责任信托基金进行了明确规定。在此之后，国际上的众多机构和发达国家在绿色金融市场、定向性质的信贷支持以及金融行业的产品创新等方向进行了探究并取得了显著的成果。直到今天，世界各国特别是美国、英国以及欧盟国家等仍在不断地发展绿色金融，开拓绿色金融市场和创新绿色金融产品。特别是在绿色信贷、绿色证券、绿色保险、绿色股票和绿色信托以及碳金融等方面有了很大进步。

关于我国绿色金融起源与演进，我国有诸多学者进行了相关研究。对我国绿色金融起源及其发展有划分为三个阶段的，也有划分为四个阶段的。钱立华（2018）将我国绿色金融发展分成起始、起步与规模化三个不同的时段。绿色金融发展的起始阶段是 2005 年至 2008 年，这一阶段发布和制定了一些节能环保和减排方案。出现了国内第一家接受“赤道原则”的兴业银行和第一个绿色性质的信用贷款产品。绿色金融发展的初步阶段是 2009 年至 2014 年，中国政府作出温室气体排放控制目标的国际承诺，出台新《环境保护法》；相继发布了《绿色信贷指引》等政策文件，形成了相对完备的绿色信贷政策体系；我国 21 家主要银行发布《银行业绿色信贷共同承诺》来践行和发展绿色金融。规模化时段为 2015 年以后。在此期间确立了绿色发展的理念并且开始建立绿色金融体系并开展了创新性的实践活动。依照一些发展绿色金融的文件，如《关于构建绿色金融体系的指导意见》等来推动绿色金融健康发展。

对于我国绿色金融起源与演进，李云燕、孙桂花（2018）将我国绿色金融发展划分为初始、探究和发展三个过程。1981—2006 年是发展的初始时期。我国在起初的起步时期对于与环境相关的经济活动进行规定。探究阶段为 2007—2011 年。在该阶段我国出台了绿色金融相关政策，来缓解突出的环境问题。2012 年至今为发展阶段，这一阶段我国绿色金融发展有了很大进步。

另外，杨颖（2019）将我国绿色金融发展划分为绿色金融萌芽、发展与快速发展三个阶段。绿色金融发展的萌芽阶段在 1995 年至 2006 年。2007—2012 年为绿色金融初步发展期。2013 年至今为绿色金融快速发展期。这一阶段，尤其是2016年以来，我国绿色金融有了质的变化。

然而，李朋林、叶静童（2019）认为，我国绿色金融开始于20世纪70年代，发展过程涵盖意识上的认知觉醒，理论上的研究探索，实践上的试点研究以及体系的最终完善等多个发展阶段。1973—1995年为我国绿色金融发展在意识上的觉醒阶段。1995—2011年为理论探索时期。2011—2015年是实践探究阶段，该时期我国在碳排放量上的交易试点正式起步，并且伴有众多的政策措施出台发布，对碳排放的市场交易形成了管理。2015年至今是完善时期，我国陆续发布各种绿色金融相关文件鼓励推进绿色金融发展。

中国银监会在2012年颁布了《绿色信贷指引》，在2013年颁布了《绿色信贷统计制度》，这两部文件对金融行业大力开展节约能源、减少污染排放的信用贷款业务上提出了具体要求。中共中央、国务院在2015年颁布相关文件，对建立绿色金融体系提出了明确要求；2016年人民银行等七部门又联合发布了《关于构建绿色金融体系的指导意见》，这代表我国绿色金融开始步入正轨；随后在G20的峰会上，发展绿色金融也成为该会议的核心与焦点；在2017年我国将广东、浙江等五个省份作为绿色金融具体试点地区来大力发展绿色金融。到2019年，甘肃兰州新区成了我国第六个绿色金融改革试点。同时国家也陆续发布了许多关于绿色金融的政策文件，还有，我国发布了一些关于促进民营企业开展绿色金融的相关文件，鼓励金融机构将环境、社会、治理要求纳入业务流程，提升对民营节能环保企业的绿色金融专业服务水平。2021年，我国发布了《银行业金融机构绿色金融评价方案》，重要的是，中共中央在《国民经济和社会发展第十四个五年规划和二〇三五年远景目标的建议》中提出，要进一步推进绿色金融发展。这些绿色金融相关政策对促进我国绿色金融发展的具体化实施起到了关键性作用。

二、绿色金融发展模式的相关研究

关于绿色金融发展模式，Patricks（1966）在研究中提出，需求跟随以及供给引导是金融支持实体经济的两种模式，并且在持续性的经济发展状态形成以前，供给性经济的引领对创新性发展有推动作用，重要的是，他也认为供给引导与需求追踪也是金融发展的两种模式。而绿色金融发展模式也可概括为两种模式，分别为“从上而下”和“从下而上”的发展模式，将绿色金融发展主要集中在污染防治以及环境治理两个方面制定可行策略以及为绿色产业发展在资金提供方面实行的配置机制（Zhang 和 Yang，2011）。

绿色金融发展模式中的“从下而上”以及“需求追踪”的模式，在 20 世纪 80 年代至 90 年代就已经被提出来了，甚至后期更为广泛流行（Jeucken 和 Bouma，1999）。绿色金融发展已经有 20 年之久，西方的一些发达国家已经告别了起始阶段，处于绿色经济发展的较为成熟阶段，大众的环保意识增强，国家对于环境方面的信息机制逐步形成，环境保护方面的规章制度、法律体系等也逐渐完善，这对国内的一些企业在生产过程中的废物排放形成了一定的制约，使得企业的社会责任感不断增强（孙毅、景普秋，2012；李仁杰，2014；李晓西，2017）。在企业内部生产技术与环保机制逐渐成熟的情况下，绿色金融的关键是保证能源、科技的绿色化利用。在一些发达国家，经济与金融的绿色发展是相互促进的，经济是金融的基础，且金融的创新发展也能在一定程度上促进经济的绿色发展。所以，在欧美一些国家中，在环境等法律与规章约束下的绿色发展状况相比自发市场下的绿色发展状况较差，且该种发展状态更符合现实情况（刘乃贵、吴桐，2017）。在绿色金融发展过程中，出现了众多的信息方面的问题，使得在政府对于“从下而上”模式极少参与的情况下，发展进程较慢，许多与市场或经济发展相关的问题需要在实践中不断得到解决（Tamazian 和 Rao，2010；杨娟，2016；马骏，2017）。据统计，在发达国家绿色信贷以及绿色债券在支持绿色发展中，绿色发展容易陷入瓶颈，而大多“从上而下”的绿色金融发展模式的国家为发展中国家，这些发展中国家此时开始逐渐成长，逐步在全球性金融领域占据主导地位。人们逐渐发觉，想要单纯依据市场自发机制的调整来改善目前绿色金融发展速度缓慢且影响力不足的状态是不够的，政府要适当进行干预。因此，对于一些较为传统的金融机构来说，寻求高额利润，会存在绿色金融产品供给上的障碍，在一些环境保护的相关法律与规章制度的约束和引导下，这些金融机构可以大量开展绿色金融服务。

在绿色金融的“从上而下”发展模式与“供给引导”模式之中，发展状况较差的国家节约能源、减少废物排放和实行低碳经济的发展理念和意识匮乏，同时在环境保护相关信息的公开、法律监督管理以及政策的规章制度上缺少民众的监督和约束，使得多数国家在发展中形成了污染后再进行治理的经济发展模式，使得资源快速被浪费和消耗，污染逐渐增加，环境问题日益凸显并逐步趋向严重化，在一定程度上不利于国内的经济发展（许和连和邓玉萍，2012；张艳磊等，2016）。Banga（2019）对于发展中国家发行绿色债券的行为进行了探析，分析结果指出，发展中国家的市场仍然处于初始发展阶段，许多地方政府不进行干预和管理，使得成本投入大大增加。这时绿色金融便出现在国家发展战略上面，以促进成本的绿色化。

与金融市场比较完善的发达国家的绿色发展模式不同，在发展中国家之中，金融行业与企业的发展存在着缺乏有效管理、信息不公开以及法律政策制约的共同问题，大部分金融机构的发展目标仍然是以赢得高额利润为主。在经济升级转型的情况下，绿色金融发展的关键是要对污染进行严格控制和处罚管理，将污染部分处理的费用纳入企业发展的成本之中，对企业在生产过程中的高耗能和浪费资源的行为形成监督和约束，在一定程度上能对企业节约能源形成激励，使得企业经济发展向绿色的方向转变，可以达到“浅绿”的发展模式。也就是在项目的生产过程中减低对环境的污染程度，使得企业的资金流向从高度污染向低程度污染转变，对较为粗放形式的发展起到制约作用。

政府在绿色产业发展的资金合理配置方面进行干预和制定相应的管理政策，可以有效推动绿色金融发展，Porter 和 Claas（1995）提出政府在企业生产中对污染进行严格的限制和管理可以在一定程度上提高能源利用效率，同时对企业的绿色创新发展也有促进作用。对于一些处在经济转型中的国家而言，政府在防污减排方面有着不可忽视的重要作用。王耀东（2016）也认为，政府对污染企业的升级转型进行直接或间接的干预管理，可以提升转型企业的减排效果，促进加快绿色转型的速度。与此同时，政府以绿色金融为抓手间接促进经济转型也是亟须的（Chen 和 Wang，2009；Eyraud 等，2013；李中，2011；胡梅梅等，2014）。但是，也有一些学者有不同的观点，Hunter 和 Marks（2002）提到，政策的实行较为困难、规章制度存在缺陷以及执行力存在模糊不清的状况是政府对于企业发展实行干预的缺点，这些缺点可能导致市场发挥不了重要作用。Frondel 等（2007）也提到，对于企业在发展过程中应用节能减排等技术的行为，政府应该给予鼓励并大力推广，但是政府的这些做法在新能源的发展和创新与新技术的提高创新中难以起到重要的作用。

对于作为发展中国家的中国而言，中国正在进行经济转型升级，其法律制度和规章体系都相对不完善，这些现实状况使得绿色金融仍然处于相对滞后的发展状况。在这种发展状况下，若要解决经济发展与生态保护的矛盾，实现绿色经济的发展目标，政府的绿色政策的引导就显得尤为重要。

在绿色发展背景下，我国绿色金融逐步开始以“从上而下”的发展模式向着“从上而下、从下而上”的双向发展模式进行融合转变。在我国绿色经济发展中，绿色金融的发展占有极其重要的地位，而且其市场化发展模式也正逐步深化，“政府引导”和“市场主导”的融合发展模式能够更有效地发挥绿色金融自身的特色优势（殷剑峰和王增武，2016；李晓西，2017）。结合环境污染问题不断多样化的现状以及公共财产的自身特征，相比在绿色发展中对绿色资源进行合理配置，市场的自发性可能会存在一定的局限性（剧宇宏，2009）。若绿色发展要求与市场机制不相适应时，就会导致市场失灵，那么，政府的绿色干预和管理在该种情况下显得尤为重要（崔秀梅，2013）。因此，政府强力引导市场绿色化有其重要作用。在发展绿色金融的背景下，政府对绿色金融的相关制度与规章的建设是十分必要的，同时，随着绿色金融与绿色经济耦合发展，绿色金融的政策体系与市场发展体系也逐渐完善，对于绿色资金的合理配置与绿色生态资源的合理配置来说，在一定程度上也需要政府发挥其应有的宏观调控作用（李晓西，2017）。在政府政策调控方面，政府绿色政策引导绿色金融发展，促进绿色经济发展。郑立纯（2020）指出，实施绿色金融政策显著加快了金融发展模式的转变，使之向绿色化演进。而卢雁等（2021）研究了中国香港绿色金融发展模式，即实行政府调控下的“引导＋监管＋规划”的绿色金融发展模式。这为我国绿色金融发展模式的探究提供了重要的借鉴。

当前，我国绿色金融发展具有显著的“从上自下”顶层设计的特点。政府对于资金投融资进行干预和管理是发展中国家金融发展的一个特点。在现在环境资源形势严峻的背景下，想要实现可持续发展，就要维持经济与生态效益的平衡，这对于我国的经济发展与转型来说是一个巨大的挑战。现如今，人们的环境保护观念越来越强，但众多的环境污染问题仍然还会出现，这体现出政府在可持续发展战略的实施中没有充分发挥其重要作用。在企业生产中，耗能较高，污染程度较大的生产方式使得环境问题不断恶化，这就需要绿色发展理念和绿色金融支持绿色经济发展。倘若政府不进行有效引导，不完善绿色发展机制，那么，绿色金融发展过程将会充满阻碍。目前，国内的绿色金融发展机制和体系都较为不健全，一些金融机构开展绿色金融业务也需要投入大量的运营成本，且要追求高额盈利，他们难以在该种情况下持续绿色发展的模式，更难以加快推进绿色金融发展。

绿色金融发展不仅要使得金融机构在融资和投资方面进行“绿色化”，还要将绿色金融与实体经济发展相结合，注重绿色金融的健康发展。在促进经济实体健康发展的同时，需要最大限度地发挥金融的基本功能（林毅夫等，2009）。那么，我国绿色金融也需要最优的金融结构发展模式来实现绿色金融的基本功能以服务绿色实体经济。然而，王修华、刘娜（2016）与周中明（2017）提出，国内较为欠缺绿色金融的法律，对绿色金融市场参与主体自身权利的保护与承担社会责任的约束能力较弱，绿色金融业务又缺少统一的制约标准，故此，绿色金融服务绿色实体经济的效果也会大打折扣。因此，要发挥绿色金融对绿色实体经济发展的支持作用需要在资金的合理配置与绿色金融相关法律等方面进行有效协调和管理。

三、绿色金融发展水平及其发展问题的相关研究

绿色金融是促进绿色经济发展的主要动力之一，对社会可持续发展有着重要的推动作用，对生态环境保护也有着正向的影响。那么，要判断绿色金融发展如何，我们可以通过测度绿色金融发展水平来把握绿色金融发展程度。

绿色金融发展水平受诸多因素的影响。对于此方面的探讨，一些学者对不同的影响因素进行了相关研究。其中从政府角度出发，姜再勇、魏长江（2017）研究政府在促进我国绿色金融发展水平中的重要作用以及方式与效率，并根据绿色金融发展状况，针对如何处理中央与地方的绿色金融发展、绿色金融改革试验区与非试验区的关系提出了相应的建议。具体来说，在政府的绿色政策方面，王凤荣、王康仕（2018）考察了政府“绿色”政策是否提高了绿色金融配置效率水平。研究指出，我国绿色金融仍处于低效率的配置水平，未对污染企业形成显著的融资约束；从整体来看，“绿色”政策提高了绿色金融配置效率水平。而郑立纯（2020）和牛海鹏等（2020）单独从具体绿色政策对绿色金融发展水平的影响展开研究。其中，郑立纯（2020）评价了绿色信贷政策、绿色证券政策、绿色保险政策、碳金融政策等绿色金融政策对

提升绿色金融发展水平的重要作用。再有，杜莉、郑立纯（2020）和王韧（2021）研究了我国绿色金融政策促进绿色金融发展的质量效果，指出虽然我国绿色政策提升了绿色金融的效果，但绿色金融的整体水平依然偏低。从民间资本角度出发来研究绿色金融发展水平的提升，陈楚（2019）指出，增强政府补贴力度并注重有效性，可以激发民间资本助力产业绿化的积极性；重点把握传统企业绿色发展的相对价值与长期效益，便于促进民间资本深度融入绿色金融，提高绿色金融发展水平。从金融科技对影响绿色金融发展水平的影响进行研究，胡一举（2020）和王康仕等（2020）认为，金融科技对于绿色金融发展有着显著的驱动作用。从环保意识角度，王娜（2018）研究环境意识对绿色金融水平的影响，指出我国国民环境意识越强，国际绿色政策对我国绿色金融影响效果也越明显。从绿色金融相关法律角度，秦芳菊（2020）指出，我国绿色金融缺乏相应的法律规范，这在很大程度上影响了绿色金融的发展水平。要提高我国绿色金融发展水平，必须重视和健全绿色金融法律体系。从市场角度，李建涛、梅德文（2021）从市场主体的可持续发展职责、市场要素多样性以及市场多层次等方面研究了其对绿色金融发展水平的影响。胡梦达、郑浩然（2020）又从风险角度研究了风险对我国绿色金融发展水平的影响。

而一些学者从多角度来研究绿色金融发展水平的影响因素，韩丰霞等（2017）从政府、银行以及企业角度研究了绿色金融发展，提出建立绿色金融发展的合作机制，形成有效促进绿色金融发展的动力，提高绿色金融发展水平。而龚斯闻等（2019）从产业规模、产业成长性、社会效益反馈以及环境成本四个影响因素来研究绿色金融发展水平。还有一些学者研究区域性绿色金融发展水平的影响因素，例如，佘冯坚、徐枫（2019）和乔琴等（2021）研究指出，区域绿色金融发展水平受地区生产总值、金融发展程度、空气质量和受教育程度的影响。值得一提的是，王静（2019）指出了政府的绿色金融发展路线、金融机构风险管理和履行社会责任的需要、企业寻求降低融资成本以及公众观念的转变对我国绿色金融发展水平有着提升作用。

然而，也有些学者研究了阻碍提高绿色发展水平的一些因素，其中，朱宁、赖晓璇（2020）指出，我国银行业开展绿色金融的整体效率不高，主要原因是产出效率过低。张岳、周应恒（2021）又在研究中指出，“漂绿”现象逐渐成为绿色金融发展水平的巨大阻碍。信息不对称则为“漂绿”打开了缺口；绿色发展意识的缺失放大“漂绿”风险。而李建、窦尔翔（2020）指出，阻碍绿色金融发展的主要原因是绿色企业没有企业员工想看到的盈利机制。

关于绿色金融发展水平的测度及相关研究，主要有以下专家学者运用了不同的方法测度绿色金融发展水平。其中，李晓西、夏光（2014）在《中国绿色金融报告（2014）》中采用绿色信贷、绿色证券、绿色保险、绿色投资以及碳金融五个二级层次指标综合测度了我国绿色金融发展水平。在后期的研究中，也有诸多研究者借鉴此方法进行绿色金融发展水平的测度。例如，刘尧（2020）和 Xiuling Yin，Zhaoran Xu（2022）等在测度我国绿色金融发展水平时，采用过此种方法。而王遥等（2018）在《地方绿色金融发展指数与评估报告》中，从政府政策方面和市场运行方面作为二级层次指标构建了省级绿色金融发展指标体系，评估绿色金融发展水平。Chengchao Lv 等（2021）借鉴王遥等（2018）测度各省份绿色金融发展水平的基本评估体系，基于 2010 年至 2019 年的省级数据，借助当地 2019 年绿色金融发展指数和评估报告，构建了政策和市场导向的绿色金融发展指标体系，通过分录权重法，利用时间和空间范围计算绿色金融发展指数并用该指数表示绿色金融发展水平。另外，对于我国绿色金融发展水平的测度，由于我国绿色金融发展规模中，绿色信贷规模的比重较高，因此，一些学者用绿色信贷发展水平代替绿色金融发展水平来进行测度，进而进行后面的相关研究。

在绿色金融发展水平变化方面，董晓红、富勇（2018）利用 2008—2016 年数据进行的实证研究显示，我国绿色金融发展水平呈现上升状态，并指出我国绿色金融和绿色经济具有耦合发展的特征。而 Chengchao Lv 等（2021）研究结果表明，中国绿色金融的总体发展指数正在上升，但总体水平不高；总体区域差距在缩小，区域间差距是我国绿色金融发展差距的主要来源；绿色金融发展水平呈现出两极分化的趋势。也有些学者研究了国内“一带一路”沿线省域绿色金融发展水平的变化，例如，乔琴等（2021）研究指出，近年来，沿线省域绿色金融整体发展水平提升，但绿色金融发展水平的内部差异显著，东南沿海地区绿色金融发展水平领先，东北地区绿色金融发展水平滞后，且绿色金融发展水平差距存在扩大趋势。

在研究绿色金融发展水平对绿色低碳技术和绿色全要素生产率的影响等方面，其中在研究绿色金融发展水平对绿色低碳技术方面，王殿武（2020）指出，绿色金融发展水平对绿色低碳技术进步的影响存在着“U”形关系。在研究绿色金融发展水平对绿色技术创新的影响方面，刘华珂、何春（2021）在研究中指出，提高绿色金融发展水平可以促进绿色技术创新。在研究绿色金融发展水平对绿色全要素生产率的影响方面，尹子擘等（2021）的实证研究指出，我国绿色金融发展水平对绿色全要素生产率的影响呈现“U”形关系，这种“U”形关系还表现为两者间存在“U”形关系的空间溢出效应。

针对我国绿色金融发展问题，我国学者从不同的方面和视角进行了一些研究。在我国整体绿色金融发展问题方面，李俊良（2018）从政府角度研究了政府在发展绿色金融中的干预措施，并认为政府在发展绿色金融的指引上应该进一步提高与完善管理能力且政府规制行为不强。而姜漪（2019）从绿色金融制度角度研究了我国在绿色金融的政策制定上的缺点，并指出可采用层级型的法律体系建设方式。一些相关学者对绿色金融发展中的问题的研究也有其他不同的出发点。李云燕、孙桂花（2018）认为绿色金融政策制度不健全，金融机构与中介机构的绿色发展理念淡薄，绿色金融产品的发展不均衡以及对于信息的披露程度和风险的预估能力不强。宗炫宏（2018）认为，在发展中绿色标准模糊不清，企业间和机构间的信息不对称问题较为严重，银行对于企业的绿色发展支持力度不够。也有另外一些学者从我国省际的绿色金融发展方面出发，从多视角来进行相关研究，其中，郭占（2019）在研究中指出，部分省市的社会主体对绿色金融发展意识淡薄，部分省市的绿色金融的政策性顶层设计不到位。而曲碧菡（2019）在研究黑龙江省绿色金融发展时提出以下问题：产业结构欠佳、低碳项目开发资金不足、绿色金融发展中的产品创新性不够、欠缺收益、缺少相应的绿色金融规章制度。

还有一些专家学者就我国绿色金融工具的发展问题进行了一些研究。其中，在绿色信贷发展问题上，屠红洲、屠金光（2018）提出一些绿色信贷的发展问题为，我国银行机构在绿色信贷上的重视程度低，对于绿色金融制度的实施力度不足，没有形成与绿色金融相适应的发展制度，对于绿色金融政策的把控缺乏力度；银行业风险管理和绩效考核制度有待改进；绿色信贷的工作人员对于自己的工作内容认识不到位，并且存在对于员工的鼓励少等问题。而杨峰、秦靓（2019）在研究中，指出了我国在发展绿色信贷的过程中，法律的制约能力不够，且对绿色信贷发展的引领不足，政策制度的实施不到位等问题。关于地域性保护方面，李普玲（2019）在研究中提出地区性的保护对于绿色信贷的发展有抑制的作用；对于企业发展过程中的环境保护信息获取较难，对绿色信贷的引领政策难以实施；绿色信贷产品结构单一；存在专业人才匮乏且专业知识不足等问题。在绿色债券发展问题上，巴曙松等（2019）在研究中指出，我国绿色债券在高速发展的状态下仍存在诸多的弊端，其中包含监督管理较为复杂，信息的披露程序不严谨，无法应对多样化的债券需求，以及政府欠缺干预制度。其中，针对绿色债券的相关信息不对称问题，陈志峰（2019）指出了绿色债券的发展存在着信息、内容以及环境保护程度不相匹配等问题。在绿色保险发展问题上，焦一倩（2018）在研究中指出了我国绿色保险发展的问题为，外部对其认知不够且缺乏法律规制。而刘畅（2019）进一步研究中指出了国内的绿色保险发展也存在这些不足，大概总结为，制度执行缺乏强制性、欠缺法律制度，绿色保险发展缺乏内在动力，而且绿色保险行业的技术人才较为缺乏，政府对其发展的引领和干预需要加大力度等问题。在绿色投资发展问题上，焦一倩（2018）提出了我国绿色投资发展的一些问题，指出我国绿色投资的政策力度不大且投资产业的收益低，资金的回收程度不高，市场化水平低，生产的设施不全备。在碳金融发展问题上，江良月（2017）提出碳金融发展地域之间的不均衡问题、产业结构调整不均衡影响碳金融发展的问题、碳金融的碳交易市场结构不平衡等问题。而李红（2017）又提出了另一些问题，即企业与政府层面对碳金融的了解较少，该行业在市场上的出现时间较晚，在设施和体系上都较不完善，碳金融产品创新性不够，市场上没有统一的制约标准，政府对于碳金融发展的政策制定缺乏参与力度等问题。针对碳市场上的交易需求及其程度的预估，焦一倩（2018）提出碳金融发展问题为碳交易产品市场需求不足，碳金融交易的专业人才匮乏，碳金融市场上的机构对于碳交易程度的预估能力较差。在政策措施以及国际关注度上，杨玲（2019）提出我国在碳金融领域的政策措施有所欠缺，碳市场交易需要改善，对于碳交易的重视和关注度需要加强，在国际碳交易市场的话语权缺失等问题。

针对我国绿色金融发展问题又可以具体从不同的视角来研究，其中，从我国绿色金融配置效率问题的视角来研究的相关文献中，Zhang 和 Yang（2011）提出绿色金融发展在政府的干预指导下需要进行在绿色资金上的合理配置，绿色金融改革的核心是进行绿色资源要素的合理分配。因此，李晓西（2017）提出对于绿色金融发展，政府要为其提供更大的支持，在发展体系上进行更多的指引。另外，从我国绿色金融发展中的绿色企业的融资约束问题视角来研究，目前相关的研究也相对比较匮乏，通过查阅相关文献，大多文献主要是从政府角度和市场角度来研究的，从政府角度研究的有，王康仕等（2019）指出，各地区的政府只关注经济增长而忽视绿色发展，政府较多投资在经济收益高的非绿色项目上，而在经济收益较小的绿色项目投资资金较少，这使得绿色项目缺少资金投入，产生融资约束问题，也使得我国绿色经济发展面临着较为严重的问题。从企业角度研究的有，王康仕等（2019）通过实证表明，在国家出台绿色政策的背景下，存在污染的企业在发展中面临着融资的局限性，而绿色金融发展使得污染企业更加难以获得高额融资，因此，绿色金融在很大程度上约束了污染企业的融资。通过对样本的进一步研究，发现绿色金融使得一些民营性质的高污染企业面临的融资约束更大，对于一些国有性质的高污染企业，绿色金融对其融资的制约性没有显著体现。在缓解企业融资约束方面，魏志华等（2014）的研究指出，对于企业在融资上受限的问题，金融环境的改善具有一定的缓解作用。陈经伟等（2019）从我国政策性金融方面探讨了我国绿色生态产业及绿色生态产业中的企业融资约束问题，并构建了内在机理模型来考察我国绿色生态产业中的企业融资约束问题。研究中指出，一些盈利能力较弱的绿色产业中的企业，由于在市场上缺乏较强的融资能力，在自身的发展过程中经常出现融资资金不充足的状况，加之在绿色产业中高成本的投入会使得投资收益很难向着最优化的程度发展，这对于产业的绿色发展也有一定的限制。

四、绿色金融发展机制及其实现路径的相关研究

发展绿色金融，提高绿色金融发展水平，需要不断完善绿色金融体系，也需要进一步完善构建的绿色金融发展机制。关于绿色金融发展机制的相关研究，从绿色金融发展机制的总体层面来看，王修华、刘娜（2016）构建了“政府引导、市场运作、社会参与”的绿色金融发展的长效机制。在这之后，我国学者蒋先玲、张庆波（2017）又进一步提出我国应以合理的制度框架为基石，发挥市场为主力，并由政府引导的绿色金融发展机制。从绿色金融发展

机制中的具体绿色金融产品市场以及各自的内外部运行来看，刘尧（2020）主要是从绿色信贷、绿色证券、绿色保险等绿色金融产品市场视角来研究我国绿色金融发展机制，分别从外部影响和内部运行两个方面来进行了相关研究。而李善民（2021）从供需视角考察绿色金融持续发展微观机制。其中，他在供给视角上指出，地方政府对金融机构绿色金融供给的事后有效评估、提供的足够激励以及金融机构主动进行的绿色金融信息披露，能够促进绿色金融最优供给水平的实现；在需求视角上指出，上级政府对下级政府绿色发展考核力度越大，越有利于地方政府对绿色金融的投资和消费的支持。针对我国绿色金融发展中的碳金融等具体发展机制，管志贵（2019）研究了我国绿色金融中的碳排放权交易机制，以我国碳交易试点作为重点研究对象，研究了碳交易机制对参与主体的约束和激励效应。同时，建立碳排放交易机制也有利于提高绿色低碳技术水平，张修凡、范德成（2021）在研究中也指出碳排放权交易机制与提高低碳技术创新能力存在显著的协同效应。故此，大力推行碳排放权交易机制有利于我国绿色经济发展。

在绿色金融发展路径方面，关于绿色金融发展路径，一些研究学者分别提出了不同的发展路径，从总体上来看，俞岚（2016）指出了我国绿色金融发展的总体路径，是以生态文明建设和可持续发展理念为指导，建立健全绿色金融制度，充分发挥政府引导作用，大力培育绿色金融机构，加快创新绿色金融工具，全面发展绿色金融市场，完善绿色金融监管，构建有中国特色的绿色金融体系。而安同信等（2017）在研究中也提出了实现我国绿色金融发展的不同路径，具体是对金融行业的绿色发展理念进行优化设计、建立健全相关的法律体系、对绿色金融发展建立相关的机制、对绿色金融发展模式和绿色金融业务的服务方式进行创新、对符合可持续发展要求的企业加大绿色投资力度、加强政府在绿色金融服务领域内的指引和调控、建立服务体系、推动不同企业部门间的多方合作，实现信息共享、互通。具体来看，针对政府方面该如何引导绿色金融发展，李晓西（2017）在此方面做了进一步研究，指出政府在定位上应选择“尊重市场主体的方式”引导与支持绿色金融的发展路径。在政府与市场两个方面，王凤荣、王康仕（2018）提出了我国绿色金融发展路径为，一是运用市场“无形之手”，推动金融行业向着绿色发展的前景迈进。二是要加大政府对绿色金融的引导与调控力度，促进绿色金融快速可持续发展。另外，还有一些学者从绿色金融产品市场供求方面来研究绿色金融发展路径，其中，傅京燕、原宗琳（2018）提出我国绿色金融发展路径一方面要扩大绿色金融产品供给，另一方面要刺激绿色金融产品需求。具体来看，管志贵（2019）研究了我国绿色金融中的碳排放权交易机制以及相应问题的优化路径，从约束性、激励性、保障性和参与性等角度提出了中国碳交易机制的优化路径。也有学者从绿色金融产品投融资方面来提出绿色金融发展的优化路径，例如，安国俊（2021）提出加强绿色金融产品的投融资，完善绿色金融产品市场，构建市场化的绿色金融产品投融资体系。以上这些学者关于绿色金融发展的优化路径，为我们后续研究提供了重要参考。

五、绿色金融促进绿色经济发展的相关研究

促进经济社会高质量发展，需要大力发展绿色金融，进而支持绿色经济发展。近年来，关于绿色金融促进绿色经济发展的相关研究较多，其中，从开展绿色金融和建立绿色金融体系角度研究绿色金融对促进绿色经济发展来看，马骏（2015）和陆宗锴（2018）指出发展绿色金融并不会拖累经济发展反而还会强有力地促进经济的绿色转型发展。此外，在构建绿色金融法律法规体系方面，王文等（2021）提出，在后疫情时代，我国亟须建立和完善绿色金融相关法律法规体系，并在此法律法规框架下开展绿色金融。在绿色金融发展理念方面，一些专家学者也认为，应大力宣传绿色金融发展理念。

从研究绿色金融对经济发展及绿色经济发展的影响方面来看，有诸多相关研究。其中，从绿色金融对经济增长的影响上来看，陈青青（2019）和傅亚平、彭政钦（2020）实证研究指出，绿色金融促进了经济增长。然而，也有一些学者提出有差异的观点，Xiuling Yin 和 Zhaoran Xu（2022）指出，我国绿色金融发展与经济增长具有协同效应，只是绿色金融发展滞后于经济增长。此外，还存在绿色金融发展水平与经济增长水平的耦合协调度不高，使得绿色金融支持经济增长的效果不明显等问题。更有一些学者提出相反的观点，其中，朱四荣（2019）在研究中指出，绿色金融对经济增长的影响主要体现在绿色金融政策不支持粗放式经济增长，绿色金融在一定程度上会降低经济增长的速度，但这是因为绿色金融更加注重的是经济增长质量，且能促进经济增长质量的提升。进一步来说，针对绿色金融对经济高质量发展的影响，张丽（2019）

指出开展绿色金融有力助推了经济高质量发展。

下面我们再来看针对绿色金融促进绿色经济发展方面的研究，其中在绿色投资方面，王康仕等（2019）指出，绿色金融发展促进绿色经济发展，还特别强调绿色金融中的绿色投资能够刺激绿色经济发展。进一步来看，Guangyou Zhou 等（2022）实证研究，同样得出了绿色金融显著促进了绿色经济发展的观点。另外，Yuxue Yang 等（2021）指出，绿色金融通过对生态环境、经济效率和经济结构三个方面产生积极影响，进而全面促进绿色经济发展。而安国俊、訾文硕（2020）从自贸区发展绿色金融的必要性与可行性出发，研究得出绿色金融可推动自贸区可持续发展，进而推动我国绿色经济发展的结论。然而，陈向阳（2020）在研究中指出，我国现有金融体系不能满足绿色发展的内在需求，绿色金融供给不足制约了绿色经济增长。

关于绿色金融与绿色经济的耦合发展的研究，董晓红、富勇（2018）利用2008—2016年数据实证研究显示，我国绿色金融和绿色经济具有耦合发展状态。而李楠博等（2021）通过构建绿色金融和绿色技术及环境规制的耦合发展模型来研究绿色金融对绿色经济发展的促进作用，指出我国绿色技术创新、绿色金融、环境规制的耦合发展能促进绿色经济发展。

在绿色金融政策促进绿色经济发展方面，有许多学者做过相关研究。其中针对绿色金融政策的宏观方面研究，刘强等（2020）指出，推动绿色金融政策制度化、规范化，是加快重污染行业绿色创新发展的有效措施。而在绿色政策实施上，Tadiwanashe Muganyi 等（2021）和 Shengling Zhang 等（2021）指出，我国绿色金融政策的实施显著减少了废气排放，促进绿色经济发展。绿色政策的实施也能促进绿色创新。Chin - Hsien Yu 等（2021）探讨了绿色金融政策如何解决企业对绿色创新的融资约束，进而增加绿色产出。针对绿色政策如何促进绿色经济发展，王丽萍等（2021）认为，绿色金融政策通过调整资金配置从内部支持企业获得融资，结合绿色消费、竞争激励从外部帮助企业打开市场，发展绿色经济。关于绿色金融政策通过促进技术创新来推动绿色经济发展方面，孙莹、孟瑶（2021）指出，绿色金融改革创新试验区试点政策可以在一定程度上引导企业的绿色技术创新，通过技术创新促进绿色经济发展。还有王修华等（2021）也认为，绿色金融试点政策明显降低了污染企业的生产效率，促进了绿色企业的创新发展。再有，丁攀等（2021）绿色金融政策可以通过提高企业技术水平、推动产业结构优化，从而促进绿色经济可持续发展。在绿色金融政策当中，最主要的是绿色信贷政策，许多学者也从绿色信贷政策促进绿色经济发展的角度做过相关研究，其中一些学者研究如何通过绿色信贷政策抑制重污染，促进绿色创新来促进绿色经济发展，王遥等（2019）指出，针对绿色信贷的激励政策，不仅能够提高绿色信贷量，而且可以带来“经济”与“环境”双赢的结果。绿色信贷政策不仅显著减少了重污染行业企业的投融资，而且还有助于在重污染行业内部引导资源从低效率企业流向高效率企业，提高经济绿色化质量。该政策推动了积极履行社会责任的重污染企业进行绿色转型（张小可和葛晶，2021；宁金辉等，2021；曹廷求等，2021；于波，2021）。同时，还有王馨、王营（2021）也发现，绿色信贷政策可以通过倒逼重污染企业改进绿色技术促进绿色经济发展。

从绿色金融促进生态环保进而促进绿色经济发展角度来看，也有研究学者对绿色金融促进生态环保的不同方面进行了相关研究。在生态创新方面，孟科学、严清华（2017）认为，绿色金融发展能促进企业生态创新结构优化，实现企业绿色化发展。在环境全要素生产率方面，方春（2019）认为，绿色金融发展能有效促进环境全要素生产率的提高，进而通过环境全要素生产率的提高间接促进绿色经济发展。然而，李虹等（2019）指出，绿色金融与环境的耦合并未实现协调一致，仍然处在磨合阶段。这说明仍没有达到绿色金融支持绿色发展的高效率要求。从支持生态环保产业角度来看，雷汉云、王旭霞（2020）认为，绿色金融能支持生态环保产业发展，进而助推绿色经济发展。从环境规制角度来看，谢乔昕（2021）通过实证研究指出，绿色金融发展对环境规制对于企业技术创新的促进效应具有显著的正向调节作用。在碳减排及低碳经济发展的具体方面，江红莉等（2020）认为，绿色信贷、绿色风险投资两者均能抑制碳排放。Muhammad Asif Khan 等（2021）考察了绿色金融对亚洲地区 26 个经济体生态碳足迹的影响，指出绿色金融减少了生态碳足迹，而且对环境友好。同时，Muhammad Saeed Meo，Mohd Zaini Abd Karim（2021）也认为绿色金融是减少碳排放，促进绿色经济发展的最佳金融策略。在气候投融资方面，丁辉（2021）基于“碳达峰”和“碳中和”背景进行研究，指出气候投融资作为我国绿色金融工具，可以有效促进绿色金融发展以支持绿色低碳经济发展。在能源消费结构上，熊邦娟（2021）研究发现，绿色金融能够调整能源消费结构，保护生态，进而促进绿色经济的发展。

从绿色金融影响绿色技术水平进而影响绿色经济角度来看，王殿武（2020）指出，绿色金融发展水平对绿色金融科技的影响呈现出先下降，再上升的关系。在上升时，就可以极大间接地促进绿色经济发展。而刘华珂、何春（2021）指出的是绿色金融通过促进绿色技术创新、引导居民绿色消费、推动产业结构升级等途径促进了经济高质量发展。具体来看，在绿色金融发展中，金融科技创新具有减排效应，能够抑制环境污染，进而促进绿色经济发展（房宏琳和杨思莹，2021；赵娜，2021；朱向东等，2021）。那么，针对企业全要素生产率而言，其高低直接影响绿色金融促进绿色经济发展的效果，其中，张木林、赵魁（2021）从绿色金融对企业全要素生产率方面进行研究，指出绿色金融对企业全要素生产率存在明显促进效应，能够促进绿色经济发展。

在绿色金融支持绿色产业进而促进绿色经济发展方面，也有一些学者做过相关研究。针对绿色金融制度供给支持绿色产业以促进绿色经济发展方面，张芳（2020）指出，要加大绿色金融的制度供给，以保障绿色金融有效支持绿色产业发展，进而加快提高绿色经济发展水平。针对绿色金融在推动第三产业发展支持绿色经济发展方面，Xinyue Wang 和 Qing Wang（2021）、严然（2021）均指出，我国绿色金融能带动第三产业的快速发展，促进产业结构升级，促进绿色发展。针对绿色金融促进生态环保，进而支持绿色发展方面，提高绿色金融的环境投融资供给能力是推动产业绿色转型的重要途径（陈诗一等，2021；高锦杰和张伟伟，2021）。针对绿色金融支持农村农业发展来促进绿色经济发展方面，绿色金融与普惠金融协同发展可有效推动农村绿色农业发展，绿色金融也能有效促进农村绿色产业兴旺、实现有效治理和打造宜居生态，促进农村经济发展（马骏等，2021；左正龙，2021）。

从建立绿色金融改革试验区促进绿色经济发展角度来看，一些学者从绿色金融改革试验区的建立作用方面进行研究，其中，沈璐、廖显春（2020）认为，建立绿色金融改革创新试验区能倒逼重污染企业履行环境社会责任，缓解融资约束，以推动绿色技术创新，促进绿色化发展。而范德成、张修凡（2021）和李戎、刘璐茜（2021）认为，绿色金融改革创新试验区的建立能够在提高低碳企业的技术创新能力，激励企业积极履行环境责任方面起到重要作用，从而间接促进低碳经济发展。

六、文献评述

综上所述，针对国内外有关绿色金融发展的相关研究，国内外专家学者从多角度、多领域、多层次对绿色金融发展进行了深入研究，其中对绿色金融起源与界定和绿色金融政策及其工具等方面的研究颇为深入，这为我们进行深入研究我国绿色金融发展水平、机制及其实现路径提供了有价值的理论基础和研究方法。然而，从现有研究文献可以看出，针对我国绿色金融发展水平、机制及实现路径的研究还有些可以进一步完善之处。

第一，国内外学术界对绿色金融的概念与内涵尚未达成一致，虽然概念差异不是很大，但也存在着很多不同。这主要是由各个国家国情、政策及对概念定义的视角、范围的不同所导致的，需要国内外专家学者进一步共同研究和界定。因此，若要研究我国绿色金融发展水平、发展机制及其实现路径，就有必要统一绿色金融的概念与内涵，这样才能对我国绿色金融进行全面深入研究。

第二，对我国绿色金融发展的文献研究中，针对我国绿色金融发展水平、机制及其实现路径的全面深入研究还不够，大多数研究都是基于我国绿色金融政策及部分的绿色金融工具来研究我国绿色金融发展，且几乎都是从宏观上来研究我国绿色金融发展问题，缺少微观数据论证，未能较为全面地从我国绿色金融总体上把握我国绿色金融发展水平并研究其存在的问题，得出的结论与路径较为宏观，缺乏具体路径创新，可操作性也有一定缺陷，需要进一步细化研究，因此，针对我国绿色金融发展水平及发展机制存在的问题，就有必要从总体上和具体上、宏观上和微观上统一起来综合进行研究。

第三，在我国绿色金融发展机制的微观运行研究中，针对我国绿色政策下绿色企业融资约束问题的相关研究比较少，所查阅到的几篇文献，主要是从绿色发展角度来研究我国国有金融资源配置问题，或以我国上市的工业或重工业的污染企业作为研究对象来选择相关指标进行研究，很少有以我国绿色企业作为研究对象来选择相关指标进行研究。虽然我国大多数绿色企业的数据不好获取，但是若能从中获取数据，研究得出的结论将更真实，更有价值。

第四，在研究我国绿色金融发展水平、机制问题当中，政府以及包括银行在内的金融机构与绿色企业是绿色金融市场上的行为主体，绿色资金和绿色金融产品是双方发生关系的对象。绿色企业融资约束是阻碍绿色企业投融资的关键问题，关于我国绿色企业的融资约束问题的研究文献也较为少见，这些少有的文献研究主要集中在宏观政府层面和微观市场层面上对一般企业融资约束的研究，而陈经伟等（2019）主要是从政策性金融角度来对生态产业中的绿色企业的融资约束问题进行研究，因此，通过查阅相关文献来看，针对我国绿色企业从金融市场层面进行绿色融资的约束问题研究几乎很少。然而，我国金融市场上的金融资金量很大，若能将资金有效地提供给绿色企业，可以极大地缓解绿色企业融资约束产生的压力，进一步扩大绿色企业投融资规模，为绿色经济发展增添动力。

第二节　重要概念的界定

一、绿色发展

随着经济社会的不断发展和进步，生态环境恶化问题不断凸显，这就要求经济社会必须转换发展方式，勿以牺牲生态环境为代价来进一步发展经济，为此，前人提出了可持续发展的概念和可持续发展理论。然而，要想实现经济社会的可持续发展，必须要保护生态环境，不破坏生态环境，不污染环境。即从绿色生态环保理念出发来进行可持续发展，注重绿色生态环保下的可持续发展，故此有了绿色发展的理念。从绿色发展的基本概念来看，绿色发展是由于经济社会发展的需要而在发展模式上进行的优化更新，是从绿色生态环保理念出发，为保护生态环境、实现经济社会发展一体化而产生的可持续发展新模式。其基本内涵是经济社会活动“绿色化”。

二、绿色经济

1989 年，戴维·皮尔斯提出“绿色经济”，主要阐述的是经济在发展的过程中，需要和环境之间达成和谐的状态。在 2007 年，联合国环境规划署正式对“绿色经济”的概念进行定义，也就是关注人和自然的和谐，并且创造更高价值的经济。但是在 2008 年之后，“绿色经济”的定义被调整为，可以造福人类，促进社会平等发展，以及减少环境、生态风险的经济模式。而我国季铸（2010）在《2009—2010 年——后危机时代中国绿色经济结构增长》之中显示，绿色经济就是通过保障发展的效率性、稳定性，基于生态农业、循环工业等行业，促进经济、社会的可持续发展。实际上，也就是将绿色经济归类为三位一体的发展制度。

以上是国内外专家学者对绿色经济的概念进行的相关界定，而本书是结合自身的理解，站在宏观、微观的角度对绿色经济内容进行总结分析。并且站在宏观的视角上看，绿色经济是以环境和人类社会的和谐为准则，使得社会经济可持续发展的经济模式；从微观角度来看，绿色经济是企业生产和个人消费不以破坏人类生存环境为基本前提，进行循环可持续生产和消费的经济模式。

三、绿色企业

绿色企业在发展的过程中，需要将环境利益和管理纳入企业管理制度中，在保障企业的经济效益的同时，还能够实现绿色经营和生产。因此，绿色企业实际上就是在经营的过程中融合生态内容，并且结合环保技术，保障工业产品能够实现绿色发展，进而保障经济效益和企业生态之间能够实现和谐发展。最主要的就是，通过这些措施和技术手段的调整，能够减少环境的污染，达到绿色、高效的工业生产模式。绿色企业和一般企业相比，资源的消耗较少。在绿色企业之中，其产生的废弃物等，都可以进行回收，以此保障生态、经济的稳定发展。绿色企业的发展，是实现和谐社会的基础，通过发展绿色企业能够缓解污染的加剧，同时还能够减少能源的消耗。

四、绿色金融

针对绿色金融，每个国家的理解也不尽相同，本文通过借鉴大多数专家学者的相关研究，概括出国内外较为经典的绿色金融的基本定义。“绿色金融”实际上是在“环境金融”的基础上产生的。Jose Salazar（1998）站在金融业进行分析，并且从金融工具创新角度来对环境金融进行定义。他认为，环境金融实际上是金融行业为了能够保障产业融资需求的发展，而实施的金融创新手段。在2000年之后，《美国传统词典》正式针对环境金融等概念进行了解释；其次，则是Sonia Labatt等（2002）从环境保护及风险角度对绿色金融进行的定义，认为绿色金融能够避免环境风险，同时在保护环境的过程中，还可以促进融资的顺利完成。而Bert Scholtens（2007）是从金融创新和环境保护的综合视角来对绿色金融进行定义认为，在环境不容乐观的状态下，发展绿色金融是金融行业实现稳定发展的重要途径。

国内专家学者对绿色金融的定义中，安伟（2008）认为，绿色金融是基于生态文明建设，通过节能减排的方式，避免环境受到影响，而且环境与经济能实现协调发展，并且以此促进信贷等工具进行整改，进而促进产业的发展，其中宏观政策也能够对绿色金融起到一定的调控作用。再者，2016 年发布的《G20 绿色金融综合报告》中明确了绿色金融的相关概念，并且认为绿色金融实际上就是优化环境，节约资源的经济活动，而且能够在环保等项目中进行投资和融资，以此为相关项目提供完善的金融服务。在研读国内外各家及权威机构的主要观点之后，本书将我国不断创新发展的绿色金融概念界定为，为了能够保障自然生态环境以及经济社会的可持续发展进行的金融活动，具体来说，就是为了加强生态环境保护、应对气候变化以及节约环保和开发新能源的目的而实施的金融活动，该金融活动主要包括生态建设、节能环保、开发新能源以及绿色产业等绿色项目的投融资等诸多方面提供的金融服务。

绿色金融是在传统金融的基础上孕育创新而生，那么，绿色金融与传统金融相比，不同之处在于绿色金融在传统金融基础上将生态环境、节能环保等绿色发展理念及其相应管理纳入其中，更加注重“绿色化”经营管理，讲求社会金融经济活动与自然生态和谐可持续发展。

五、发展水平

发展水平一般是指发展质量，发展的规模。发展水平可以体现某具体时间节点某一领域发展到某种程度，也可以反映发展规模。一般来说，发展水平指的是绝对水平，但也有相对水平之分。比如，体现经济领域发展到某种程度的是经济发展水平，反映的是经济发展质量，经济的发展规模；故此，本书所研究的绿色金融发展水平，体现的是绿色金融领域发展到某种程度，也反映了绿色金融发展规模如何。需要说明的是，本书采用的是绝对水平来体现我国绿色金融发展到何种程度。我国绿色金融也有诸多绿色金融产品的分支及其市场，例如，绿色信贷、绿色证券等及对应的发展市场等。我国绿色金融发展水平也有一些主要影响因素，例如，绿色政策、绿色金融市场开展绿色金融的效果、金融科技等，这些因素对绿色金融发展水平的提高有着重要影响。也有一些间接影响因素，例如，经济发展水平、金融发展水平等，也对我国绿色金融发展水平有所影响。

六、发展机制

关于“发展机制”的概念，从词语上看，我们可以得知这个词语的重心讲的是机制，然后才是如何发展的机制。故此，我们需要先从机制的概念与内涵着手来解析发展机制。“机制”这个词语，原本是用于解释机械的构造以及此机械是如何运行的，而后被广泛应用于其他领域，就形成了各领域具体化的机制。我们从经济发展领域来看，就有了经济运行机制；从金融领域来看，就有了金融市场的运行机制等，这些均是机制在相关领域的具体应用。从如何发展的角度来看“机制”，就有了“发展机制”这个概念。

针对“发展机制”这一概念，本书的概念界定为，以发展为目标，以构建发展框架为基础，以解释在此框架下如何实现以发展为核心的发展原理，具体来说，就是发展框架内各组成要素的结构关系及其有机结合起来协调运行的方式。那么，本书中的绿色金融发展机制是指以绿色金融发展为目标，以构建绿色金融发展框架为基础，以解释在绿色金融发展框架下如何实现以绿色金融发展为核心的发展原理，是绿色金融发展框架内各组成部分的结构关系及其有机结合起来协调运行的方式。在此需要说明的是，本文所要研究的绿色金融发展机制包括绿色金融发展的内部运行机制和绿色金融发展对促进绿色经济发展的外部影响机制。

第三节 基本理论

一、可持续发展理论

绿色金融的产生以及在促进绿色发展方面的重要作用，均源自于可持续发展理论的实践。具体来说，绿色金融主要是在经济社会的可持续发展理念的基础上产生的，来为绿色发展提供金融支持。故此，可持续发展理论作为绿色金融的基本理论，为绿色金融促进经济社会的绿色发展提供了理论支撑。可持续发展（sustainable developmennt）的思想最早源于20世纪80年代，是在人们对环境问题逐步认识和探索中形成的。人们为了找到一种可长期发展且能够得到的模式，一种可以在自然资源、自然环境可以负担的基础上的发展方式，不断探索并提出了一些有关“长久发展”的观点。但可持续发展理论同上述的观点相比，是一个更完善、更有内涵的理论体系。它包括现在与未来的自然资源的需求与供给、生态文明建设以及自然环境与人类社会协调发展等重要内容。

关于可持续发展的定义有很多种，然而在这些定义里面有很多是从社会属性、自然属性、科技属性和经济属性去定义的，都不是较为综合且权威的定义。为国际普遍所认可的可持续发展定义出自于1987年布伦兰特夫人的《我们共同的未来》，这份报告中把可持续发展界定为：在满足当代人的需要的情况下还不能危及后代人需要的发展。这个定义明显地说明了两点，第一就是人类社会需要发展，特别是贫困人群要发展；第二是人类社会发展是有一定条件的，不能超越这个条件而单独谋求当代人的发展，危及后代人的长期发展。进一步来说，布伦兰特夫人提出的可持续发展的定义也有着一定的缺陷，未跳出传统的以经济增长为目标的发展思想，没有以“可持续”作为发展的特定限制，但也要求人类在促进经济社会全面发展中，保持经济、人口、资源和自然环境协调互动和良性发展。可持续发展的核心是发展，但必须要在可持续的基础上进行全面发展，这样，才能保护自然环境，才是真正的可持续发展。在影响可持续发展因素中，人类的全面发展是中心，经济是基础，自然环境是前提。谋求人类合理利用自然资源和环境来可持续地发展经济，是可持续发展理论的内涵。

总之，理解可持续发展理论，就是要理解人口、自然资源、环境、经济和社会的协调可持续发展。核心是发展，重点是可持续。能否化解社会资源配置和自然的代际公平矛盾，决定了实现可持续发展是否可能。这也为大力发展绿色金融，促进经济社会的可持续发展奠定了理论基础。

二、金融可持续发展理论

在可持续发展中，经济可持续发展是其最重要的部分，而经济可持续发展的核心就是金融的可持续发展，同时人类可持续发展就是以经济可持续发展作为核心，这就使得金融可持续发展成了人类社会可持续发展的关键核心。而绿色金融出现就是金融可持续发展下的必然趋势，在绿色金融发展方面，金融可持续发展理论也为绿色金融发展的实践提供了必要的理论支撑。

金融可持续发展理论是我国专家学者白钦先在1998年提出的。金融可持续发展理论的基本核心是金融资源论，金融不仅是可持续发展理论的基本概念还是一个有着关键地位的战略资源。金融资源论也是白钦先（1998）提出的，他还把金融资源分成了整体功能性的高层金融资源、实体性的中间层次金融资源和基础性的核心层次金融资源这三种联系十分紧密的层次。在这几个层次里面，金融资源最基本的层次就是通俗意义上的货币资金或者货币资本。金融资源中最高的层次是整体功能性的金融资源，总的来说就是金融体系和货币资金还有各组成部分通过互相作用最后所产生的结果。金融资源的中等层次有金融工具体系和金融组织体系这两种体系，其实就是上面所提到的实体性中间金融资源，金融工具体系包括创新型和传统型的工具，金融组织体系包括非银行机构、金融市场、用来约束金融活动的法律法规和银行机构。

如前所述，人类可持续发展是一个涉及自然资源与环境、经济、社会等的综合系统的发展，在此当中，经济可持续发展要为实现和保持社会、自然资源与环境可持续创造物质基础和基本发展条件。为此，金融可持续发展理论主要是围绕经济可持续发展来研究的，其直接目标是经济的可持续发展，间接目标是人类可持续发展。资源的永续利用是人类可持续发展现今面临的中心问题，这其中也含有金融资源的永续利用问题。通俗讲就是金融资源利用和金融资源开发的永续。金融运行环境是经济环境系统的重要组成部分，这是因为金融的运行和发展对经济的发展和运行有着重要的影响，所以金融运行环境和自然生态一样，都是经济环境系统的重要组成部分。这也是所谓金融发展的经济生态环境，即金融生态环境。金融作为资源和经济生态环境，决定了经济和人类社会若要可持续发展，必须首先实现绿色金融的可持续发展。

在金融和经济的相互作用体系中，金融的可持续发展不单是金融资源的利用开发过程，还是一个经济生态环境的保护和可持续发展的动态过程。资源的永续利用是经济的可持续发展和金融可持续发展的中心要求。在资源的永续利用上，金融资源与自然资源相比，金融资源的永续利用和自然资源的永续利用不同在于，自然资源是通过技术实现永续利用，但是金融资源是通过在适应经济和社会可持续发展及金融自身可持续发展的基础上适度利用和开发金融资源。

最重要的是，金融的可持续发展理论还表明，在经济可持续发展中，金融可持续发展具有主导作用，没有金融可持续发展，也就是说金融作为经济的社会性生态环境，如果金融资源的利用和开发都不再具有可持续性的话，那么经济就不可能做到可持续发展。这样就证明了发展应该是协调和系统的，也就像经济学家 H. E. Daly 和 J. B. Cobb 所说的，发展不能破坏环境所具有的平衡。倘若经济可持续发展不能实现，那么，经济、社会和生态的整个复合系统的均衡可持续发展就成了无根之木、无源之水。然而，经济可持续发展若要实现对整个复合系统的促进作用，首先还要与金融可持续发展形成非常协调的动态平衡关系。一方面，人为主动进行的金融生态环境建设不能和当下时期经济发展水平的真实状况脱轨，因此，金融创新者与投资者开发金融资源应该和当时的经济发展切合。另一方面，一段时间的经济发展绝对不能超出这个时期的金融生态环境的容忍界限，更不能超出这个时期潜在可利用的金融资源的基数。只有实现金融与经济的动态均衡与和谐的可持续发展，生态环境、经济和社会的复合系统的可持续发展才有保障。也就是说，要通过大力推进绿色金融来实现生态、经济社会的协调可持续发展。因此，根据以上论述可知，金融可持续发展理论既丰富了可持续发展理论，又为大力发展绿色金融，实现绿色发展提供了相应的理论基础。

三、金融创新理论

绿色金融是金融领域在经济可持续发展目标下的金融创新，因此，金融创新理论也是绿色金融创新的基本理论。金融创新也是实现经济可持续发展以及人类社会可持续发展的动力和重要途径。金融创新有各种不同的定义，大多数专家学者都是基于 Schumpeter（1990）所提出的创新定义来进行有关的研究。Schumpeter 给微观的生产力和生产关系的创新作出了比较深奥的解释，他也是西方对理论作出创新的经济学家。这一创新被视为定义金融创新的奠基石。我国专家厉以宁（1991）和陈岱孙所提出的金融创新的定义就是以 Schumpeter 的经济创新定义为基础研究得出的。泛指金融市场上的金融机构在微观层面，及政策性金融机构在宏观层面的综合考量而对金融机构的设置、投融资方式、业务种类、金融工具及金融制度、政策和金融体系所进行的金融领域的创造性改革和开发性实验活动（生柳荣，1998）。

不同的分类依据把金融创新分成了很多类型，比如把金融创新分为进取型创新和防御型创新是根据金融创新是不是主动进行而划分的；将绿色金融创新分为商业型绿色金融创新和政策型绿色金融创新是根据创新的主体进行分类的；把金融创新分为市场创新和管理创新是根据金融创新的主体来划分的；把金融创新分为规避管制型创新、转移风险创新、谋求最大利益创新还有提高金融效率的创新这些是根据金融创新的动机来划分的。金融工具的活跃创新是转移风险、追寻最大利益化和规避管制的主要表现。对金融市场进行创新、对金融组织进行创新和对原有的金融观念进行创新都属于提高金融效率的创新举措。

关于金融创新有一些理论，如凯恩的“规避型金融创新理论”。这个理论的实质就是“规避创新”，通俗地说，就是尽可能地规避所有的金融管理和控制行为，其实所谓的规避就是回避所有的具有限制性的措施和所有的规章制度。然而，现在的金融创新和以前的金融创新有明显的不同，现在的金融创新不再是对金融危机和交换媒介短缺所进行的反映，政府对金融创新的管制无处不在，而规避常常在暗中起到作用。所以，金融创新的管制和因为管制所出现的规避行为之间的关系就像是辩证的关系。一些政府管制一定程度上妨碍到了金融业所从事的盈利活动，以至于金融机构总想利用创新的方法来逃避政府的管制。而且金融的创新是不会出现静态平衡的，因为在金融创新到了直接影响货币政策的目标实现和金融稳定的时候，政府就会加强对金融创新的政策管理，但是金融企业很快就会适应这些制度，所以就会促使出现新的金融创新。所以规避和管制之间就有了黑格尔的动态辩证过程，即相互交替的过程。

关于西尔柏的约束诱导型金融创新理论，该理论是以金融供给作为出发点来进行研究的，也是针对追求利益最大化的公司所提出的。其中想要降低的主要就是金融压制，而且这些压制大部分来源于内部的压制和政府的控制管理。当受到了这些压制的时候，其中尤其是受到了因外部条件变化而引起的金融压制的时候，这时追求利益最大化和最优化管理的金融机构就会通过实际价格和金融企业管理影子价格来得到最优化的金融创新。

在制度学派方面，也有一些学者提出了金融创新理论，该学派理论认为金融创新想要作为经济制度的重要组成部分，就必须进行能够和经济制度相互产生因果关系且可与之相互影响的制度改革。这也就变相证明了，金融体系所有的有关制度的改革都可以看作一种金融的创新。所以金融的制度会随着政府的行为和政策的波动而改变，而且意义上已经不再是前面所述的“金融压制”的内涵，而是制度上的金融创新。

再有，关于金融创新与交易成本方面的创新理论，一般来说，有以下两点：第一是科技的进步正在促使着交易成本降低，这也是金融创新的实质；第二点是因为交易成本的数值大小和金融创新业务能否实现实际意义有着重要的关系，所以降低交易成本成了金融创新的首先动机。希克斯（J. R. Hicks）将货币需要和交易成本还有与金融创新联系了起来，并进行了研究，得出以下结论：货币需要的不同致使对不同的金融工具有着不一样的要求，而且可以影响货币的需求的一个原因就是交易的成本，所以交易成本的不同就会影响需求，致使需求发生变动。其实金融创新的发展过程就是一个一直降低交易成本的过程，因为降低了交易的成本就会激励金融创新，也就有了新的金融工具。

还有一些其他流派的有关金融创新的理论，主要是肖（E. Shaw）和格利（J. Gurley）提出的金融创新理论，还有海伍德（J. Haywood）和格林（B. Green）提出的金融创新理论。即财富会伴随着科技的进步而发展，其中低风险的行为会使金融业快速发展，致使金融资产呈增长趋势，导致对金融创新的需求的增加。肖（E. Shaw）和格利（J. Gurley）认为，经济增长不能没有金融中介，金融创新本质上是和金融部门提供的金融服务进行匹配的创新结果，也是赤字和盈余企业的必需。在旧融资技术不符合经济增长要求的时候，就会有一段时间出现金融资产需求静止的现象，这时候就要求在比较宽松的环境下，利用新型的融资技术进行革新。其实从根本上来说，经济的增长会给长期的融资行为提供一些机会，金融创新要做到的就是对这些机会做出反应。

四、最优金融结构理论

绿色金融对绿色经济发展有着至关重要的作用，绿色金融身为金融发展中的金融创新，可进一步发展与完善金融结构体系，通过金融结构的有效配置与优化，能有效促进金融发展支持经济转型和高质量发展。为此，最优金融结构理论可为绿色金融发展的相关研究提供基本理论。

目前，最早对最优金融结构理论进行定义的是我国的经济学家林毅夫，但是现如今关于最优金融结构的定义还是处于初级探讨阶段。林毅夫（2006、2009）初步探究了最优金融结构，并且指出了：最优的金融结构可以满足实体经济对金融服务的要求，可以最大限度地减少系统性金融风险，还可以尽最大可能发挥利用金融体系配置资金和动员资金的功能。其实并没有可以满足各种经济体和经济发展阶段的最优金融结构，因为不同发展阶段的经济体对最优金融结构有着不同的要求，所以，不同阶段的经济体有着自己的最优金融结构，而且这个最优金融结构不是静态的，是动态的。

在最优金融结构理论中，以帕累托做的改进为视角研究最优金融结构得出帕累托效率。在这个角度下，金融结构通过帕累托效率来对最优金融结构进行定义，以此来更深入地对最优金融结构进行分析。最优金融结构理论认为，在金融结构发展不均衡的时候，可以利用金融结构的帕累托来对金融结构进行调整和改进，因为金融结构也有帕累托最优状态。

殷剑锋（2006）在跨期交易里面把交易成本当成主线，之后把金融体系功能的微观机制做了有机结合，然后再深入微观的层面，找到一个能够用来分析金融结构差异的总体的逻辑线索，之后再把这个逻辑线索作为根本，再通过利用技术的表达方式，适当地把市场主导型和银行主导型的不同金融结构功能加入到增长模型中，以此来获取最优的金融结构。普遍认为，银行应该为技术的发展提供道路，最优金融结构的作用是为金融市场里面的优秀企业提供技术和资金。但是，田代臣（2010）认为，在一定经济发展时期，这个时期的最优金融结构应该是和这个时期的实体经济相吻合的，然后就可以帮助资金配置和本国禀赋结构决定的产业相结合，这样可以使那些自身发展能力强的企业得到最大化收益并快速成长，然后得到相应的资金积累，从而促使产业技术、要素禀赋结构的快速提升与经济的快速发展。

最优金融结构理论在新结构经济学中的观点认为：一个国家不同时期的风险特质、结构产业、要素禀赋和产业结构会根据不同的发展阶段表现出不同的性质，这就导致了与之相关的金融结构制度存在不同，而产生这种差异的一个主要原因就是融资服务所服务的产业性质是不同的，一个国家金融制度的安排能不能适应不同特质产业的发展是评判一个国家金融结构能不能受理的依据。这也就更能证明，金融制度的不同一定会导致资金的配置和风险规避的不同，但是如果以金融制度的供给侧为出发点，是没有办法选择出可以促进经济发展和产业优化的制度的。如果需要选择最优金融结构的话可以根据金融体系的发展特征和产业发展的特征来选择，这样就可以符合不同的产业在面临风险时对融资的要求，以此来实现金融服务的经济功能。目前来说，我们国家在生产发展方面依旧是起步阶段，所以其性质所导致的融资约束问题就是现阶段金融改革的起点。本章认为，如果银行商业机构和一般市场都没办法满足生态产业的发展特性，此时就应该引进一些新型的资金配置机制，然后完善和丰富现阶段的金融结构。

五、政策性金融功能论

绿色金融作为我国绿色经济发展的强大推动力量，在发展初期阶段，必然要以政策性引导为主，有效地发挥绿色政策在政策性金融机构、商业性金融机构和金融市场的作用。因此，政策性金融功能论可为我国绿色金融发展提供重要的理论基础。

在默顿和博迪（Merton 和 Bodie，1995；Merton，1995）首先提出了金融功能观[①]之后，国内外诸多学者也对此进行了大量的研究，其中，博迪（1995）和默顿认为金融系统存在于一个相对不确定的环境中，在时空上便于经济资源的优化配置及其拓展。在我国有很多的学者对金融功能的研究主要是借鉴默顿和博迪（Merton 和 Bodie）金融功能观的研究思路，在结合我国金融体系的具体情况基础上，来研究金融功能。白钦先（1998）认为，金融功能具有层次性，并且把金融功能分为核心功能、基础功能、衍生功能和扩展功能。孙立坚等（2003）将我国微观金融视角下的传导机制作为基础界定金融功能，认为，我国金融体系也具有六大基本功能：流动性供给、风险分散、投融资服务、价格发现、公司治理和信息传递，并利用数据的实证来分析金融功能；徐良平等（2004）认为，金融功能有辅助功能和基本功能两种。

无论是国内还是国外，学者们在金融功能等问题的研究领域都很少研究政策性金融功能，大多主要研究有关商业性金融的金融功能观。我国学者白钦先（1999）认为，政策性金融有六大功能：逆向性选择功能、倡导与诱导功能、

① “金融功能观”这个词语最早并不是由 Merton 和 Bodie 提出的，但是他们将这个概念的内涵与内容进行了较为完整和深化研究，特别是 Merton 获得诺贝尔经济学奖之后，金融功能论更被广泛认知。

直接扶持和强力推进功能、辅助性和补充性功能、扩张性和虹吸性功能、服务功能和协调功能，而基本功能为政策导向功能。

诱导性功能就是虹吸扩张性功能和首倡诱导的合称，简单来说就是政策性金融机构通过利用已经存在的政策优势和信息优势等，首先完成了引进新型的投资项目和投资机会，不仅如此，还用了相对少的政策性资金作为倡导性投资，之后以小换大，以此来吸引更多的投资者投资，这样就从侧面吸引到更多的商业性投资。当商业性的金融逐渐促使某一项产业的投资兴起，此时政策性的金融机构就会再次偏转投资方向。前面提到的虹吸扩张性功能和首倡诱导机制，即政策性金融对商业性金融的投资取向产生的虹吸扩张和首倡诱导功能，而逆向选择和择机而退性功能实质上就是，当商业性金融机构已经和市场的规律相结合，然后却发现并没有能力去选择金融行业、部门以及相关领域，那么，这个时候政策性金融机构就可以插入并且发挥其逆向市场的选择功能，这就充分地说明了为什么要有政策性金融的存在。但是当金融机构在市场逆向性选择的项目获得了一些收益，并且后续可以通过自身继续发展，此时政策性金融就要选择一个合适的机会通过合适的方式，尽可能及时地退出现在这个融资领域，然后继续帮扶其他需要帮助的行业，政策性金融退出的方式有停止或者减少投资、资产转让等。政策性金融的及时退出可以最大化地彰显市场融资受商业性金融的主导性作用。要不然，就和政策性金融的初心和市场经济有关公平竞争的规定背道而驰。

目前，不同国家的政策性金融机构有很大的差别，并且在不断的变化中，就像我国三家政策性银行所开展的供给侧改革就处于这种状态。本书研究我国绿色金融发展必然离不开我国政策性金融的大力支持。

六、政府与市场关系论

我国发展绿色金融，离不开政府引导和市场主导。那么，政府的绿色金融政策与市场的绿色金融发展这两者之间的关系，可以参考政府和市场关系、政策性金融对商业性金融功能等理论。

政府和政策性金融、市场和商业性金融二者是相互对应的，因此，政策性金融和商业性金融之间的关系，可以参考政府和市场关系理论。关于政府与市场之间的关系，学术界主要有以下三种不同的看法：第一，市场亲善论，这种观点强调政府的职能只有一个，即执行宏观经济政策，市场是资源配置唯一的而且是最佳的机制。第二，国家推动发展论，该观点指出政府要调控市场经济的运行，并且可以取代市场，市场干预能有效弥补市场失灵的缺陷。第三，市场增进论，它认为前两个说法都有一个共同的假设，即政府和市场可以互相替代，二者之间的关系是完全对立和平行的，该理论指出，用替代机制来解决市场失灵，并不是政府干预的目的，提高各部门解决问题的能力才是政府最终的目的。并且市场增进论也要求政府提供有利条件，从而获得那些之前无法得到的经济效益。政府的强制性能提供保障，让政府去调节企业和市场的关系。当前，很多国家都看到了市场机制与政府干预的重要作用，并对二者之间的互补关系有了深刻认知。各国纷纷开始走混合经济发展道路，即坚持市场机制的主导作用，同时坚持政府干预。

很多学者共同提出了华盛顿共识，在经济发展和转型的过程中，发展中国家的市场机制存在很多漏洞，再加上存在信息不对称的问题，所以必须要进行政府干预，发展中国家必须要结合自身实情，建立完善的经济、政策理论体系。金融体系改革不应该朝着自由化的方向发展，而是要建立科学的管制体系，从而提高金融发展的效率，然后通过政府的有效干预，更好地发挥市场功能。

环境管理过程中会出现市场失灵的现象，需要政府进行干预，政府要根据具体情况，引导市场投资的方向。同时，对于在企业技术创新、产业升级等方面面临的各种风险，政府也要提供补偿措施，以此来推动新技术、新产业的发展与升级。因此，国家要想发展成功，就必须要坚持市场为主导，同时还要发挥政府的干预作用（林毅夫，2013）。

根据市场和政府的关系，政策性金融主要是为了弥补商业性金融的不足，针对商业性金融能够做好的部分，政策性金融就没有必要来进行补充。这就体现了双方之间是相互补充的关系。

七、企业社会责任理论

大力发展绿色金融，促进绿色发展，离不开经济主体的绿色经营，包括生产性企业、服务性企业、提供金融资金的金融机构以及政府的绿色政策支持。无论是企业还是政府都有承担绿色发展的社会责任，有鉴于此，企业社会责任理论能够很好地解释政府的绿色政策以及绿色金融可以支持企业绿色发展和企业自身的绿色发展这一现象。因此，企业社会责任理论为促进绿色金融发展提供了微观理论基础。

社会责任的概念及其基本理论在经济发展中有其重要的指导意义。在传统的企业理论中，强调企业经营只有一个目标，即获得最大化的利益，也就是股东利润的最大化。而现代化的企业理论则认为，企业的本质目的就是盈利，所以必须要创造经济价值，给投资人、股东带来尽可能多的利润。与此同时，企业还是社会经济的重要组成部分，为此，除了经济价值之外，也要创造社会价值，对员工、环境、社会负责，比如，后来的三重底线责任理论，就体现了企业必须要承担社会责任。其中三重底线分别指盈利、社会责任、环境责任，只有守住了这三个底线，企业才能实现自身的持续稳定发展。西方众多经济学家都强调，企业获得的市场回报是由自身行为决定的，所以，积极履行社会责任也是管理策略的一种。

银行等金融机构具有一定的特殊性，故此，在资源配置方面，也能发挥特殊作用，这也强调了金融企业必须要积极履行社会责任。理论的不断完善，使得资本市场中的社会责任投资理论与实践获得了快速发展，同时也推动了金融机构企业责任理论和绿色金融的创新。

第三章　理论分析框架

从绿色金融基本理论和已有相关研究成果来看，这些相关理论与研究成果为我们深入研究我国绿色金融发展提供了重要的理论支撑。为提高绿色金融发展水平，必须要不断完善绿色金融发展机制。在绿色金融运行中，发展机制是绿色金融运行发展的核心，只有调节绿色金融体系中的各组成部分进行有机结合，实现统一协调有效运行，才能不断提高绿色金融发展水平。因此，为提高绿色金融发展水平，实现绿色金融对经济高质量增长的促进作用，构建有效的绿色金融发展机制至关重要。显而易见，研究绿色金融发展水平与发展机制也有其重要的理论与现实意义。

本书从研究绿色金融发展水平出发，分析在提高我国绿色金融发展水平方面存在于发展机制上的主要问题，进而深入研究绿色金融发展机制。首先，在绿色金融发展水平主要影响因素的逻辑分析基础上，解读我国绿色金融发展水平的评估测度，并根据构建的我国邻省份绿色金融发展水平的空间带动行为博弈进行理论分析，然后针对提高我国绿色金融发展水平方面存在于发展机制的主要问题进行深入分析。其次，对绿色金融发展促进绿色发展的外部引导机制进行分析。最后，重点对绿色金融发展的内部运行机制逻辑进行分析，从而建立起本书的理论分析框架，为后文的各章研究建立起理论基础。

第一节　绿色金融发展水平解析

一、绿色金融发展水平的“四轮驱动”影响因素逻辑分析

在经济社会发展过程中，伴随着对自然资源的消耗以及生态环境的污染，

经济的可持续增长俨然成为不可能的事情，在这种情况下，绿色发展作为可持续发展的重要路径，已成为实现经济发展与协调生态环境的国家政策与发展理念。那么，在推动绿色发展进程中，绿色金融通过绿色投融资、绿色消费等方式促进了绿色经济发展，也对居民绿色生活、生态的绿色化起到了至关重要的作用，因此需要大力发展绿色金融，不断提高绿色金融发展水平。绿色金融发展水平体现了绿色金融发展到何种程度，受到多方面因素的影响，要想深入研究绿色金融发展水平，需要厘清影响绿色金融发展水平的重要因素与其内在逻辑。

我国绿色金融发展水平的影响因素较多，那么，从主要的方面来看，影响我国绿色金融发展水平的主要方面有：绿色政策（绿色金融政策）、绿色金融市场、绿色金融科技（绿色技术）和经济高质量发展。也称为影响绿色金融发展水平的“四轮驱动”因素。

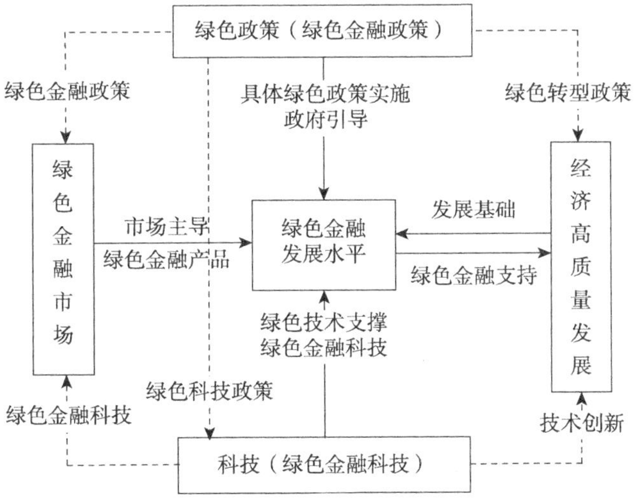

图 3.1 “四轮驱动”因素对绿色金融发展水平影响的逻辑

从绿色政策影响绿色金融发展水平的角度来看，主要是政府重视绿色发展理念，引导绿色金融发展，并且通过颁布各种关于绿色发展的相关文件以及绿色发展的相关指南等绿色政策引导金融机构、企业、个人投资者进行绿色投融资。绿色发展理念从理论上来讲，是马克思主义发展观的继承和发展，是人与自然和谐发展的基本理念，也是经济社会可持续发展的核心理念。具体来看，它是从绿色发展理念出发，制定各种绿色政策来引导绿色金融发展。这些绿色政策主要有绿色信贷相关政策、绿色证券相关政策、绿色保险相关政策、碳排放权交易相关政策以及绿色信托等相关绿色政策，针对绿色金融发展中各类绿色金融产品及其市场都有相应的绿色政策的支持。在具体绿色政策的实施对绿色金融发展水平的影响方面，我国中央政府以及地方政府每年都会根据出台的绿色政策向绿色产业、绿色项目投放一定量的绿色资金并发行绿色债券等；利用绿色政策刺激和鼓励金融机构开展绿色金融业务，对金融机构创新开发绿色金融产品，给予一定的优惠政策，利用绿色政策引导和助力绿色企业大力开展绿色投融资，提高绿色金融资金的利用效率，提高了绿色金融发展水平的同时又保护了生态环境。需要一提的是，我国绿色政策对碳减排的作用效果显著，我国也创新开发了应对气候变化和碳减排的绿色金融工具，这极大地提高了我国绿色金融发展水平。

再有，绿色政策可以间接促进绿色金融发展水平的提高，政府绿色政策可助力绿色金融市场，政府根据绿色政策来对绿色金融市场进行宏观调控，通过发挥绿色政策对绿色金融市场与资本市场的引导作用，促进绿色金融市场和资本市场的发展进而不断提高绿色金融发展水平；绿色政策可以通过绿色科技政策促进金融科技与绿色科技的创新研发，从而促进绿色金融科技发展，通过先进的绿色金融科技不断提高绿色金融发展水平；绿色政策还可以通过支持产业绿色转型或项目绿色转型来推动经济高质量发展，而经济高质量发展作为我国发展绿色金融的经济基础能够有力地保障绿色金融发展，在绿色政策的引导下提高绿色金融发展水平。

从绿色金融市场影响绿色金融发展水平的角度来看，绿色金融市场作为我国发展绿色金融的主要力量，毫无疑问，对提高我国绿色金融发展水平有着举足轻重的作用。从理论上看，绿色金融市场在市场机制的作用下自发调节绿色金融资源的供给与需求，具有优化绿色金融的资源配置作用，在一定程度上能够提高绿色金融发展水平。我国是以政府引导，市场主导的发展模式发展绿色金融的，并且金融机构、企业及个人投资者的投融资大多来自绿色金融市场，金融机构可以根据企业（绿色企业）的融资所需类型创新开发绿色金融产品，提供大量多样的绿色金融产品及大量绿色资金以满足企业（绿色企业）绿色投融资需求。因此，发展绿色金融最重要的就是要大力发展绿色金融市场。市场主体通过绿色金融市场进行绿色投融资活动，在绿色金融产品市场（绿色信贷市场、绿色证券市场、绿色保险市场、绿色信托市场、碳交易市场等）进行各种类绿色金融产品交易，促进绿色金融发展规模的进一步扩大，同时也提升了绿色金融产品以及绿色资金的流动效率，大大节约了企业绿色融资时间以及解决了由信息不对称所导致的融资渠道缺乏问题，极大地提升了企业（绿色企业）、金融机构交易绿色金融产品的规模以及效率，促进了绿色金融发展水平的进步。但是，目前我国的绿色金融市场仍处于发展水平不高的阶段，绿色金融市场机制自发调节绿色金融产品以及绿色资金供需的作用还是有限，绿色金融市场机制还不完善，绿色金融市场运行效率仍处于不高的状态，这也在一定程度上制约着我国绿色金融发展水平的快速提高。由此可见，发挥绿色金融市场的作用在影响绿色金融发展水平方面，有着不容忽视和不可取代的重要地位。

从科技影响绿色金融发展水平的角度来看，在经济学的生产函数理论中，科技作为一种至关重要的生产或服务要素，对生产和提供服务具有极大的推动作用，能够有效促进生产和提高服务水平。那么，根据此理论，本文中所提及的绿色金融科技主要是指科技在绿色金融领域的应用，在本文中也称为狭义的绿色金融科技。本文中广义的绿色金融科技也包括在绿色金融发展中的绿色企业通过绿色金融融资而将资金应用于创新的绿色技术。特别是将区块链、大数据、人工智能、云计算、物联网等科技手段在绿色金融领域内进行应用。绿色金融科技不仅可以在金融机构开展绿色金融业务领域应用，例如，应用绿色金融科技开发绿色金融产品以及在办理绿色金融业务方面提供软硬件设施基础，来服务绿色金融；也可以在绿色企业投融资领域得到应用，例如，绿色企业将绿色信贷融资进行绿色技术创新，通过绿色技术创新来提高绿色企业盈利能力，进而为扩大再生产进行绿色资金再融资提供了良好的绿色信贷基础。

从经济高质量发展影响绿色金融发展水平的角度来看，经济高质量发展是绿色金融发展的经济基础，为绿色金融发展提供了经济条件和发展环境。主要是以我国经济转型背景下的经济高质量发展作为经济基础来驱动绿色金融发展，为发展绿色金融在产业经济方面、实体经济项目方面等提供经济方面的条件。我国发展绿色金融需要从产业上、实体经济上进行绿色融资与投资，也包括生态产业、环保产业等的投融资，这些产业经济和实体经济是金融机构绿色金融的服务领域，也指引着绿色资金流向绿色化产业和实体经济。同时在一定程度上也解决了生态环保问题和金融脱实向虚的问题。经济高质量发展助力了我国绿色金融的发展，为提高我国绿色金融发展水平起到了基础性的重要作用。

二、绿色金融发展水平的评估分析

我国倡导大力发展绿色金融，整体来看，我国绿色金融发展向好，但也有一些省份绿色金融发展相对滞后，那么，我国绿色金融发展水平究竟如何呢？这就需要我们根据绿色金融发展的实际情况对绿色金融发展水平进行合理评估。

本书根据前述的我国绿色金融发展水平的影响因素，即根据绿色金融发展水平的“四轮驱动”的影响因素，来综合评估我国绿色金融发展水平。也就是根据政府绿色政策、绿色金融市场发展状况、科技（绿色金融科技）以及经济高质量发展（GDP）来进行评估。借鉴王遥、刘倩（2020）编著的《地方绿色金融发展指数与评估报告》中的各省份绿色金融发展指数的测度与评估方法，再加上相应的影响因素来综合测度我国绿色金融发展水平。

具体来说，在王遥、刘倩（2020）已根据我国政府绿色政策和绿色金融市场发展情况测度了各省份绿色金融发展指数的基础上，本书加入影响绿色金融发展水平的重要指标，即科技（绿色金融科技）指标进行测度。对评估测度出的每个省份绿色金融发展水平指数再进行加权来评估测度我国整体绿色金融发展水平指数。具体的加权方法是按照我国每一个省份经济高质量发展（GDP）的高低程度作为基础的相对值进行权重计算。

由于我国绿色金融发展具有政策性、地域的特殊性，以及经济发展状况与金融发展状况所带来的不同差异，使得研究我国绿色金融发展水平，需要从省际绿色金融发展水平来进行测度，对评估测度出的每个省份绿色金融发展水平指数进行分析。根据每个省份绿色金融发展水平的测度数值进行分区域划分，分别划分为一级梯队、二级梯队和三级梯队。从区域性角度分析各区域绿色金融发展水平之间的差异及其产生的原因，此外，还重点研究相邻省份绿色金融发展水平在绿色政策监管下是否具有带动效应，以及从全国角度分析近年来绿色金融发展水平的变动情况等。这些都对于深入研究我国绿色金融发展水平中存在的典型问题及其存在于绿色金融发展机制上的一些问题有着重要的现实意义。

三、邻省绿色金融发展水平的空间带动行为博弈分析

由于绿色资金具有可流动性的特点，而绿色政策监管作为外生变量加入到绿色金融发展当中，对经济、社会和生态环境的可持续发展产生了诸多方面的影响，因此，有必要研究绿色政策监管对绿色金融发展水平的空间带动效应。本书认为，绿色政策监管的空间带动效应的存在，一方面是由于邻近地区间绿色政策的实施有相互影响的作用，另一方面，绿色政策与绿色金融发展水平可能通过绿色金融科技溢出、绿色产业的合作、地方政府博弈等方式形成空间带动效应。

下面我们就邻近地区省份绿色政策监管对绿色金融发展水平的影响——行为博弈进行具体分析。通过行为博弈来分析相邻省份地方政府采取的最优选择策略，为本书后续进行邻近省份绿色金融发展水平的空间带动效应检验提供必要的理论依据。

现假设有两个相邻省份的地方性政府 G1 和 G2，研究两者静态下的行为博弈。这两个地方性政府都有两种行为博弈的策略选择，分别是增大或减小绿色政策监管力度。假设选择增大绿色政策监管力度，则绿色资金使用量增加，地区绿色金融发展水平得到提高；假设选择减小绿色政策监管力度，则绿色资金使用量减少，地区绿色金融发展水平下降。加大绿色政策监管力度也需要付出一些隐性成本，例如，管理资金投入或监管执行成本等，这些成本代表地方政府在加大绿色政策监管力度时受到的不利影响。倘若地方政府 G1 和 G2 的绿色政策监管成本分别为 C_1 和 C_2，加大绿色政策监管力度对绿色金融发展水平带来提高的正向影响为 Z_1 和 Z_2，减小绿色政策监管力度使得绿色金融发展水平下降的负向影响为 F_1 和 F_2。

因绿色资金的可流动性，地方政府 G1 和 G2 的绿色金融监管行为具有一定的带动性，即若某一地方政府积极增加绿色金融监管水平，这一行为在使得自身管理区域的绿色金融发展水平得到提高的同时，也有益于周边邻近地区绿色金融发展水平的提高。同理，反之，绿色政策监管力度下降所引致的绿色金

融发展水平下降也存在负向的外部影响。相邻地区的绿色金融发展水平其实在一定程度上存在着关联。由此可得，倘若地方性政府 G1 对相邻地区的地方性政府绿色金融发展水平影响的带动系数为 ρ_1，地方政府 G2 对地方政府 G1 绿色金融发展水平影响的带动系数为 ρ_2。在管理分权的前提下，为了能顺利实现政绩目标，各地方性政府都会寻求各自管辖区域内的最大化利益。并且在提高绿色金融发展水平并保证本辖区内民众绿色生活（包括绿色投资、绿色消费等）能实现福利最大化的同时，还需要引进绿色资本投入本辖区绿色产业。故此，在地方性政府绿色政策监管行为下，假设政府 G1 和 G2 所管辖的这两个省份的社会福利所占的权重分别为为 ε_1 和 ε_2，付出绿色政策监管成本所占的权重分别为 δ_1 和 δ_2。那么，根据各种条件，所构建的地方性政府间绿色政策监管博弈的具体支付矩阵如表 3. 1 所示：

表 3.1　邻近省份地方政府间绿色政策监管博弈的支付矩阵

		地方政府 G2	
地方政府 G1		加大力度	减小力度
	增大力度	$\varepsilon_1(Z_1+\rho_2 Z_2)-\delta_1 C_1, \varepsilon_2(Z_2+\rho_1 Z_1)-\delta_2 C_2$	$\varepsilon_1(Z_1-\rho_2 F_2)-\delta_1 C_1, \varepsilon_2(Z_2-\rho_1 F_1)$
	减小力度	$\varepsilon_1(\rho_2 Z_2-F_1), \varepsilon_2(Z_2-\rho_1 F_1)-\delta_2 C_2$	$-\varepsilon_1(F_1+\rho_2 F_2), -\varepsilon_2(F_2+\rho_1 F_1)$

倘若地方性政府 G1 实行增大绿色政策监管力度的可能性为 P_1，那么相对应的，实施减小绿色政策监管力度决定的可能性为 $(1-P_1)$。倘若地方性政府 G2 实行加大绿色政策监管力度的可能性为 P_2，其实施减小绿色政策监管力度的可能性为 $(1-P_2)$。那么，对下面的混合策略的博弈均衡求解。

求解地方性政府 G1 的最优反应函数，由纳什均衡，得到，

$$U_{G1}(P_1=1,P_2)=P_2[\varepsilon_1(Z_1+\rho_2 Z_2)-\delta_1 C_1]-(1-P_2)[\varepsilon_1(Z_1-\rho_2 F_2)-\delta_1 C_1] \tag{3.1}$$

$$U_{G1}(P_1=0,P_2)=P_2[\varepsilon_1(\rho_2 Z_2-F_1)]+(1-P_2)[-\varepsilon_1(F_1+\rho_2 F_2)] \tag{3.2}$$

根据上式，得到最优反应函数为：

$$BR_{G1}(P_2)=\begin{cases}1 & \varepsilon_1 Z_1+\varepsilon_1 F_1>\delta_1 C_1\\(0,1) & \varepsilon_1 Z_1+\varepsilon_1 F_1=\delta_1 C_1\\0 & \varepsilon_1 Z_1+\varepsilon_1 F_1<\delta_1 C_1\end{cases} \tag{3.3}$$

下面求解地方性政府 G2 的最优反应函数，由纳什均衡，得到，

$$U_{G2}(P_2=1,P_1)=P_1[\varepsilon_2(Z_2+\rho_1Z_1)-\delta_2C_2]-(1-P_1)[\varepsilon_2(Z_2-\rho_1F_1)-\delta_2C_2]$$

$$\varepsilon_1(Z_1+\rho_2Z_2)-\delta_1C_1,\varepsilon_2(Z_2+\rho_1Z_1)-\delta_2C_2 \tag{3.4}$$

$$U_{G2}(P_2=0,P_1)=P_1[\varepsilon_2(\rho_1Z_1-F_2)]+(1-P_1)[-\varepsilon_2(F_2+\rho_1F_1)] \tag{3.5}$$

最优反应函数为：

$$BR_{G2}(P_1)=\begin{cases}1 & \varepsilon_2Z_2+\varepsilon_2F_2>\delta_2C_2\\(0,1) & \varepsilon_2Z_2+\varepsilon_2F_2=\delta_2C_2\\0 & \varepsilon_2Z_2+\varepsilon_2F_2<\delta_2C_2\end{cases} \tag{3.6}$$

根据上述博弈可知，博弈中不存在混合策略均衡，两个政府均会有一种绝对占优的策略均衡，换句话说，这两个地方性政府在对“增大绿色政策监管力度”和“减小绿色政策监管力度”的策略选择当中，都会对自己要付出的隐性成本以及可获得的收益进行综合性权衡。倘若地方性政府过于看重以省份GDP为核心代表的经济增长指标，那么该省份在初始阶段所具有的特点一般是获得的收益相对较低而付出的成本较高，虽然也有绿色政策监管，但监管力度不强，此时该地方性政府会倾向于选择减小绿色政策监管力度以降低付出的成本，与此同时以“搭便车”的方式享受因邻近省份绿色政策监管溢出效应所导致的绿色金融发展水平的隐性提高（包括带动的绿色金融发展理念、绿色消费等）。倘若地方性政府更愿意关注的是民众的绿色生活品质，对社会福利有较大的追求，那么该省份地方性政府将不考虑邻省管辖地区的策略选择，会选择增大绿色政策监管力度的策略。然而，对国家的中央政府层面而言，在进行制定和出台绿色政策时可以参考地方性政府的行为博弈选择策略情况，如果将绿色发展贯彻执行的考核纳入各省份地方政府政绩的考核体系中，那么每个省份的地方性政府在增大绿色政策监管力度时可获得的综合净收益将会变大，更有助于通过绿色投融资促进绿色金融发展水平的提升。在此种情况下，各地方性政府所采取的占优策略均会增大绿色政策监管力度，此时，选择何种策略的决定性因素为各省份管辖地区付出的成本和获得的收益的参数值大小，而与邻近省份的策略选择没有关系，但是其获得的收益依然与邻近省份的选择策略有关系。也就是说，当$\varepsilon_1Z_1+\varepsilon_1F_1>\delta_1C_1$，$\varepsilon_2Z_2+\varepsilon_2F_2>\delta_2C_2$时，地方性政府G1和地方性政府G2的选择策略为（增大力度，增大力度），这是两个地方性政府行为博弈后的模拟行为；那么，当$\varepsilon_1Z_1+\varepsilon_1F_1<\delta_1C_1$，$\varepsilon_2Z_2+\varepsilon_2F_2<\delta_2C_2$时，对于这两个

邻近的地方性政府 G1 和 G2 来说，他们都将会愿意实施同样的策略；当 $\varepsilon_1 Z_1 + \varepsilon_1 F_1 > \delta_1 C_1$，$\varepsilon_2 Z_2 + \varepsilon_2 F_2 < \delta_2 C_2$ 或 $\varepsilon_1 Z_1 + \varepsilon_1 F_1 < \delta_1 C_1$，$\varepsilon_2 Z_2 + \varepsilon_2 F_2 > \delta_2 C_2$ 时，这两个邻近的地方性政府 G1 和 G2 的选择策略为（减小力度，增大力度）或者选择策略为（增大力度，减小力度）的策略组合，这也体现出了邻近省份地方性政府之间竞争博弈的“差异化”；而当 $\varepsilon_1 Z_1 + \varepsilon_1 F_1 = \delta_1 C_1$ 或者 $\varepsilon_2 Z_2 + \varepsilon_2 F_2 = \delta_2 C_2$ 时，不管这两个邻近的地方性政府 G1 和 G2 选择何种策略，均能使邻近省份地方性政府选择最优反应策略。

四、绿色金融发展水平问题在发展机制方面的反映

近年来，随着我国绿色经济的发展，绿色金融越来越能发挥其支持和促进绿色经济发展的重要作用。在我国绿色金融发展过程中，由于存在绿色金融起步较晚、绿色金融发展体系不健全以及绿色金融发展机制的不完善等缺陷，使得绿色金融在逐步发展中存在一些问题，这些问题也制约着绿色金融发展水平的进一步提高。

目前，由于我国绿色金融发展机制尚不完善，难免会对绿色金融发展产生一定的影响，使得绿色金融发展出现一些问题，例如，绿色金融发展停滞或者发展缓慢等，而这些问题也会在绿色金融发展水平上体现出来。绿色金融发展水平是在绿色金融发展机制运行下所产生的结果，因此，我们要通过评估测度绿色金融发展水平，来分析我国绿色金融发展水平，同时要根据评估测度的绿色金融发展水平中存在的问题以及其在发展机制上的反映来进一步深入分析我国绿色金融发展机制中存在的主要问题。故此，只有分析和解决我国绿色金融发展机制中出现的问题，才能不断提高我国绿色金融发展水平。

本书在评估测度我国各省绿色金融发展水平以及全国绿色金融发展水平的基础上，针对省际绿色金融发展水平、划分等级区域下的绿色金融发展水平以及综合评估测度的全国绿色金融发展水平，分析我国省际以及区域绿色金融发展状况以及发展中存在的主要问题，根据综合评估测度的全国绿色金融发展水平进一步去分析绿色金融发展水平的变动趋势及其原因。最重要的是，根据绿色金融发展水平存在的主要问题，找到其在绿色金融发展机制方面反映出的问题，并分析和解决这些问题。

第二节 绿色金融发展促进绿色发展的外部引导机制分析

我国大力发展绿色金融，以促进绿色经济增长和保护环境，那么，研究绿色金融发展机制的外部影响就有其重要性。本节主要通过研究我国绿色金融发展机制的外部引导作用来分析绿色金融发展对绿色发展的促进作用。具体来看，本书通过模拟我国绿色金融发展模式（自上而下的“政府引导，市场主导”），构建绿色金融发展促进经济增长和保护环境的外部机制，来分析绿色金融发展的外部引导作用。

如图3.2所示，我国绿色金融发展在绿色政策促进下，主要通过三种效应对绿色经济增长和保护环境产生影响，即绿色资金支持效应、绿色资源配置效应、绿色企业监督效应。

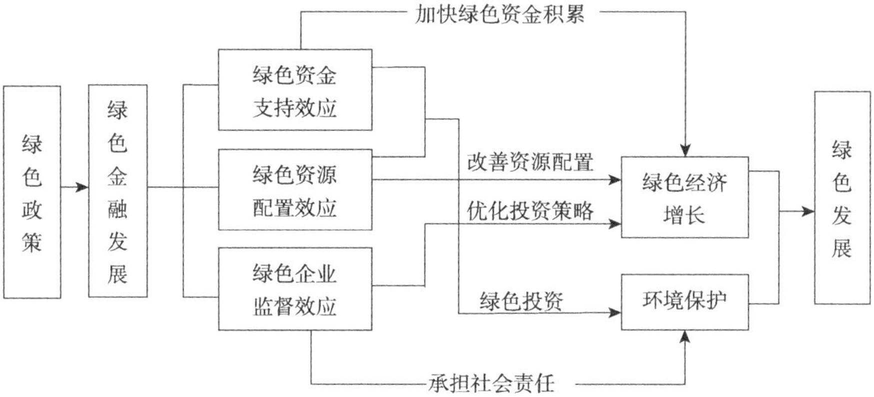

图3.2 绿色金融发展促进绿色发展的外部引导机制

一、外部引导机制：绿色金融发展的绿色资金支持效应

绿色金融体系在绿色经济中的地位日益重要，其已成为绿色经济的核心。为了有效降低交易成本和信息成本，金融机构和绿色金融市场大幅度提高了绿色资金需求方和资金供给方的匹配概率，使供求双方各得所需。重要的是也加快了储蓄转化为绿色投资的速度，加快绿色资金积累，以促进绿色经济增长。

另外，随着我国低碳发展、可持续发展的大步推进，国家也出台绿色政策支持低污染、低能耗的绿色产业发展，以及对“三高”企业进行政策约束迫使其向绿色转型发展，所以，拥有绿色生产技术的绿色企业能获得更多的绿色政策扶持，从而将绿色资金用于绿色生产，增强其自身盈利能力。因此，绿色金融发展不仅可以通过加快绿色资金积累推动绿色经济增长，还可以通过绿色企业的绿色投资，减少环境污染，保护环境。

二、外部引导机制：绿色金融发展的绿色资源配置效应

根据白钦先（2006）指出的金融核心功能是资源配置，那么，绿色金融核心功能是绿色资源配置。与“绿色资金支持效应”相比，绿色资源配置更为强调绿色金融系统在运行上的主动性和选择性。绿色经济本质上就是以经济与环境和谐为目的的价值的生产和绿色资金的流动。价值生产直接取决于绿色资源配置结果，而绿色资源总是稀缺的，于是绿色金融在便利价值生产和流动的同时还发挥着重要的绿色资源的优化配置作用。因此，在市场机制的作用下，通过绿色金融市场，更多的社会资源被配置到更有经济效率的绿色行业和绿色企业中，从而促进了绿色经济增长。同时，在绿色政策的指引下，通过市场投招标筛选，绿色资源会流向更有生产效率、竞争力更强的绿色企业，从而通过绿色投资来提高环保效率。

三、外部引导机制：绿色金融发展的绿色企业监督效应

绿色企业的公司治理是理解绿色经济增长和金融部门职能的关键。绿色金融系统本身存在着监督绿色企业生产经营融资的内在动力。在间接融资的绿色金融市场上，金融机构在提供绿色资金前会对要融资的绿色企业的盈利能力和经营状况等进行深入调查，以保证绿色资金既可投放出去，也可收得回来。而在直接融资的绿色金融市场，对于绿色企业的信息披露有严格的规范和要求，这样投资者就可以随时对所投资的绿色企业进行监督。在投资者的监督下，绿色企业会提高绿色资金的使用效率并提升企业的经营效益，这样就会促进绿色经济增长。绿色企业作为绿色经济增长和环境保护的行为主体，虽然其生产绿色产品，造成的污染较小或微小，但也应该积极承担社会责任，使生态环境进一步优化。

第三节　绿色金融发展的内部运行机制逻辑分析

一、内部运行机制：内在逻辑分析

要研究我国绿色金融发展，就必然要深入了解我国绿色金融发展机制。根据金融发展理论，一个金融体系的构建及运行，需要金融市场、金融中介、融资企业和融资者的参与。由于我国绿色金融是自上而下的由政府政策引导、以市场为主导的发展模式，因此，模拟我国绿色金融发展模式，构建我国绿色金融发展的内部运行机制还需要加入政府。我国绿色金融发展的内部运行机制由政府以及绿色金融市场上的参与主体构成。其中，绿色金融市场上主要有两个参与主体，分别为金融机构、绿色企业。而金融机构在这里又分为保险公司及其他金融机构，主要以银行机构为主；绿色企业包括生产一般性绿色产品的企业和科技企业。

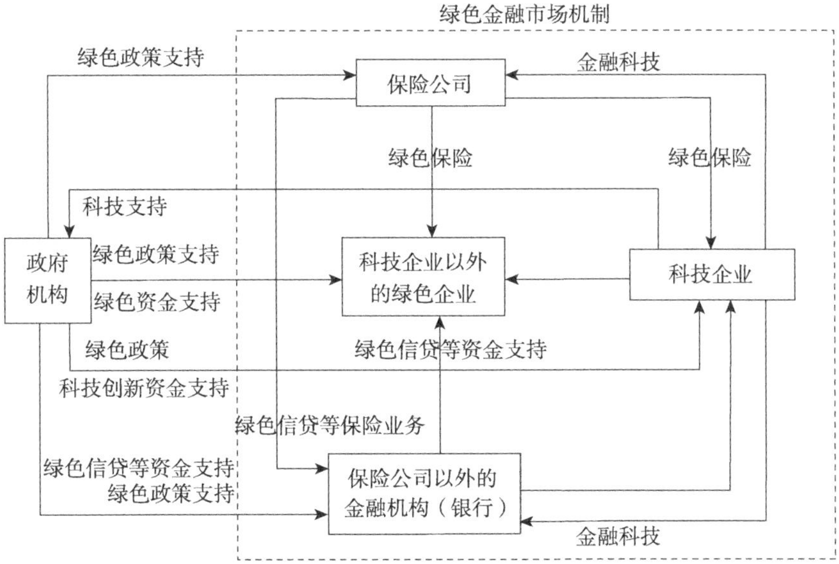

图 3.3　绿色金融发展的内部运行机制

在我国绿色金融发展内部运行机制中，绿色金融市场机制是绿色金融发展机制的核心部分。它是市场主导下的运行机制，其中政府作为引导绿色金融发展的政策实施者，为绿色金融发展提供绿色政策。再有，当绿色金融市场机制在“看不见的手”的作用下自发调节绿色金融产品供给时，在出现市场失灵的情况下，需要政府进行监管与宏观调控。在绿色金融市场上，金融机构如银行、保险公司等以及一般性绿色企业、科技企业是绿色金融市场的行为主体。其中，金融机构为绿色金融市场上的绿色金融产品的供给方，绿色企业（包括科技企业）为绿色金融产品的需求方。绿色金融产品主要包括绿色信贷、绿色证券、绿色保险、绿色基金、绿色信托、碳金融等。绿色金融市场上的供给方和需求方在绿色金融市场机制的作用下，特别是在绿色金融市场的价格机制、供求机制和竞争机制的共同作用下完成绿色金融产品交易。

在绿色金融发展的内部运行机制方面，具体来看，绿色金融市场是在政府绿色政策的引导下发挥其重要作用的。理论上讲，正常情况下，在绿色金融市场上，金融机构主要是以银行、保险公司、证券公司为代表的绿色金融产品供给方，这些供给方给绿色企业（科技企业）提供绿色金融产品、提供融资渠道，绿色企业（科技企业）也会根据金融机构提供的绿色金融产品价格（利率）决定是否进行融资以及在此均衡价格下融资量应为多少。倘若觉得绿色金融产品价格高了，可以再和金融机构商谈价格及融资量的问题。但是，当绿色金融市场需求者较多、需求量较大，而供给者较少、供给量有限时，绿色金融产品、绿色融资价格必然上涨，可能只有少数绿色企业能够以上涨的均衡价格来获得绿色金融产品、获得融资。大多数绿色企业融资难度较大，这就会加大融资约束。因此，绿色金融市场机制便利用“看不见的手”调节绿色金融产品、绿色融资的供求。为了助力绿色金融发展，解决大多数绿色企业在绿色金融市场上因融资价格较高而得不到资金问题，政府发布了一些优惠的绿色政策及其他绿色金融相关政策，或直接提供绿色资金以支持绿色企业经营发展。例如，有政策支付融资利息、政府担保以及政府提供绿色资金等行为。对于绿色金融市场上的自由竞争来说，一旦绿色金融产品价格（利率）上涨，且一些一般性绿色企业盈利性较差，没有还款能力，这些企业就得不到大量的绿色金融产品、绿色资金。为能够获得大量的绿色金融产品、绿色资金就需要企业提高盈利能力，科技企业可以提供绿色科技给一般性绿色企业，利用绿色科技提高绿色产品生产率，增强盈利能力，这样就可以使一般性绿色企业在绿色金融市场上获得大量绿色金融产品、绿色资金等，无形之中也促进了绿色金融市场的发展，提高了绿色金融发展水平。

二、内部运行机制：政府的绿色政策支持绿色企业融资活动分析

在我国绿色金融发展的内部运行机制中，参与主体主要有政府、金融机构、一般性绿色企业、科技企业（特殊性绿色企业）。政府作为引导绿色金融发展的重要参与机构，其重要性不言而喻。而绿色企业不仅是开展绿色金融业务的需求主体，也是我国绿色金融促进绿色发展的重要环节，最重要的是，绿色企业还是发展绿色经济的核心主体。故此，发展绿色金融必须要重视绿色企业的绿色融资，只有这样才能大力提升绿色金融发展水平，进而支持低碳绿色实体经济发展。从理论上看，政府主要通过对绿色政策的支持作用、绿色投资的引导作用以及绿色财政的引导作用参与绿色金融活动，以引导金融机构开展绿色金融业务从而间接支持绿色企业融资活动以及直接支持绿色企业投融资。在支持绿色企业发展过程中，政府通过发布绿色政策，例如，绿色信贷贴息、财政补贴等来支持绿色企业融资发展，通过科技培训等提高绿色企业整体科技水平；在支持金融机构绿色发展过程中，政府通过政策激励金融机构执行绿色政策，并给绿色企业发放绿色信贷等，使其逐步规范化；在支持科技企业发展过程中，通过财政资金来支持科技企业创新发展，研发先进技术；对于一般性绿色企业，对大额资金的绿色信贷，可提供贴息或担保，以实现科技企业大额融资，用以加大研发力度，促进绿色金融科技发展，使科技服务于绿色金融领域与绿色实体经济领域。因此，政府的绿色政策在增强绿色企业融资，促进绿色金融发展方面起着重要的引导作用。那么，在绿色金融内部运行机制的实际运行中，政府的绿色政策支持绿色金融发展，特别是政府的绿色政策促进绿色企业融资的效果是否显著？这一问题仍需要后面章节进行实证研究来进一步检验分析。

三、内部运行机制：金融机构支持绿色企业融资活动分析

在绿色金融内部运行机制中，金融机构具有“供血”功能，作为绿色金融产品及绿色资金的供给主体，金融机构在绿色金融运行与发展中具有举足轻

重的作用。若没有金融机构提供绿色金融产品或绿色资金，或产品与资金提供较少，那么，绿色企业就无法实现有效融资并进而影响到绿色企业生产，不利于绿色经济发展。显而易见，金融机构在绿色金融体系及其运行中占有重要地位。在发展绿色金融过程中，金融机构必须践行绿色发展理念，执行绿色政策，受政府政策的监管约束，同时也受政府绿色政策的支持，在此基础上来支持绿色企业融资与发展。金融机构在绿色金融市场上的绿色金融活动，仍然主要是提供绿色金融产品、提供绿色资金等各类金融服务。绿色金融市场上的金融机构主要包括银行、保险公司等，它们向生产一般性产品的绿色企业及科技企业提供所需的绿色金融产品或提供相应的资金服务，以满足各种不同类型绿色企业的融资活动。其中，银行机构主要向绿色企业提供绿色信贷资金等；保险公司主要向绿色企业提供绿色保险等绿色产品；证券公司主要向绿色企业提供绿色证券等绿色金融产品；信托公司主要向绿色企业提供绿色信托产品等，并对碳交易提供碳排放权交易等各类绿色金融产品服务。若要金融机构向绿色企业提供的绿色金融产品满足绿色企业所需，就要求金融机构创新开发绿色企业所需的各种绿色金融产品，包括绿色金融衍生产品。再有，金融机构中的银行机构、保险公司以及其他金融机构应进行合作，共同开展绿色金融业务，以支持绿色企业融资与快速发展。在金融机构提供绿色金融产品及绿色资金方面，除了要研究上述这些绿色金融产品及绿色资金的提供，我们还要深入研究金融机构特别是银行机构提供的绿色金融产品及绿色资金的价格（利率）问题。这是由于金融机构提供的绿色金融产品及绿色资金的价格（利率）会在很大程度上影响绿色企业的融资及融资规模，也影响着绿色企业的融资约束。随着我国利率市场化改革的深入，在此基础上形成的市场化利率及其变动也必然会影响绿色企业融资，因此，后续章节也会进一步研究市场化利率对绿色企业融资约束的影响，进一步实证研究市场化利率向上波动对绿色企业逆向融资的影响问题，以提出相应的对策。

四、内部运行机制：绿色企业的绿色融资活动分析

一般性绿色企业的绿色金融活动主要是绿色融资。一般性绿色企业向金融机构申请融资的方式主要是向银行机构申请绿色信贷，还有向保险公司申请绿色保险、向政府申请绿色财政支持等。这样就构成了绿色企业融资的多路径选

择模型。一般性中小绿色企业融资较为困难，就算能融到一点资金，也可能获得的是高价格（利率）下的垄断融资。倘若一般性企业向金融机构融资遭遇融资困难，可通过加入第三方甚至第四方进行合作来完成一般性绿色企业融资。或者，在一般性绿色企业和银行之间加入政府，形成政府、绿色企业和银行的三方合作，政府为绿色企业做担保，银行还可以提供绿色信贷。对于一般性绿色企业，在向科技企业引进先进生产技术后，其生产能力增强，融资需求增加，若能向金融机构获得大量绿色信贷资金或者其他绿色资金，一般性绿色企业的生产能力和生产效率将会得到显著提升，进而提升自身盈利能力，并大大增加了绿色再融资成功率。

科技企业（特殊性绿色企业）相比于一般性绿色企业遇到的绿色融资约束要小一些，其融资渠道也较为广泛。这可能是因为科技企业的绿色产品是非实体的绿色技术，并且绿色技术作为一种特殊的绿色产品，需求量较大，价格也较高，故此，科技企业盈利能力要比一般性绿色企业强。那么，在绿色金融市场上，科技企业绿色科技的融资就较为容易。

五、内部运行机制：绿色金融市场机制调节绿色资金供求分析

我国绿色金融发展模式，是以政府为引导，绿色金融市场为主导的。在该发展模式中，绿色金融市场作为发展绿色金融的主导力量，在绿色金融市场价格机制的作用下，自发调节绿色金融产品或绿色资金的供给与需求。

在绿色金融市场上，参与绿色金融产品或绿色资金交易的行为主体中，主要供给方有金融机构、需求方有绿色企业及个人绿色投资者。而绿色金融市场上的金融机构主要有银行机构、证券公司、保险公司、碳金融交易机构、信托公司等。这些供给方与需求方在绿色金融市场机制的调节下，进行绿色产品或绿色资金的相关交易。具体来说，主要是绿色金融市场价格机制在调节供求双方的供给与需求。绿色金融市场价格机制是绿色金融市场机制的核心，有促进竞争和激励各参与主体的作用。

我国绿色金融市场发展较晚，在绿色金融市场机制仍不完善的情况下，难免会出现绿色金融市场不能有效调节绿色金融产品或绿色资金的供给与需求的情况，特别是信息不对称会造成绿色金融产品或绿色资金的供给与需求不匹配。在绿色金融市场上，金融机构关心的是自身的利益，特别是绿色金融产品

的利率（收益率）和提供该项绿色金融产品可能产生的风险。而绿色金融市场上，绿色产品或绿色资金的需求者（一般是绿色企业、个人绿色投资者）却希望能以市场出清价格获得绿色金融产品或绿色资金。但是由于信息不对称的存在，绿色金融产品或绿色资金价格可能会出现逆向选择的状况，而这种价格的逆向选择主要是由绿色金融产品或绿色资金需求者的还款概率以及还款能力低下导致的。这就造成了所谓的“市场机制失灵”。因此，在一定条件下，为了解决由市场机制的失灵产生的问题，政府应进行宏观调控，加强调控市场机制失灵状态下绿色金融产品的供给与需求。

第四节　本章小结

本章为本书的理论分析框架。具体来看，在浅析绿色金融发展的相关理论的基础上，分析了影响我国绿色金融发展水平的“四轮驱动”影响因素，并深入分析了“四轮驱动”影响因素对我国绿色金融发展水平产生影响的逻辑。在此影响因素的基础上，选取政府政策方面、绿色金融市场方面以及金融科技方面三个方面的影响因素，对全国及各省份绿色金融发展水平进行评估测度。然后，对邻省绿色金融发展水平的带动效应进行行为博弈分析，并对我国绿色金融发展水平中出现的主要问题以及其反映在发展机制上的问题进行简要阐明。本书针对我国绿色金融发展机制，主要对绿色金融发展对促进绿色发展的外部引导机制和绿色金融发展的内部运行机制进行了构建与分析，并分析了外部引导机制对促进绿色发展的绿色资金效应、绿色资源配置效应和绿色企业监督效应。也分析了绿色金融发展内部运行机制的运行过程及在绿色金融市场运行机制中参与主体的绿色金融活动。这些活动主要包括政府的绿色政策支持绿色企业融资的活动、金融机构支持绿色企业融资的活动，绿色企业的绿色融资活动以及绿色金融市场机制调节绿色资金供求的活动。研究这些内容将为本书后续章节的深入分析夯实了相应的理论基础。

第四章　中国绿色金融发展现状

第一节　绿色金融市场发展现状

一、绿色信贷市场发展现状分析

在2012年，我国银监会发布了《绿色信贷指引》，2016年，包括中国人民银行与银监会在内的联合组织共同发布了《关于构建绿色金融体系的指导意见》，标志着中国绿色信贷发展标准有了雏形。近十年里，按照中国绿色融资额度的情况能够了解到，绿色信贷依旧占据领导地位。在2017年末，绿色信贷占总渠道的95%以上①，虽然一直下降到2020年末的91%②，但仍是最主要的绿色融资方式。根据人民银行网站统计数据与口径，从全国来看，到2020年末为止，绿色信贷剩余的资金达到11.95万亿元，提升了16.93%，年度增加金额为1.73万亿元，和其他国家相比来看，我国绿色信贷的存量规模位居全球第一。绿色信贷余额占总贷款余额比重达到6.92%，比2019年末提高0.25个百分点；根据银保监会网站统计数据与口径，从我国金融机构的绿色信贷来看，截至2022年末，国内有21家主要银行的绿色信贷余额已经发展到20.6万亿元③，所占各项贷款比重已由2017年末的9%突破到10%，截至2022年12月31日，余额为22.03万亿元，增长了38.5%。不管是人民银行的绿色信贷统计口径还是银保监会的绿色信贷统计口径，从统计数据上看，均说明我国绿色信贷近年来一直保持稳定快速增长。然而，其占比仍是较小。

---

① 鲁政委，汤维祺. 2017年中国绿色金融市场综览［R］. 兴业研究，2018（1）.

② 数据来源于中国人民银行和中金公司研究部。

③ 21家主要银行机构包括：国家开发银行、中国进出口银行、中国农业发展银行、中国工商银行、中国农业银行、中国银行、中国建设银行、交通银行、中信银行、中国光大银行、华夏银行、广东发展银行、平安银行、招商银行、上海浦东发展银行、兴业银行、民生银行、恒丰银行、浙商银行、渤海银行、中国邮政储蓄银行。

具体来看，从2018—2020年末，绿色信贷余额逐年增加，增长也较为平稳，具体详见图4.1。在2013年，绿色信贷余额为5.2万亿元，该数据在2020年上升到11.59万亿元，绿色信贷资金的应用一般包含以下三个领域，第一是绿色交通运输领域，第二是可再生能源领域，第三是清洁能源领域。近年来，我国绿色信贷总体发展状况如图4.1～图4.6所示，其中图4.1和图4.2描述了人民银行统计口径下的绿色信贷发展规模、增长速度和所占比重。图4.3和图4.4描述了我国21家主要银行机构从2013—2020年绿色信贷发展

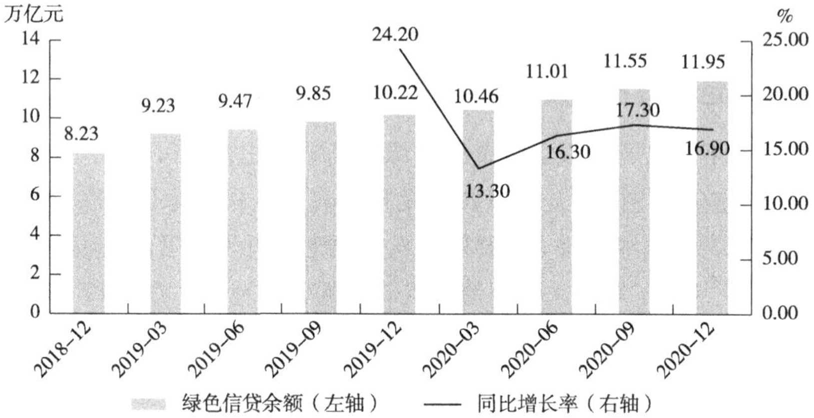

图4.1 中国人民银行统计的绿色信贷余额、增长率

（数据来源：中国人民银行网站和各年度《中国绿色金融发展报告》）

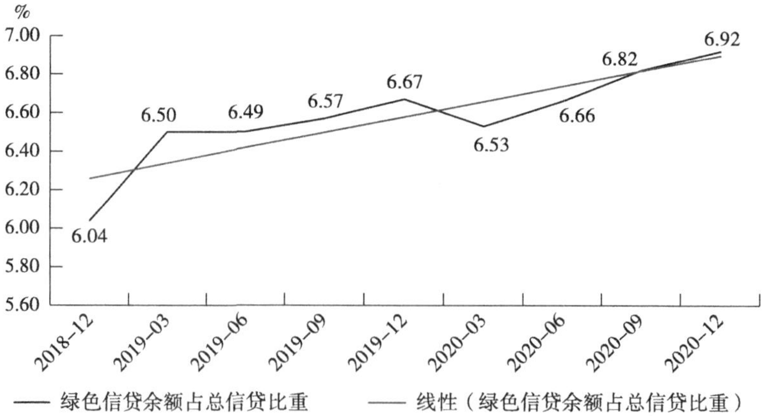

图4.2 中国人民银行统计的绿色信贷余额占比

（数据来源：中国人民银行网站和各年度《中国绿色金融发展报告》）

的规模、增长速度及绿色信贷占各项贷款比重状况。图 4.5 主要显示 2018 年末到 2019 年末我国绿色信贷主要投向领域的占比情况。图 4.6 描述了我国 21 家主要银行机构绿色信贷投向不同项目的余额比重情况。从图 4.1 和图 4.2 可以看出，从 2018 末到 2020 年末，人民银行统计口径下的绿色信贷余额一直是增加的，同比增加幅度较大，有着持续稳定的同比增长率，保持良好的增长势头；绿色信贷占比很小，增长速度较慢。图 4.3 和图 4.4 中显示，2013—2020 年，绿色信贷余额一直处于提升的状态，而且增长较快，保持良好的增长态势，2020 年增长率较低，可能是由于新冠疫情导致增长率较低，但也是保持

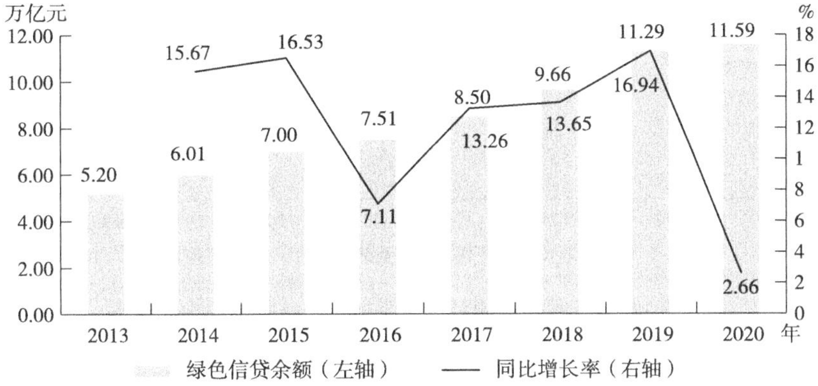

图 4.3　绿色信贷余额、增长率：21 家主要银行机构合计

（数据来源：中国银保监会网站和各年度《中国银行业社会责任报告》）

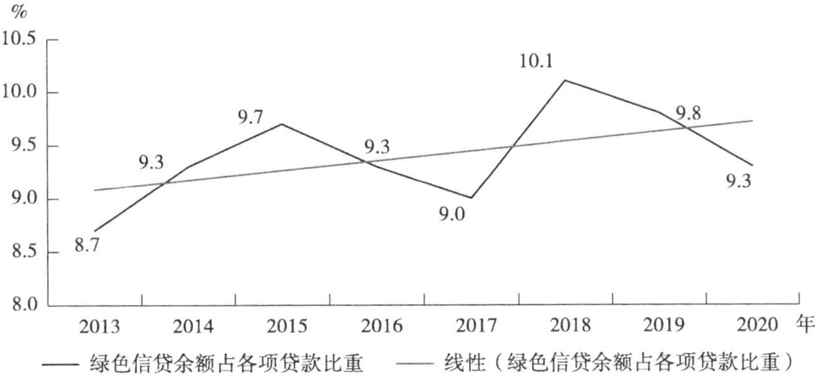

图 4.4　绿色信贷余额及占比：21 家主要银行机构合计

（数据来源：中国银保监会网站和各年度《中国银行业社会责任报告》）

正向增长率；绿色信贷占各项贷款余额呈现先上升后下降再上升而后出现稍微下降的过程，但趋势为缓慢上升。上述指标说明2013—2020年，我国21家主要银行机构一直在大力开展绿色信贷业务，取得了较好的效果。从图4.3和图4.4来看，绿色信贷增长速度从2014—2020年呈现先上升后下降再上升的过程，该过程与绿色信贷占比有相同的发展趋势。

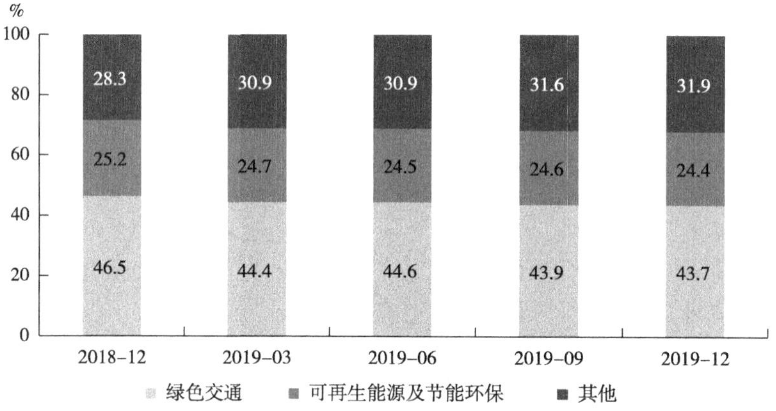

图4.5　中国人民银行统计口径下的绿色信贷主要投向领域

（数据来源：中国人民银行、万得资讯、中金公司研究部）

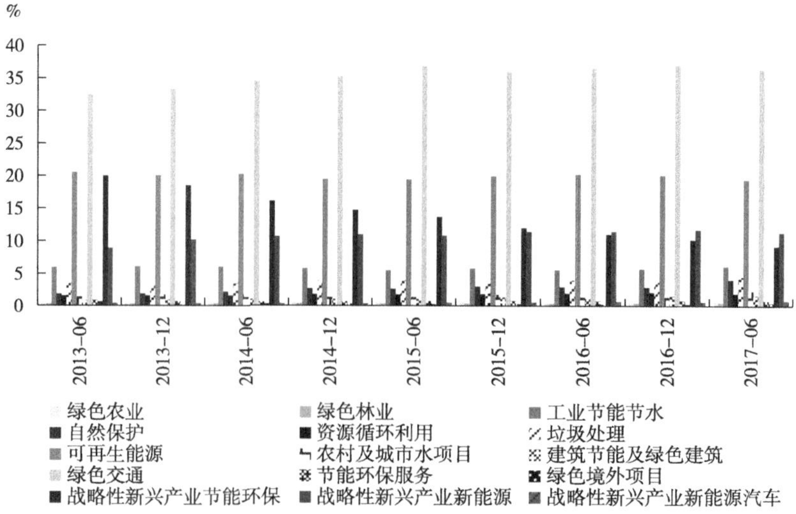

图4.6　绿色信贷投向不同项目的余额比重：21家主要银行机构合计

（数据来源：银保监会网站）

从我国银行机构开展绿色信贷业务方面来看，银行机构作为发展绿色信贷的主力军，对推动我国绿色信贷发展发挥了重要作用。在整体上，截至2019年末，大中小型中资银行绿色信贷余额共计约9.52万亿元。其中，小型银行绿色信贷快速增长，中型银行和大型银行绿色信贷增长一般较为平稳，增速略低于全国平均水平，但总体绿色信贷规模相对较大，均已达万亿级别。尤其是大型中资银行绿色信贷余额，占银行业绿色信贷余额75.4%，小型中资银行绿色信贷余额基数相对较小，但增速约为全国平均增速的2倍，具体数据见表4.1所示。在具体银行发展绿色金融方面上，在我国21家主要银行中，截至2019年末，绿色信贷余额最高的三家银行为中国工商银行、中国农业银行和中国建设银行。绿色信贷占表内贷款余额比重最高的银行为兴业银行，比例为30.2%，其次是中国农业银行，比例为9.3%，再次是中国工商银行，比例为8.3%。根据绿色信贷规模同比增长的情况来看，前三的分别为：浙商银行138.8%、华夏银行40.8%，以及邮政储蓄银行，其所占的比例为27.8%。在2019年，除了平安银行以外，其他银行绿色信贷的发展为正比例增长状态，在2018年，平安银行的绿色信贷增长速度为-22.4%，2019年绿色信贷增长速度为-8.8%。与此同时，我国有五家银行的绿色信贷占表内贷款余额比重有所减少，首先是平安银行，其次是浦发银行，再次是中信银行，然后是招商银行，最后是渤海银行。除此之外，其他大部分银行绿色信贷增速高于表内信贷增速（绿色信贷占表内贷款余额比重增加）。如表4.2所示。

表4.1　2019年末我国银行业绿色信贷余额数据

中资大中小型银行	绿色信贷余额（万亿元）	占比（%）	同比增长率（%）	与全国增速对比（2019年全国增速15.4%）
中资大型银行	7.18	75.4	14.1	低1.3个百分点
中资中型银行	1.67	17.5	13.5	低1.9个百分点
中资小型银行	0.67	7.1	32.8	高17.4个百分点
合计	9.52			

数据来源：《中国绿色金融发展报告2019》。

表 4.2 2019—2020 年我国 21 家主要银行开展绿色信贷情况

单位：亿元，%

年份	21 家银行名称	绿色信贷余额	信贷余额	绿色信贷占比	绿色信贷增速	绿色金融相关组织机构
2020	国家开发银行	23000	122005	18.9	9.5	—
2019		21000	120095	17.5	10.5	
2020	工商银行	18457	186243	9.9	36.6	绿色金融委员会
2019		13508	163266	8.3	9.1	
2020	农业银行	15149	151704	10.0	27.2	—
2019		11910	128196	9.3	13.4	
2020	建设银行	13427	162314	8.3	14.2	绿色金融委员会
2019		11758	145407	8.1	11.4	
2020	兴业银行	11557	38673	29.9	14.3	绿色金融业务委员会
2019		10109	33452	30.2	19.6	
2020	中国银行	8968	142165	6.3	21.6	绿色金融管理委员会
2019		7376	127434	5.8	16.6	
2020	中国农业发展银行	8484	61378	13.8	162.7	绿色信贷委员会
2019		3230	53789	6.0	31.9	
2020	交通银行	3629	58484	6.2	20.6	—
2019		3009	51837	5.8	16.0	
2020	中国进出口银行	2949	39494	7.5	17.5	—
2019		2862	35583	8.0	13.3	
2020	邮政储蓄银行	2809	57163	4.9	30.2	绿色银行建设领导小组
2019		2433	48081	5.1	27.8	
2020	上海浦东发展银行	2628	44302	5.9	16.2	—
2019		2261	38782	5.8	3.9	
2020	招商银行	2071	48043	4.3	17.2	—
2019		1768	42773	4.1	6.1	
2020	华夏银行	1800	20598	8.7	51.1	绿色金融管理委员会
2019		798	18292	4.4	40.8	
2020	光大银行	1037	29424	3.5	14.3	—
2019		907	26441	3.4	15.7	

续表

年份	21 家银行名称	绿色信贷余额	信贷余额	绿色信贷占比	绿色信贷增速	绿色金融相关组织机构
2020	浙商银行	785	11659	6.7	45.8	—
2019		539	9989	5.4	138.8	
2020	中信银行	662	43602	1.5	1.6	—
2019		651	38926	1.7	3.5	
2020	民生银行	527	37823	1.4	63.2	—
2019		323	34304	0.9	28.8	
2020	广东发展银行	300	17546	1.7	46.4	—
2019		205	15291	1.3	35.0	
2020	平安银行	227	26108	0.9	-9.9	—
2019		252	22593	1.1	-4.2	
2020	渤海银行	199	8671	2.3	8.2	绿色金融领导小组
2019		184	6873	2.7	18.6	
2020	恒丰银行	106	5325	2	52.8	—
2019		69	4252	1.6	—	

二、绿色证券发展现状

目前，我国绿色证券总体发行规模较几年前明显增大，种类也更加丰富，主要有绿色债券、绿色基金、绿色股票等多种绿色证券。其中，各种绿色证券发行规模也逐步增大，而在我国绿色证券当中，发行规模较大的绿色证券有绿色债券和绿色基金、绿色股票指数，也是我国发展绿色金融的重要工具之一。因此，本文主要以绿色债券、绿色基金和绿色股票指数作为绿色证券类的研究对象。

（一）绿色债券发展现状

与其他国家相比较而言，我国绿色债券的发展依然处于低水平状态，且发展的起步略晚一些，但是市场在未来阶段具有广阔的发展空间。在 2015 年年末，我国中央银行与国家发改委正式出台了《绿色债券发行指引》，此后，我国绿色信贷发行的频率不断增加。在 2019 年我国主体机构总共发行的贴标绿色债券为 3849 亿元，该指标与上一年同期相比增加 36%，该数据在世界范围内排行第一位，有效数据显示，2022 年我国发行主体发行的不同种类的债券共有 568 只，发行规模为 9838.99 亿元，该数据与上一年同期相比增加了 63.9%，境外发行规模达到了 1092.41 亿元，提升 35.4%”①。光大证券研究报告指出，自 2016 年 1 月以来的首笔绿色金融债发行到 2023 年 3 月末，累计绿色债券发行超过 2.5 万亿元，居世界第二位。

我国绿色债券主要有金融债等类型，以及债务融资工具等。结合我国绿色债券的发展情况来看，碳中和债券的发展速度陆续增加。和常规普通的绿色债券相比来看，碳中和债券带有一定的聚焦性，也就是投放在清洁能源等碳减排项目之中。2021 年，碳中和债券的数量提升。同年中期，此种类型的债券达到了 97 只，发行规模为 1086.88 亿元。在 2018—2020 年这三年间，绿色债券的种类中，金融债、公司债、企业债的规模及中期票据占比最大，其中，2018—2020 年，金融债发行数量和占比最大，但呈现下降状态，而公司债呈现先上升后下降的趋势，企业债呈现上升态势；资产支持证券的债券发行规模出现先上升后下降的状态，债务融资工具发行规模平稳增长。如表 4.3 所示。

表 4.3 中国绿色债券种类发行规模及其比重 单位：亿元，只，%

年份	绿色债券分类	发行规模	发行数量	比重
2020	公司债	732.1	91	33.80
	企业债	485.4	47	22.41
	中期票据	338.5	30	15.63
	金融债	272	11	12.56
	资产支持证券	246.32	30	11.37
	短期融资券	36.5	6	1.69
	地方政府债	27	1	1.25
	定向债务融资工具	16	3	0.74
	项目收益票据	12	1	0.55
	合计	2165.82	220	100
2019	金融债	833.5	31	27.77
	公司债	832.17	69	27.73
	资产支持证券（ABS、ABN）	531.6	137	17.71

① 具体数据来源于《中国绿色金融发展报告 2022》。

续表

年份	绿色债券分类	发行规模	发行数量	比重
2019	企业债	473.1	38	15.76
	中期票据	306.2	23	10.20
	定向债务融资工具	16.8	3	0.56
	短期融资券	5	1	0.17
	地方政府债	3	1	0.10
	合计	3001.37	303	100
2018	金融债	1289.2	38	58.59
	公司债	380.49	34	17.29
	企业债	213.7	21	9.71
	中期票据	182.8	18	8.31
	资产支持证券（ABS）	134.34	75	6.10
	合计	2200.53	186	100

数据来源：各年的《中国绿色金融发展报告》、中国人民银行研究局课题组。

（二）绿色基金发展现状分析

绿色基金是绿色证券中一种重要的金融工具，对促进我国绿色金融发展起到了重要的助推作用。截至 2019 年末，我国市场共有 74 只绿色主题公募基金，规模达到 607.72 亿元。根据责任投资原则（PRI）组织统计，2019 年我国有 16 家机构新签署了 PRI，截至 2019 年末，我国已有 35 家境内机构正式签署 PRI。

2020 年，面对新冠疫情对经济发展造成的巨大冲击，绿色复苏成为疫后经济发展的重要推动力，绿色基金经过 2020 年初的低迷，在中央到地方一系列政策支持下，于 2020 年下半年进入了快速发展模式，新增绿色基金数量环比增长较快；特别是 2020 年 7 月国家绿色发展基金成立，更是进一步刺激了资本对绿色投融资方面的激情。绿色基金的快速增长有赖于政府政策的支持引导，中央层面发布的《关于构建现代环境治理体系的指导意见》《关于统筹做好疫情防控和经济社会发展生态环保工作的指导意见》等文件鼓励建立绿色基金。据中央财经大学绿色金融国际研究院统计，截至 2020 年末，进行备案的绿色基金的数量已经超过了 850 家，该数据在 2017 年连续下降以后第一次增长。在 2020 年，备案的绿色基金 126 只（私募绿色基金 105 只，公募绿色基金21只），新增数量同比上升64%；截至2020年末，我国绿色基金同比增长率为16%，如图4.7所示。

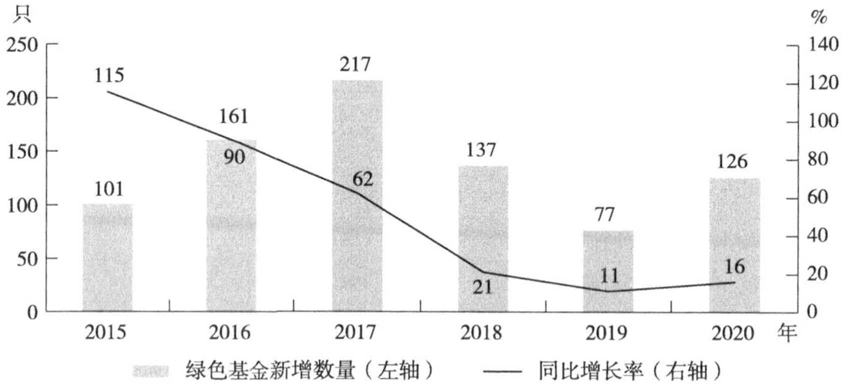

图4.7　2015—2020年绿色基金的新增数量及其增长率

（数据来源：中国证券投资基金业协会、Wind数据库）

如图4.8所示，按投资类型划分，在2020年新成立备案的绿色基金项目中，包含77只股权项目，在整体中所占的比例为61%；创业投资基金有17只，在新成立绿色基金中占有的比例为14%；证券投资基金数量共有32只，在新成立绿色基金中所占的比例为25%。

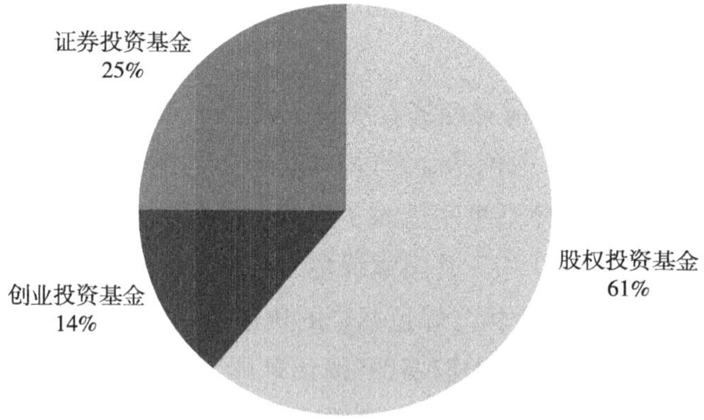

图4.8　2020年绿色基金投资类型

（数据来源：中国证券投资基金业协会、Wind数据库）

在2019年，涉及污染防治与绿色低碳项目数量同比增长19.85%，投资额为5.2万亿元，同比增长18.2%，累计落地项目达3447个，同比增长57.2%，投资额为3.4万亿元，同比增长47.8%[①]。2020年，我国绿色PPP项目数量增长趋势比较平稳，所占的比例也呈现出小幅度增加。参照绿色PPP项目数量的实际情况分析，项目数量增长幅度比较平稳，截至2020年末，我国共有5826个绿色PPP项目，该数据和上一年同期相比增加410个新项目，增长7.57%；2019年，绿色PPP项目所占比重为57%，2020年该数据增加到58.1%。绿色PPP项目投资规模不断扩大，而且投资额在总体中所占的比例日趋稳定。结合绿色PPP项目投资规模分析，2020年底，绿色PPP项目获得总投资为56206亿元，增长8.77%。2020年末，绿色PPP项目投资金融在总体中占比为36.3%。呈略微下降趋势，这可能是疫情所导致的现象。具体如图4.9所示。

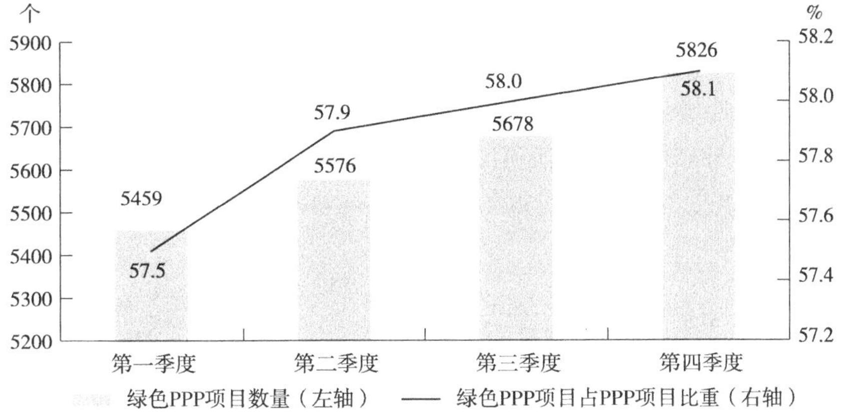

图4.9　2020年分季度的绿色PPP项目数量及其占比

（数据来源：财政部政府和社会资本合作中心）

我国绿色PPP项目的发展数量持续增长，此类别项目的落地率与总体落地率之间的差距正在减小，目前已经达到了持平的状态。相关内容可见图4.10，根据图中的数据信息可知，在2020年底，国内落地绿色PPP项目的数量为3993个，和上一年同期相比新增数量为546个，增长比例为15.84%。我

① 该引用部分来自2018年、2019年《中国绿色金融发展报告》。

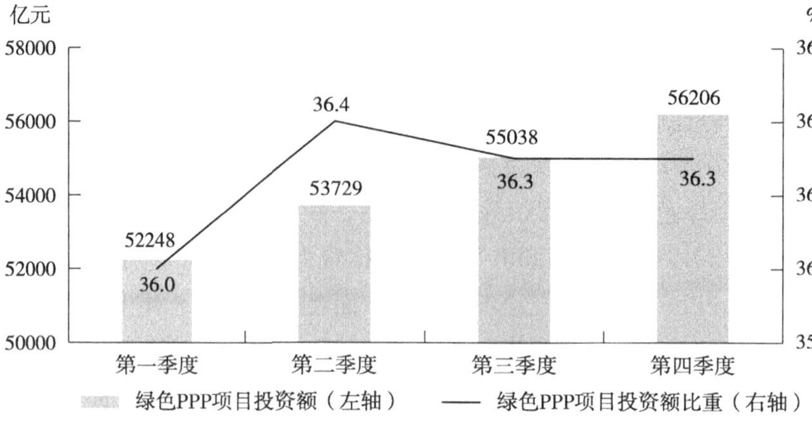

图 4.10　2020 年分季度的绿色 PPP 项目投资额及其占比

（数据来源：财政部政府和社会资本合作中心）

国绿色 PPP 项目在发展期间，我国中央以及地方各级政府都积极扶持，随着时间的推移，绿色 PPP 项目的市场环境日益完善与成熟，绿色项目质量得到了发展，流动性增强，而且环境越加宽松。2020 年末，国内的绿色 PPP 项目落地率达到了 68.5%，与其他项目处于持平状态。具体如图 4.11 所示。

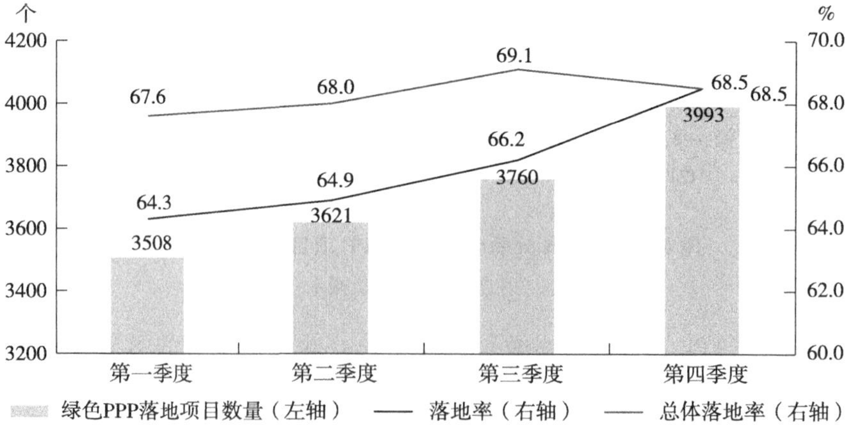

图 4.11　2020 年分季度的绿色 PPP 落地项目数量及落地率

（数据来源：财政部政府和社会资本合作中心）

（三）绿色股票指数发展现状分析

绿色股票指数是一种创新型绿色证券，也是证券市场上助力绿色金融发展的重要金融工具之一，它的快速发展拓宽了我国绿色金融业务在股票领域的发展。在我国，绿色股票指数主要有上证绿色股票指数系列、中证绿色股票指数系列、国证绿色股票指数系列、深证绿色股票指数系列以及央视绿色股票指数系列等绿色股票指数系列。

近年来，我国绿色股票指数不但总数量有所上升，而且具体种类也不断增加。在绿色股票指数的分类上，国外针对绿色股票指数进行了分类，第一种类别是 ESG（Environmental，Social and Governance）指数，涵盖项目为治理类、环保产业、环境生态类这三种类型的指数。和其他发达国家相比，我国绿色股票指数的发展起步较晚，并未形成统一的分类标准，所以，本文在开展此研究过程中参照国外绿色股票与我国绿色股票的发展指数的分类，可将绿色股票指数分为三类，第一类是 ESG 可持续发展类指数，可细分为 ESG 类指数、公司治理类指数、持续产业类指数和社会责任类指数。第二类是环保产业类指数，可细分为节能环保类指数、环境治理类指数和新能源类指数。第三类是环境生态类指数，可细分为生态产业类指数、碳效率类指数和绿色城镇类指数。截至 2020 年末，我国现已推出的绿色股票指数共有 64 条，为中国的绿色产业项目提供资金保障。其中，ESG 共计 32 条，ESG、公司治理指数分别为 15 条、9 条；持续产业类指数 3 条和社会责任类指数 5 条；环保产业类指数 26 条，包括节能环保类指数 11 条、环境治理类指数 5 条、新能源类指数 10 条；环境生态类指数 6 条，包括生态产业类指数 1 条、碳效率类指数 1 条和绿色城镇类指数 4 条。具体绿色股票指数分类及名称与发布时间如表 4. 4 所示。

从我国近三年的绿色股票指数的发行上来看，发行机构在 2018 年共发行绿色股票指数 4 条；2019 年共发行绿色股票指数 7 条；2020 年共发行绿色股票指数为 9 条。绿色股票指数的每年数量稳中有升，而且覆盖绿色领域逐步扩大，细分领域的绿色股票指数系列也越来越多样化，只是总体上每年新增绿色股票指数的数量偏少且均为个位数，这也说明我国绿色股票指数的创新动力不足，仍需进一步寻求创新动力，激励绿色股票指数创新发展以引导资金流向 ESG 投资领域，支持绿色企业、绿色产业及绿色项目发展。

表 4.4　中国绿色股票指数的分类及发布情况　　单位：个

分类	细分类	代码	指数名称	发布时间	成分股数量
可持续发展（ESG）	ESG	000970	中证 ECPI ESG 可持续发展 40 指数	2010/9/17	40
		399378	ESG300	2010/9/20	300
		399550	央视财经 50 指数	2012/6/6	50
		000846	中证财通中国可持续发展 100（ECPI ESG）	2012/10/16	100
		931088	中证 180 ESG 指数	2018/12/10	140
		931148	中证 ECPI ESG 80 指数	2019/2/27	80
		931168	中证中财沪深 100 ESG 领先指数	2019/6/27	100
		931382	中证嘉实沪深 300 ESG 领先指数	2019/11/25	100
		931463	沪深 300 ESG 基准指数	2020/4/30	239
		931465	沪深 300 ESG 领先指数	2020/4/30	100
		931466	沪深 300 ESG 价值指数	2020/4/30	100
		931476	中证 ESG 120 策略指数	2020/4/30	120
		931477	中证华夏银行 ESG 指数	2020/4/30	119
		931525	中证兴业证券 ESG 盈利 100 指数	2020/8/6	100
		931565	中证招银理财夜光 ESG 指数	2020/8/27	100
	公司治理	399322	国证治理指数	2005/12/12	50
		399328	深证治理指数	2006/1/24	40
		000019	上证公司治理指数	2008/1/2	276
		000021	上证 180 公司治理指数	2008/9/10	100
		399650	中小板治理指数	2012/8/20	50
		399554	央视财经 50 治理领先指数	2013/6/6	50
		930956	中证绿色投资股票指数	2017/5/26	75
		931037	沪深 300 绿色领先股票指数	2018/1/4	100
		980058	公司治理研究院绿色治理指数	2020/9/28	100
	持续产业	000114	上证可持续发展产业主题指数	2011/8/22	40
		931150	中证绿色产业质量策略指数	2019/1/31	100
		931268	中证可持续发展 100 指数	2019/11/25	100
	社会责任	399341	深证责任指数	2009/8/3	100
		000048	上证社会责任指数	2009/8/5	100
		399369	国证社会责任指数	2009/11/4	100
		399651	中小板企业社会责任指数	2012/8/20	50
		399555	央视财经 50 责任领先指数	2013/6/6	50

续表

分类	细分类	代码	指数名称	发布时间	成分股数量
环保产业类	节能环保	399358	国证环保指数	2008/1/2	40
		000977	中证内地低碳经济主题指数	2011/1/21	50
		H11113	中国低碳指数	2011/2/16	40
		399638	深证环保指数	2011/11/15	40
		000158	上证环保产业指数	2012/9/25	40
		000827	中证环保产业指数	2012/9/25	100
		930614	中证环保产业 50 指数	2015/4/7	50
		930835	中证水杉环保专利 50 指数	2016/5/18	50
		399695	深证节能环保指数	2017/4/28	100
		G10013	中财——国证深港通绿色优选指数	2017/12/18	100
		G10165	国证深港通节能指数	2018/3/8	50
	环境治理	399806	中证环境治理指数	2014/7/21	50
		399817	中证阿拉善生态主题 100 指数	2015/10/21	78
		930854	中证水环境治理主题指数	2016/7/20	37
		931022	中证大气治理主题指数	2017/10/17	18
		931149	中证环境治理质量策略指数	2019/1/31	50
	新能源	000941	中证内地新能源主题指数	2009/10/28	36
		399412	国证新能源指数	2014/5/16	70
		399417	国证新能源汽车指数	2014/9/24	50
		399976	中证新能源汽车指数	2014/11/28	33
		399808	中证新能源指数	2015/2/10	80
		930642	中证核能核电指数	2015/5/19	46
		930771	中证新能源产业指数	2015/12/16	80
		930997	中证新能源汽车产业指数	2017/7/19	46
		G10169	国证深港通新能源车指数	2018/3/8	50
		931151	中证光伏产业指数	2019/4/22	50
环境生态	生态产业	399556	央视生态产业指数	2014/6/6	50
	碳效率	950081	上证 180 碳效率指数	2015/10/8	176
	绿色城镇	H30139	中证绿色城镇指数	2013/8/26	100
		H50031	上证绿色城镇指数	2013/8/26	50
		930853	中证海绵城市主题指数	2016/7/20	50
		931478	中证中财——苏农苏州绿色发展指数	2020/9/25	50

数据来源：上海证券交易所和深圳证券交易所网站。

三、绿色保险发展现状分析

我国绿色保险主要有环境污染责任保险、绿色农业相关保险、巨灾指数保险、绿色建筑保险和清洁能源保险等。其中，环境污染责任保险是绿色保险中开始最早，也是目前相对普及率较高的绿色保险种类。关于环境污染保险的相关法律法规及重要文件，近年来我国也相续出台了一些，2020 年 4 月，十三届十七次常委会议正式通过了“固废法”。该项法律之中明确了相关单位与企业必须按照国家标准投保对应的环境污染责任保险，该项举措具有全新的开创价值。在以前的发展阶段，我国曾出台了多项助力绿色保险发展的法律文件，比如在 2020 年 3 月，《关于构建现代环境治理体系的指导意见》正式颁布，并且各地区政府需要加大对绿色金融的扶持，同时指出要推动环境污染责任保险发展。

根据《保险业聚焦碳达峰碳中和目标助推绿色发展蓝皮书》统计，2018—2020 年，我国绿色保险累计为全社会提供 45.04 万亿元保额的绿色保险保障，绿色保险投资额累计达到 1.38 万亿元，支付赔款额累计为 533.77 亿元，有力支撑了绿色保险的风险保障功能。其中，2018 年，绿色保险保额为 120285 亿元，绿色保险投资额为 3954 亿元，绿色保险赔付额为 129 亿元；而 2019 年，我国绿色保险保额和绿色保险投资额也显著增长，其中，绿色保险赔付额为 191 亿元，增长率为 48.06%；2020 年，我国绿色保险保额为 183264 亿元，增长率为 24.87%，绿色保险投资额为 5615 亿元，增长率为 32.49%，绿色保险赔付额为 214 亿元，增长率为 12.04%。如图 4.12 所示。

我国绿色保险发展还体现在绿色保险支持各领域方面，主要支持领域为清洁能源、绿色交通、绿色建筑、绿色技术创新、巨灾/天气、绿色资源、环境污染等领域。具体来看，2019 年，我国绿色保险保额支持清洁能源 18033 亿元，支持绿色交通 38709 亿元，支持绿色建筑 655 亿元，支持绿色技术创新 2846 亿元，支持巨灾/天气 3510 亿元，支持绿色资源 12976 亿元，支持环境污染 47027 亿元，支持其他绿色保险 23014 亿元，我国绿色保险保额除了支持绿色建筑领域出现下降外，其他领域均为上升；在 2020 年，我国绿色保险保额支持清洁能源 19559 亿元，支持绿色交通 63419 亿元，支持绿色建筑 1017 亿元，支持绿色技术创新 1664 亿元，支持巨灾/天气 3625 亿元，支持绿色资源

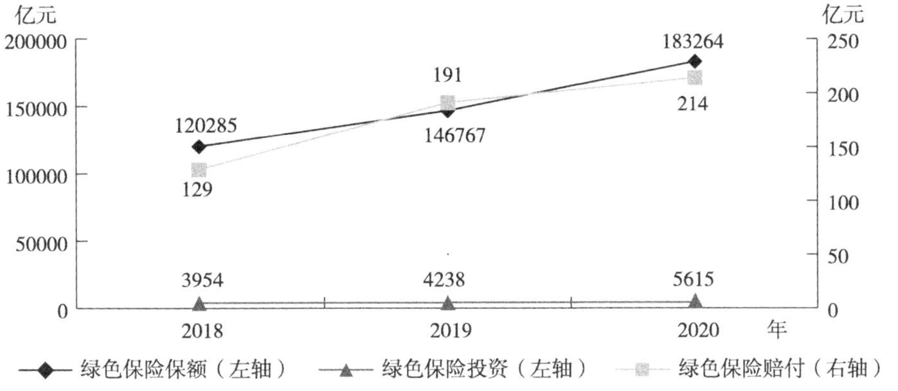

图 4.12　2018—2020 年我国绿色保险的保额、赔付与绿色投资

（数据来源：《保险业聚焦碳达峰碳中和目标助推绿色发展蓝皮书》）

13468 亿元，支持环境污染 53921 亿元，支持其他绿色保险 26596 亿元，我国绿色保险保额除了支持绿色技术创新出现下降外，其他领域均为上升。在赔付方面，我国绿色保险赔付主要是在绿色交通、绿色资源、巨灾/天气和绿色技术创新领域。如表 4.5 和表 4.6 所示。

表 4.5　绿色保险支持的具体领域及其保额数据　　　单位：亿元

年份	绿色保险支持领域及其保额							
	清洁能源	绿色交通	绿色建筑	绿色技术创新	巨灾/天气	绿色资源	环境污染	其他绿色保险
2018	13939	25564	800	2747	2822	12263	41878	20284
2019	18033	38709	655	2846	3510	12976	47027	23014
2020	19559	63419	1017	1664	3625	13468	53921	26596

数据来源：《保险业聚焦碳达峰碳中和目标助推绿色发展蓝皮书》。

表 4.6　绿色保险支持具体领域赔付数据　　　单位：亿元

年份	绿色保险支持领域及其赔付额			
	绿色交通	绿色技术创新	巨灾/天气	绿色资源
2018	45.09	0.34	2.43	10.22
2019	61.50	0.92	4.15	9.56
2020	64.77	1.15	5.06	10.19

数据来源：《保险业聚焦碳达峰碳中和目标助推绿色发展蓝皮书》。

四、碳金融发展现状分析

自我国碳排放权交易市场成立以来，我国碳金融市场逐步活跃起来。我国环境部在 2019 年制定了《碳排放权交易管理暂行条例（征求意见稿）》，2020 年末，环境部又制定了《碳排放权交易管理办法（试行）》等一系列文件，极大推动了碳金融发展。

截至 2020 年末，我国共有 8 所碳市场交易试点，分别在北京、上海、重庆、天津、广州、湖北、深圳、福建这几个省市，对我国碳金融的发展起着至关重要的作用。近年来，我国碳市场的碳交易量及交易额在总体上是处于增长状态。相关数据详见表 4. 7，2019 年，我国碳排放权交易的总成交量达到了 6962. 9 万吨，成交总额高达 15. 62 亿元，跟 2018 年相比，实现了 11% 的增长，跟 2017 年相比，实现了 24% 的增长。2019 年的指标增长情况主要得益于广州和深圳碳市场成交量的增加，大约占到碳排放权总成交量的 76. 27% 。2020 年，受新冠疫情影响，我国碳排放权交易累计约 5740. 37 万吨，与 2019 年相比，下降了 18. 45% ；金额为 15. 78 亿元，跟 2019 年相比，只增长了 0. 5% 。2020 年的指标增长情况主要得益于湖北、天津和重庆碳市场成交量的突破，大约占到碳排放权总成交量的 35. 16% 。其他碳交易市场交易量均出现下降，虽然广州和深圳碳市场交易量、占比均有所下降，但占比仍然较高，高达 58. 10% 。

不同碳市场之间的交易量与交易规模之间的差距日渐明显。详见表 4. 7。在 2019 年，广州碳市场交易量为 4465. 93 万吨，交易规模为 8. 47 亿元；重庆碳市场交易量为 5. 12 万吨，交易规模为 35. 35 万元；天津市场碳交易量为 62. 05 万吨，共计约 868 万元交易额。2020 年，虽然广州碳市场交易量仍为最高的 3211. 24 万吨，交易占比也为最高的 55. 94% ，但碳交易总量和占比是下降的，总量下降约为 28% ，占比下降约为 8. 2 个百分点；深圳碳市场、福建碳市场和北京碳市场的碳交易量同比下降最为严重，深圳碳市场碳交易量同比下降最大，达到 85. 40% ，福建碳市场碳交易量同比下降 75. 60% ，北京碳市场碳交易量同比下降 66. 33% ；上海碳市场也出现碳交易量下降，同比下降 29. 50% 。只有湖北碳市场、天津碳市场和重庆碳市场碳交易量是增加的，其绝对增量分别为 814. 95 万吨、512. 38 万吨和 11. 12 万吨，分别同比上升 133. 17% 、825. 80% 和 217. 18% 。碳交易规模前三由原来 2019 年的广州、深圳和湖北变为广州、湖北和天津。在交易额方面，8 家碳交易市场的碳交易额与 2019 年相比，与碳交易量的变化一致，湖北碳市场、天津碳市场和重庆碳市场的交易额是上升的，其他 5 家的碳交易额是下降的。交易额排名前三由 2019 年的广东、北京和湖北变为广州、湖北和天津。这些碳交易市场的碳交易量和交易额已遥遥领先其他碳市场的碳交易量和交易额。

表 4.7　碳交易量及碳交易额　　单位：万吨，万元

年份	2019 年		2020 年	
碳交易所	碳交易量	碳交易额	碳交易量	碳交易额
北京	306.85	25553.08	103.55	9506.58
上海	261.02	10996.10	184.04	7354.20
天津	62.05	868.52	574.43	14864.78
重庆	5.12	35.35	16.24	348.41
广州	4465.93	84657.97	3211.24	81961.22
深圳	842.54	9131.13	123.92	2463.87
湖北	612.86	18077.21	1427.81	39556.63
福建	406.53	6868.11	99.14	1719.14
合计	6962.9	156187.47	5740.37	157774.83

数据来源：Wind、中央财经大学绿色金融国际研究院。

从碳排放权交易量来看，在 2019—2020 年，我国碳排放交易总量接近 12703.27 万吨，交易额总量达到 31.396 亿元。2019 年到 2020 年，各碳交易市场的交易量占比和交易份额发生了变化，各自所占比重排名也出现了一些相应变化，具体如图 4.13 和图 4.14 所示，其中，广州碳市场无论是在碳交易量还是交易额的所占比重仍然是榜首，占比均在 50% 以上，是其他碳市场无法相比的；在 2019 年，深圳的碳市场交易总量排在全国第 2 名，但是到了 2020 年，其排名下降到第 5 位，交易总额所占的比重从 2019 年的第 5 位降到 2020 年的第 6 位；湖北碳市场原本在 2019 年的碳交易量占比第 3 位，在 2020 年的交易量占比上升到第 2 位，交易额占比由 2019 年的第 3 位上升到 2020 年的第 2 位；福建碳市场原本在 2019 年的碳交易量占比第 4 位，在 2020 年的交易量占比下降到第 7 位，交易额占比由 2019 年的第 6 位下降到 2020 年的第 7 位；北京碳市场原本在 2019 年的碳交易量占比第 5 位，在 2020 年的交易量占比下降到第 6 位，交易额占比由 2019 年的第 2 位下降到 2020 年的第 4 位；上海碳市场原本在 2019 年的碳交易

量占比第6位，在2020年的交易量占比上升到第4位，交易额占比由2019年的第4位到2020年的第4位，占比排名没有变化；天津碳市场原本在2019年的碳交易量占比第7位，在2020年的交易量占比上升到第3位，交易额占比由2019年的第7位，上升到到2020年的第3位；重庆碳市场原本在2019年的碳交易量占比第8位，在2020年的交易量占比仍为第8位，碳交易量和交易额绝对数值不大，但交易量却翻了两番多，交易额占比由2019年的第8位，到2020年仍为第8位，但交易额却翻了8番多，是增长速度较快的碳市场。

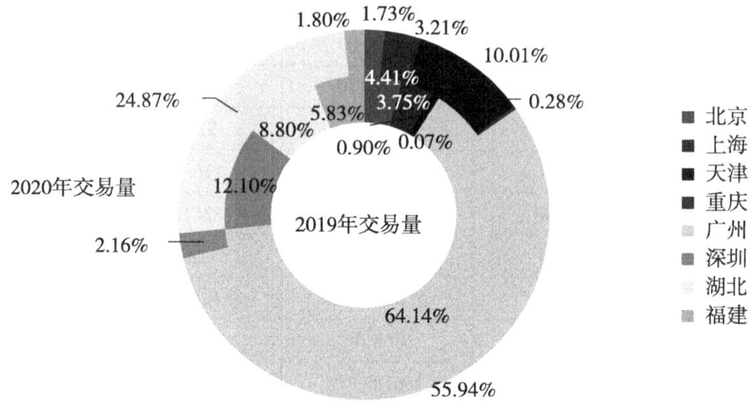

图4.13　2019年和2020年全国碳交易量区域分布及占比

（数据来源：Wind、中央财经大学绿色金融国际研究院）

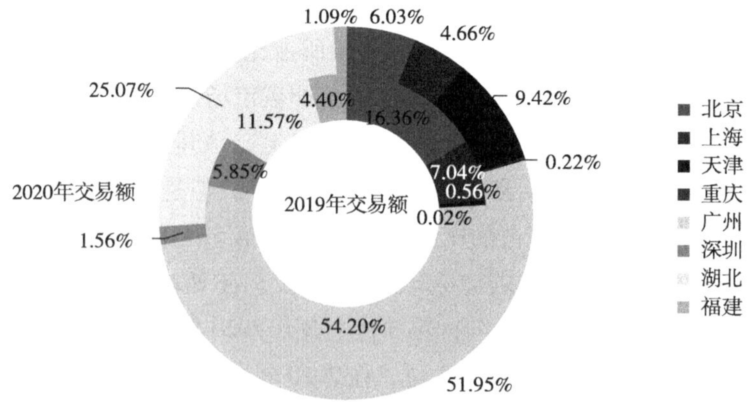

图4.14　2019年和2020年全国碳交易额区域分布及占比

（数据来源：Wind、中央财经大学绿色金融国际研究院）

分析我国碳排放权的交易水平可以发现，天津、上海、深圳、北京、湖北、广州等省市，是碳交易的集中场所，其余碳交易所所占碳交易量的市场份额较小。

五、绿色信托发展现状分析

我国的绿色信托则是近几年才逐渐兴起的信托发展模式，尚处于起步阶段。近年来，我国绿色信托业务发展迅速，市场规模持续扩大，开展绿色信托业务模式也不断丰富，我国信托公司根据绿色节能环保行业发展需要，创新推出多种绿色信托产品。目前，绿色信托产品逐步多元化，业务发展模式也日益增多，创新推出了绿色信贷类信托、绿色股权投资类信托、绿色资产证券化类信托等以及绿色公益慈善类信托等多种类绿色信托产品。

经中国信托业协会首席经济学家蔡概统计，截至2020年，我国新添加了360个绿色信托项目，新增规模为1200亿元。在2021年的前三个月，我国已经有了888个绿色信托存续项目，存续的规模达到3592亿元。2013年，绿色信托规模为468.83亿元，到2019年为3354.60亿元。呈现出上升、下降的交替过程，但整体上呈现出上升趋势，其中，2019年绿色信托资产规模无论是在总量上还是增长率上都更为强劲；绿色信托服务项目从2013年末的246个增加到2019年末的832个，也呈现出上升、下降的交替过程，但整体上呈现出上升趋势，在这其间，2019年绿色信托服务项目增长个数和增长率均表现出强劲增长的势头。如图4.15所示。

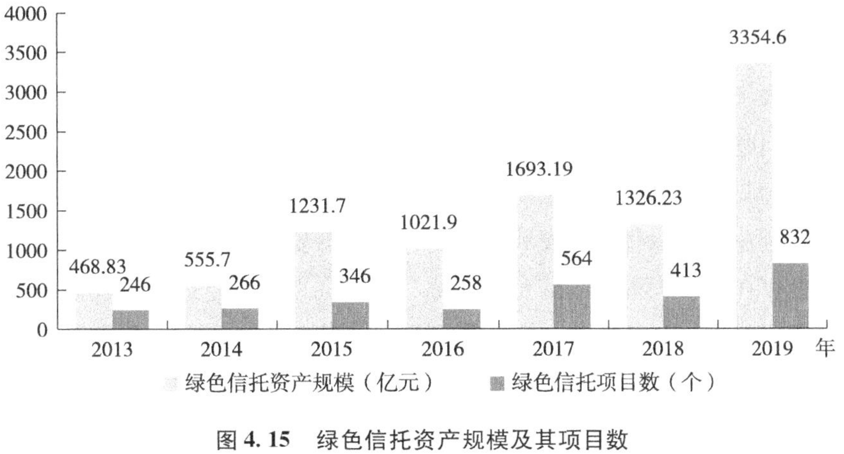

图4.15　绿色信托资产规模及其项目数

（数据来源：《中国信托业社会责任报告（2019—2020）》）

2019年，我国绿色信托的发展态势良好，无论是业务拓展还是标准化建设工作都取得了一定成绩，充分显示了新时代信托行业的能动性特征与执行力。结合绿色信托的标准化建设工作分析，在2019年，我国开始实施《绿色信托指引》，极大地提高了我国绿色信托的标准化程度，同时也为我国绿色信托的发展指明了方向。有效数据显示，在2019年我国绿色信托存续资产的总规模达到了3354.6亿元，与上一年同期相比提高了152.94%；绿色信托存续项目共有832个，与上一年同期相比提高了101.45%。

绿色信托业务的多元化、多模式和差异化，推动了绿色信托迅速发展，丰富了绿色金融产品创新，助力了绿色经济的高质量发展。绿色信托作为绿色金融的重要产品，在促进绿色金融体系的发展以及联结绿色信贷、绿色证券、绿色投资等方面发挥着重要的作用。更重要是的，绿色信托的发展也解决了诸多的社会、经济与环境之间的现实问题，为社会、经济与环境的协调、可持续发展提供了有力的金融支持。

第二节 绿色金融市场发展中存在的主要问题分析

一、绿色信贷市场发展中存在的主要问题分析

绿色信贷作为助力绿色金融发展的最重要的工具之一，为绿色企业投融资提供强有力的资金支持。然而，在绿色信贷发展的实践中也存在着诸多问题，其中主要问题有绿色信贷的期限错配、绿色信贷产品缺乏需求型创新、绿色信贷的贴息和担保等激励措施运用不足、产业结构的现状和特点对绿色信贷发展的制约等问题。本部分针对这四个主要问题进行深入研究。

（一）绿色信贷的期限错配

绿色企业作为绿色经济发展的主体，其投融资不同于一般企业投融资，由于投资中存在着较大程度的信息不对称，投资周期较长且回报率较低及经营风险较高等问题，使绿色企业融资约束问题进一步凸显，而相比较之下，银行绿色信贷的期限错配导致的融资约束问题显得尤为突出，因此，对绿色信贷的期限错配的研究也至关重要（李晓西，2017）。金融机构特别是银行机构提供的绿色信贷期限错配问题一直是绿色企业信贷融资中的一大难题，也直接影响着

绿色信贷的可持续发展，有鉴于此，研究绿色信贷的期限错配问题对解决绿色企业融资的现实问题具有重要意义。

绿色信贷的期限错配问题是绿色信贷发展中的主要问题，这个问题是金融机构特别是银行机构绿色信贷期限与绿色企业融资期限的不相匹配导致的。其产生的主要原因可从供给端和需求端两个方面来分析。首先，供给端的金融机构特别是银行机构为保障绿色信贷资金的流动性和安全性，开发的绿色信贷产品期限多数是以短期为主，而需求端的绿色企业及绿色投资者个人由于所生产经营产品的中长期特点，所需求的绿色信贷期限一般均是中期居多，也有一些是长期，因此，这就在很大程度上产生了绿色信贷的短期供给和绿色信贷的中长期需求间的矛盾，也为绿色信贷的期限不匹配问题。其次，供给端的金融机构特别是银行机构考虑到中长期信贷资金的高收益率问题，一般会将资金投向较高收益的企业或项目，例如，将资金投向加工制造类企业或者道路桥梁类等建筑项目以获取高额收益，而通常绿色企业产品生产周期较长，而且面临的最重要问题是收益率相对较低，因此，无法满足金融机构特别是银行机构的短期信贷与中长期信贷的高收益率要求，一般来看，金融机构愿意以短期贷款期限而不愿以中长期贷款期限向绿色企业投放信贷，由此产生绿色企业的生产收益与金融机构主要是银行机构的信贷期限的不匹配而形成的绿色信贷期限错配问题。最后，考虑到信贷资金的盈利性和风险，金融机构主要是银行机构愿意将中长期信贷提供给大型企业，尤其是一些制造业类的国有企业，而使得绿色企业，特别是一些中小型绿色企业根本无法和这些大型企业或者制造业类的国有企业公平竞争。一般情况下，大量中小型绿色企业无法从银行机构获取大额中长期信贷，最多也就只能获取一些小额中长期信贷，甚至只能获取一些短期信贷，以维持小规模、先生产的经营运作模式。这些现实上的主要原因在很大程度上导致了绿色信贷的期限错配，制约着绿色信贷的发展，也限制了绿色金融的可持续发展，进一步影响了绿色经济可持续发展。

研究绿色信贷的期限错配问题，必然离不开对融资偿付期限与投资回报期限的分析，融资偿付、投资回报的期限需要达到相吻合的状态，这也是大多数金融机构愿意与企业实现金融交易的基本状态。对于一个绿色企业来讲，如果绿色融资的期限低于自身的投资生产期限，那么，就会产生绿色企业在投资活动的整个周期中还没有完全生产出绿色产品或者生产出绿色产品还没有销售就出现企业的资金链断裂，此时企业的财务状况就会陷入危机中，造成资金无法偿还融资贷款的情况，致使绿色企业无法正常经营。现阶段，我国银行业务大多数仍以银行信贷作为主要盈利方式，对于银行来说，来自客户手中的存款很多是短期的存款行为，也就是权益等融资方式，若是银行大规模的信贷资金流向长期贷款领域，那么，在银行之后的发展中，可能就会出现长期贷款回报期限和吸收存款的中短期偿付期间出现错配的风险。这在很大程度上也成为银行不愿意大量提供中长期贷款给还款能力弱的企业的一个主要原因。由于这样的原因，一般来说，企业也不愿意做长期投资项目，以免形成融资难的困境。然而，与一般企业的项目相比较，无论是清洁能源的开发还是环保技术的研发，绿色企业长期项目往往具有三种比较明显的特征，第一是回报长期性，第二是信息不对称性，第三是风险性，因此，通常债权人并不会选择这一类项目提供长期投资，加上期限错配和融资约束等问题的存在，对绿色企业投资等活动也受到了影响。所以，适当增加银行机构的中长期信贷，能够改善绿色企业债务期限的结构情况，进而解决期限错配造成的融资约束，以此保障绿色企业的绿色投资与再融资。绿色企业的融资偿付期限与投资回报期限相适应是绿色企业投资运作的基础，然而，绿色企业的融资偿付期限与投资回报期限经常不匹配，也就是容易使金融机构特别是银行机构与绿色企业之间发生绿色信贷的期限错配，也是制约绿色企业投资的主要障碍之一。

目前，无论是在竞争的市场上，还是在带有国家政策支持的条件下，绿色企业大多数都面临着严重的信贷期限错配问题。在竞争的金融市场上，由于考虑中长期信贷资本的安全性与逐利性，金融机构的信贷资本会流向高收益率的一般企业或者高收益的项目，而绿色企业由于经营收益不高，很容易被拒之门外。即使金融机构愿意提供给绿色企业高利率的中长期信贷，绿色企业也愿意接受这样高利率的信贷来维持生产运作，那么等到绿色信贷期限到期后，高额的本金和利息和也会使得绿色企业无法偿还，财务状况可能会进一步恶化，这样，较高利率的绿色信贷方式无法保障绿色企业的可持续发展。在正常情况下，金融市场上，留给绿色企业的信贷期限范围相对狭小，多数中小绿色企业只能获得一些短期信贷，而这些短期信贷，很大程度上又无法保障绿色企业全部生产顺利进行，只能缩小规模，或者根据每一阶段情况进行再贷款以继续运营。因此，绿色信贷的期限错配严重影响着绿色企业的投融资，影响着中小绿色企业规模扩大和进一步发展。在国家或地方政府绿色信贷政策支持方面，虽然国家或者地方政府出台了一系列绿色信贷政策，有力地拓宽了绿色企业获得信贷的渠道和增强了绿色企业获取绿色信贷的能力，但是由于绿色信贷政策的实施有些不到位，对金融机构特别是银行机构针对中长期绿色信贷政策的监管缺乏强有力的约束，大多是依靠绿色信贷的利息补贴吸引银行机构来为绿色企业贷款，这对银行机构增加中长期绿色信贷的吸引力和作用是有限的，一些中小绿色企业仍然会面临获得中长期信贷的约束困境。因此，在现阶段绿色政策实施与监管不到位的情况下，绿色信贷的期限错配问题仍然是亟须解决的主要问题之一。

绿色信贷的期限错配问题，是信贷的期限错配问题中的一种特殊问题，也是一种综合性问题，可由多种原因导致，单独依靠某一种解决方法是不容易解决的，必须采取对症下药的综合措施来解决或缓解。

（二）绿色信贷产品缺乏需求型创新

大力发展绿色信贷，金融机构亟须创新绿色信贷产品，而目前绿色信贷产品缺乏需求型创新，为满足各种不同条件的绿色企业的信贷融资，要针对不同绿色企业的需求来量身定制绿色信贷产品，进一步拓宽绿色信贷投融资渠道。我国的许多银行也都针对绿色信贷产品进行研究开发，然而很多情况下，依旧主推的是传统绿色信贷项目。因此，银行机构缺乏需求创新型绿色信贷产品，而造成企业绿色信贷需求无法得到有效满足。本部分的研究是从两部分进行，分别从绿色信贷供给方、需求方的角度分析出现问题的根本原因。

从绿色信贷供给方来看，国内很多商业银行都开始发展绿色信贷，但是推出的绿色信贷产品类型却很少，依旧主推传统模式的绿色贷款产品。出现此种情况的原因一方面是由于一些国有银行的依靠规模效应，一直在提供传统金融服务，没有刺激动力来提升绿色信贷的创新能力。虽然其传统业务的资金量很大，但是基本上审核的项目类型都是比较大型的传统信贷项目，对于绿色信贷的相关产品设计，也仅限于提供少量大型减排项目。另一方面，还有一些股份银行尽管推出了全新的绿色信贷产品，然而其规模比较小。综合上述分析：第一，中小型银行机构吸收存款的融资能力无法和大型国有银行机构相媲美，这就造成这些银行机构在创新发展绿色信贷的过程中，始终处于弱势，无法投入大量高层次专业人才进行绿色信贷创新。第二，金融行业特别是银行机构信贷业务竞争压力的提升，仍然将传统业务收入作为保障自身生存的重要基础，安于现状，没有实质性创新发展的时间和研发动力。第三，在银行机构的信贷业务之中，银行机构更看中的是一般企业的高收益项目，而不是绿色企业的一般项目。因此，站在供给的角度上看，大多数银行机构在研发、创新发展绿色信贷产品的过程中，依旧会受到一些因素的影响，进而造成绿色信贷供给量无法满足市场各类绿色企业的需求。

从绿色信贷需求方来看，绿色信贷需求方主要包含治污治理、生态环保、绿色能源、绿色交通、绿色建筑及技术开发等相关企业。对于大的企业之中，需要银行提供信贷的协助，进而能够完成环保技术的指导。但是，中国银行之中，绿色信贷产品一般都是资金方面的支持，其他的服务项目并不完善。再加上信息的不对称，这就造成很多银行所了解的环保知识很少，甚至无法对信贷提供指导。但是，国内中小绿色企业在发展的过程中，依旧会出现发展规模小等问题，这些问题的出现，造成中小绿色企业对于风险的抵抗能力大大降低。而银行为了避免企业出现信用风险，就会采用提升申请资金的标准等手段，管控中小企业的资金申请。所以，这也是银行不太热衷绿色信贷产品发展的重要原因。

综上所述，我国目前的绿色信贷供给虽然在不断增加，但是供给的绿色信贷产品较单一，无法满足不同规模、不同经营产品等有所差异的绿色企业的信贷需求。发展绿色信贷，不能只以追求绿色信贷量为唯一目标，而忽略绿色信贷产品的研发，现阶段的绿色信贷产品缺乏需求型创新，使得绿色企业特别是各种不同类型、不同需求的中小绿色企业无法获得各自想要且相互匹配的绿色信贷，导致中小绿色企业不同需求的信贷资金缺乏，难以启动运营。

（三）绿色信贷的实施缺乏激励机制

为促进金融机构绿色信贷投放，我国各部门应强化绿色信贷的激励机制，合理有效地实施激励措施。然而目前，我国缺乏绿色信贷的激励机制，措施运用也不足，在实践中，政府、银行、企业并没有积极促进绿色信贷激励机制的发展。站在政府的角度上看，很多企业虽然属于污染严重的产业，但是其在当地缴纳的税收是可观的。进而出现“唯 GDP”考核机制，对于这些企业的处罚都比较轻，甚至是保护这些企业。严重影响了绿色企业的发展，更何谈和银行之间建立合作，并且构建绿色信贷发展的激励机制，贴息和担保等激励措施也运用不足。站在银行的角度分析，政府在贴息等方面没有明确的激励手段，而且银行的考核也存在漏洞，这就造成绿色信贷在成本、利润方面的优势较弱。而且绿色环保产业存在利润低，成本高等缺陷，银行对于绿色业务的发展积极性很差。

（四）“绿色”标准模糊制约绿色信贷发展

中国对于绿色金融的概念解释还是很模糊的，绿色的定义、范围都没有确定下来。绿色金融机制的建设，最主要的就是需要保障绿色内涵的发展。然而，各种类型的一些金融机构根本没有办法获取绿色金融机制的“准入证”，大大提升了企业的实践难度。因为实践少，金融的资金基本上都花费在项目识别上，再加上绿色金融体系中产业、项目范围模糊、信息不对称等问题的爆发，造成绿色金融投资者在投资决策的过程中，无法准确识别投资目标，甚至出现“洗绿”等行为。这些情况的出现，都导致国内绿色金融市场机制的建设受到了阻碍。

在中国大力发展绿色经济之来，发展改革委等部门，基于节能的视角进行分析，以此设计绿色产业指导目录。除中国人民银行和银监会的绿色目录是相同的，其他部门的标准都存在差异。国家统计局按照产业的类别进行分类，例如，节能、新能源、新能源汽车这三种产业。但是针对传统产业如何实现环保升级等方面都没有明确的规定。发展改革委等部门针对节能、清洁技术制订了计划，并且能够从项目的角度实现节能环保。人民银行和银监会使用的标准主要是按照产业的类别进行分类，但是本身对于绿色项目的界定还是存在一定的缺陷。在新型、传统的产业中，主要是实现绿色项目能够处于可持续发展的状态，若是单纯按照产业的类别进行划分，那么这种标准是不全面的。因此，需要按照环保、节能等属性进行标准设计，才能够保障绿色技术和项目等能够实现发展和进步。

综上所述，目前，产业、项目的绿色标准并不是完全明确，这就造成在信贷执行中无法保障执行标准的一致化，甚至出现了很多的问题，例如政策执行力度差异等。

二、绿色债券市场发展中存在的主要问题分析

（一）绿色债券标准不明晰且评估认证不完善

我国绿色债券是绿色金融发展中最重要的一种绿色证券。目前，我国绿色

债券的标准仍不够明晰。没有明晰的标准，绿色项目的债券发行将会受到很大影响，因此，需要明晰绿色债券标准，促进其发展。尽管我国已经出台了部分文件，也对我国绿色债券的标准提出一些国内标准，然而从我国绿色债券的实际发行来看，我国的绿色债券标准还存在一定的问题。

首先，我国与国际的绿色债券标准存在差异。现如今国际市场上绿色债券标准是经过一定时间的市场检验后所提出的全球性标准，具有普遍适用性，而我国的绿色债券标准则是基于我国目前的发展水平，市场成熟度以及能源结构，因此肯定与国际标准存在差异。比如由于我国依旧以传统能源为主，所以在我国标准中对于化石能源的投资属于绿色债券的投资范围，而在发达国家则不属于绿色债券的投资范围。同时因为发展程度的不同，我们与发达国家在可持续发展时所关注的重点也不全相同，这也会带来绿色债券标准的差异。其次，由于我国绿色债券发展起步晚，绿色债券标准内容还不够全面，存在着认证上与流程上的漏洞，也存在着过于理论化在实际中运用困难的问题，这就需要在市场实践中对标准进行持续的更新。最后，目前我国存在着不同绿色债券标准，但这几个标准之间也存在着划定范围矛盾，制度不一的现象，这些尚未统一的标准给发行者与投资者都带来了一定的困扰，无法准确判断绿色债券的属性，造成我国绿色债券市场的混乱，影响中国绿色债券的发展。因此，我国要大力发展国际化、规范化的绿色债券，就需要统一绿色债券标准。

国际上的第三方独立认证机构一般由各大审计机构与环境环保评级机构组成。自 2016 年，我国绿色债券的“元年”之后，我国绿色债券市场迅速发展壮大，第三方独立认证也逐步被运用。除了国际上的第三方独立认证机构开始将业务扩展到我国，相继也出现了联合赤道与商道融绿等本土化机构。其中中央财经大学气候与能源研究中心是我国首个认证机构，其认证评估的工作交由北京中财绿绒咨询有限公司、研究中心共同完成。2016 年兴业银行所发行的绿色金融债“16 兴业绿色债 01”就是由该机构出具的第三方评估报告。联合赤道专门从事环境评估工作，2018 年青岛农商银行发行的绿色金融债就由联合赤道出具了“第二意见”。商道融绿已经达到了 CBI 的标准，这也代表了国内审核机构已经在国内与国际上都获得了一定的权威性，同时该机构还是 GBP 原则的观察团成员。2017 年 8 月 17 日发行的北京污水处理首单绿色 ABS 就由商道融绿提供了绿色评估认证。

虽然我国已经成立了一些第三方认证机构并开始对我国的绿色债券项目进行评估认证，但绿色债券市场还存在一定的问题。首先，我国本土的第三方认证机构发展起步晚，与国际权威认证机构相比专业知识与经验较为不足，因此国际第三方认证机构依然占据了主要市场，有的项目会在我国第三方机构认证的基础上再邀请国际权威机构由两方共同进行独立认证。其次，有些机构的评估形式大于内容，仅仅根据发行人所提供的资料进行评估，但并未对其资料的真实性进行审核。有的机构则在报告中明确指出：该认证报告仅对发行人负责，并不对其余人士与机构负责。在这样的声明下，如果认证机构与发行人存在不当利益关系，那么很可能认证机构将会提供一份不真实的评估报告。若第三方机构不能站在一个公正，客观的角度出具认证报告，这样的第三方认证仅仅是一个形式，并不能为投资者带来正确可靠的信息，反倒会被有意发行“漂绿”债券的发行人利用，将不符合绿色项目规定的债券作为绿色债券进行发行。最后，国内的第三方机构在对绿色债券进行评估时所依据的标准不一，有的是依据国际 GBP 或 CSI 标准，有的则是依据国内的《绿色债券发行指引》或其他政策文件，这样的不同标准对投资者在绿色债券评估报告的横向对比上带来了一定的困难，而且每家机构评估时运用的都是机构自主提出的评估体系，每家机构的评估重点不同，有的机构将债券是否符合绿色债券的发行标准作为重点，而有的机构将项目后期产生的正面环境影响作为重点。同时，每家机构评估方法手段不同也造成了绿色评估报告质量的参差不齐。

（二）企业发行绿色债券缺乏动力

在国内的绿色债券中，站在企业的角度上看，国内的企业债券数量占比比较高，民营企业发行绿色债券数量占比较低，说明我国民营企业发行绿色债券缺乏动力。

目前，我国企业发行绿色债券缺乏动力。一方面，绿色债券没太被认可。我国开展绿色债券市场也只有四年多的时间，还处于起步阶段。对于很多发行者和投资者来说，绿色债券还是一个相对比较陌生的概念。从发行人角度来看，由于不了解或者不符合发行要求，担心发行难度大等理由，可能不会选择发行绿色债券。在发行者间认可度过低会导致发行主体单一，参与度不高的问题。从投资者角度来看，面对这样一个新兴的金融产品，占总投资者比例较重的保守投资者都会较为犹豫，认为绿色债券作为一种新的投资产品可能存在潜在的风险而不进行购买。另一方面，我国投资者的绿色意识也较为薄弱。绿色债券筹资资金所支持的都为绿色项目，因为绿色项目的特殊性，投资期限一般都比较长，投资者面对较长的投资期限就希望能够得到较高的收益，如果此时绿色债券的收益不能达到投资者的期望值，投资者就会考虑放弃购买。但发达国家的投资者因为具有较好的环保意识与社会责任意识，在购买绿色债券时考虑的不仅仅有收益，还有该债券支持的项目背后所产生的正面环境效应，投资者愿意为了绿色项目带来的益处放弃一定的经济收益。而我国投资者因为对绿色债券的认知不够、绿色意识较差等情况，最终导致绿色债券在市场上的发展受到了一定的阻碍。

具体地说，我国企业发行绿色债券缺乏动力，很大程度归因于我国绿色债券市场体系的建设还不够完善。因为我国绿色债券发展时间比较落后，而且其体系、法律等方面都还没有完善，这就造成企业没有推动绿色债券发展的动力，加上缺乏对绿色债券足够的认识，不愿意将资金投资于绿色债券。还有，由于我国绿色企业起步较晚，多为中小绿色企业，绿色债券期限多是中、长期，若是投资绿色债券给发行企业，投资方担心一旦发行绿色债券企业亏损或者企业破产，无法偿还投资的本金和债券利息，加之缺乏相应的法律法规保障，最终，投资者无法收回本金和收益。再有，从发行者角度来看，绿色企业发行绿色债券的宣传力度不到位，很多中小绿色企业等待国家政策的宣传，试图借助国家绿色政策来为自己节省成本，因此，绿色企业缺乏自主宣传的积极性和动力。对于大型企业而言，特别是上市企业，经营资产规模及信息公开化等多种因素使得投资者愿意投资绿色债券，因此大型企业发行绿色债券动力十足。相比较来看，总体上，我国中小企业比大型企业缺乏发行绿色债券的积极性和动力。因此，我国要加快完善绿色债券市场体系，出台相应的法律法规，同时加大企业发行绿色债券的宣传力度，以保障投资者的投资利益和提高企业发行绿色债券的积极性。

（三）绿色股票指数发展缓慢且产品不够丰富

为发展绿色金融，发展绿色经济，丰富股票市场，我国创新推出绿色股票指数产品，极大地促进绿色投资领域的发展，取得了较好的效果。股票市场是绿色投资者发展绿色投资的重要场所，也是绿色股票指数发行主体的融资场所，发展绿色股票指数、发展绿色金融、发展绿色经济离不开股票市场对绿色服务项目的大力支持。然而，在我国股票市场上，发行主体发行的绿色股票指数较少，发展速度缓慢，而且绿色股票指数产品也较为单一，不够丰富，这从前面绿色股票指数发展状况内容中就可以明确看出，从我国近三年的绿色股票指数的发行上来看，发行机构在2018年共发行绿色股票指数4条；2019年共发行绿色股票指数7条；2020年共发行绿色股票指数9条。总体上每年新增绿色股票指数的数量偏少且均为个位数，这说明，我国股票市场在践行绿色发展理念上还存在一定不足，发行绿色股票的激励措施不够，也说明我国绿色股票指数的创新动力不足，仍需进一步寻求创新动力，激励绿色股票指数创新发展以引导资金流向ESG投资领域，支持绿色企业、绿色产业及绿色项目发展。

绿色股票指数产品创新，是绿色股票指数发展的不竭动力，创新发展绿色股票指数产品，要满足不同绿色需求主体的需求，进行绿色投资。绿色股票指数发展缓慢，品种单一，就不能很好地满足绿色投资主体的绿色投资需求，也就会抑制绿色投资者投资绿色股票领域的积极性和股票市场上的绿色股票指数的发行规模。发行数量以及产品多样性等决定股票市场的绿化度，由此，我国股票市场的绿化度并不是很高，股票市场的绿色发展贡献度也不是很高，因此，我国要在政策上引导股票市场企业主体大力践行绿色发展理念，激励股票市场上的企业创新绿色股票指数产品，加快扩大绿色股票指数的发行规模和发行数量以满足绿色投资者的各种投资需求，促进绿色金融发展、绿色经济发展。

（四）PPP模式绿色发展基金缺乏完善的风险分担机制

PPP模式绿色发展基金是我国绿色发展基金在金融产品方面的创新。通过对PPP模式的研究可知，其合作基础为特许经营权。若是想要掌控经营权，那么就需要特殊项目公司进行协助，所以，公司就需要承担其项目融资和运营的职责。然而，因为和普通的产业投资基金之间有所差别，绿色发展基金需要促进资本的增值、经济的发展，以及完成风险防控等管理任务。对于风险防控来说，完善的风险分担机制能为企业PPP模式绿色发展基金提供一定的保障。但是，我国此种基金依旧没有建立相应的风险分担制度。

针对我国PPP绿色发展基金的发展现状，通过借鉴国外先进经验能够了解到，风险分担机制也是该种模式的重要部分。站在企业和个人投资的角度上看，绿色 PPP 项目最主要的就是减少风险的出现，而且还能够吸引更多的资金参与其中。然而，该项目中会存在一般和不可抗拒这两种类型的风险。因为想要确保项目实施的顺利，那么识别风险的能力也需要不断提升。我国的经济模式很特殊，大大提升了风险防范的难度。例如，法律、经济结构等出现了调整，那么其产生的风险都是无法准确把控的。若是无法充分了解风险，再加上风险管理能力比较欠缺，那么合同责任也就会出现模糊不清的情况，进而严重影响到绿色发展基金工程的建设。在风险分担工作中，政府需要承担大部分的责任，特别是在绿色投资项目进行交付的时候。但是即便如此，风险分配不平衡的问题依旧会使投资者承担极大的风险，进而大大提高成本的支出。

因此，完善风险分担机制，强化政府与投资企业及个体投资者的风险责任，将是今后我国发展 PPP 绿色基金项目的重要任务。

三、绿色保险市场发展中存在的主要问题分析

（一）绿色保险法律体系不健全

我国绿色保险的发展缺乏完善的法律体系。当前，我国在绿色保险方面的上位法，只有《中华人民共和国环境保护法（2015 年修订）》当中的“支持企业购买环境污染责任险”的内容。在 2018 年，我国又制定了《环境污染强制责任保险管理办法（草案）》，参保到赔偿的整个过程，都做出了明确指示，为环境污染险的实施提供了强制性的法律保障。因为强制投保的范围是有限的，特别是当前我国法律规定尚不明确，如果要求企业将外部性的环境污染成本转移到内部，将会导致环境污染责任保险的作用无法发挥出来。在我国的相关立法中，虽然明确了对违规行为的处罚，但因为立法的时间比较晚，发展速度比较慢，仍然有很多需要完善的地方：第一，环境监管、执法部门没有严格履行职责，这也是我国经常发生环境污染事件的一个主要原因。调查发现，我国有很多省市先后建立了环保法庭，在保护环境、打击犯罪、保障受害人权益等方面起到了非常大的作用。然而在改革开放初期，我国为了快速发展经济，导致大量企业存在环境污染行为，甚至到目前为止，他们对这个问题都没有完全提起重视。第二，我国惩治违规行为的力度不够严格，企业的违规成本较低，导致他们存在侥幸心理，为了获得更多利益，会更加肆无忌惮地去污染环

境。比如，我国环境立法中有明确的规定，当企业存在环境污染行为的时候，罚款最多不能超过50万元；如果存在污染海洋的行为，罚款最多不能超过30万元，对某些企业来说，这些罚款跟获得的利益比起来是微不足道的，不会给日常经营造成任何影响。反之在西方国家，对环境污染行为的罚款可能会达到几千万，甚至有很多企业因污染环境而破产倒闭。第三，群众的维权意识较低，因为群众的法律意识比较薄弱，企业经常会采取经济补偿的方式来息事宁人，而跟缴纳绿色保险的保费金额比起来，这些赔偿金额只是九牛一毛，所以很多企业不愿意购买保险。

因此，健全我国绿色保险法律体系，切实加强对绿色保险具体法律法规的实施，夯实绿色保险责任，以增强企业及个人对绿色保险的投保信心，真正实现绿色保险的保障功能，绿色保险才能够快速发展。

（二）企业及个人对绿色保险缺乏投保动力

目前，我国企业及个人对绿色保险缺乏投保动力。这也极大地影响了我国绿色保险的发展，追其根源主要体现在以下几个方面。

第一，企业和个人对绿色保险缺乏一个全面的认知，不愿意积极投保。由于绿色理念、绿色保险产品、责任原则等方面的宣传力度较弱，企业和个人无法全面认识到环境污染责任保险。同时，因为环境污染时间具有外部性、偶然性的特征，企业和个人都有侥幸心理，再加上没有对环境污染事件发生的频率、造成的损失等数据进行披露，使得企业和个人无法判断需不需要投保，从而抑制了其投保的积极性。

第二，政府支持力度小。我国很多城市在发展绿色保险的时候，都要依赖于政府的强制性手段，但是到目前为止，我国并没有将强制险列入法律法规中，使得政府在宣传绿色保险的时候，找不到参考的法律依据。在一些偏远地区，政府对绿色保险的认知存在偏差，在风险管理过程中，无法发挥这个工具的作用。还有一些地区因为财政资金有限，政府很难为参保企业提供资金支持，无法对企业产生激励作用。

第三，设计的承保范围与保险责任存在问题。当前我国的环境责任保险业务承保的是突发性的环境污染。我国环境责任保险的承保范围主要包括以下四个方面：一是因突发性环境污染行为造成他人人身、财产损害所需的赔偿；二是在某个区域内，清理环境污染所支付的合理费用；三是发生环境污染事件之后，投保企业为降低对他人的损害而花费的合理费用；四是为了解决事故所花费的诉讼费、取证费等费用。另外在不同的地区，保险公司还会在附件险中添加清理自有场地、污染救助、疏散人群等方面花费的费用条款，针对累积性、历史性环境污染损害、企业停工遭受的经济、人身造成了损耗，这些并不会进行赔偿。若是污染事故被认定为是故意行为造成的，以及自然爆发的，那么保险公司不会承担责任。其原因是，环境污染一般都是带有累积性的特征，其污染的范围非常大，造成的损失往往是无法估量的，导致我国保险公司都不愿意扩大该险种的承保范围，当发生事故后，赔付的金额还不如企业几个人缴纳的保费多，这进一步抑制了企业和个人的积极性。

第四，在我国目前的保险市场中，绿色保险产品的种类非常少，企业和个人多样化的需求无法得到满足。在我国，绿色保险的实施主体仍然是保险公司，由于保险公司未能有效根据市场需求者的需求开发绿色保险品种，使得绿色保险产品种类比较单一且陈旧，不能满足当前绿色保险投保企业和投保人的投保要求。这也使得企业及个人对绿色保险缺乏投保动力。

（三）绿色保险的经营成本高、难度大

由于我国绿色保险业务处于初级阶段，保险业开启新的险种的经营成本高、难度大。该问题的具体体现如下：关于绿色保险方面的行业规范存在缺陷，现有的内容与目前绿色保险的发展实际不符；企业中缺少具有专业性的环境风险评估团队，人才缺乏同时也是每个企业在转型与升级过程中需要面临的问题；在每种企业的发展中，环境风险都会始终伴随其各个阶段，并且造成的污染程度也有很大的差别。环境污染、人身伤害方面的表现会有一定的积累性，也说明企业环境污染对群众身体健康的影响存在潜伏期。因此，风险识别、量化的难度系数高，责任方面的判定也比较难。在早期阶段中，其业务量很少，其风险概率无法保障和预测。进而保险公司对于产品研发的过程中，很难设计和推广绿色保险。

（四）绿色保险的市场覆盖率低且承保风险高

我国绿色保险市场存在着覆盖率较低且承保风险较高的问题。导致该问题的原因主要有以下几个方面：

一是绿色保险概念和范围的界定不清。目前，国内认为绿色保险就是环境污染责任需要承担的保险产品，在概念上把两者混为一谈。这种思维定式具有一定的局限性，没有看到西方发达国家在碳保险、绿色建筑保险已大为流行，导致广义上的绿色保险没有得到应有的重视，各种推动绿色保险创新发展的要素之间呈现协调失灵、杂乱无章的状态。此外，保险业在助推绿色金融转型的过程中，不应只停留在污染事件的经济补偿层面，而应通过保险在风险管理、资金融通等方面的特殊功能，助力绿色金融体系的构建。

二是保险公司在环境风险管理上能力欠缺。目前，国内大部分主要保险公司均开办了绿色保险业务，并在机构和人员上做出了相应的调整。但事实上，绝大部分保险公司并不具备深度开展绿色保险的能力，在产品开发等环节缺少技术含量。在巨灾保险方面，浙江保险业在大灾理赔中积累了大量的风险数据，但并没有很好地将这些数据运用到巨灾保险的分析模型中，很多时候保险公司对自然灾害的预警能力甚至不如当地的农户。在环境污染责任保险方面，保险公司缺少评估环境污染及其损失的必要手段，更不要说建立符合市场规律的环境污染责任保险的精算定价模型。在低碳保险领域，由于国内碳金融市场尚不成熟，保险公司只能承保一些绿色资产和产业，并没有在真正意义上通过保险机制养成绿色生产、消费等行为习惯。

三是保险市场缺乏发展的内生动力。目前，在很多地方绿色保险推广还依赖于行政力量的干预，这种做法虽然在一定程度上推动了绿色保险的快速发展，但也造成了风险价格的扭曲。一方面，在不具备风险控制能力的情况下，保险公司承保了特定的危化企业，只能通过不断增加免责条款、提升保费等方式，应对可能发生的巨额运营成本，对其自身能力的提升并没有起到显著的推动作用。另一方面，企业迫于行政强制措施投保相关险种，不仅增加了企业经营负担，从而导致企业放弃了改善生产方式的自发行为，还滋生了企业主体的道德风险。

四是绿色保险创新力度不够。目前在绿色保险领域，保险业缺乏自主创新的能力和意识，各行业主体之间仍然处于浅层次的竞争状态，在绿色保险产品开发、营销与理赔等环节上的创新工作有待加强。一方面，在推动绿色保险发展的过程中，各行业主体普遍存在着产品同质化、保障形式单一、针对性弱、发展后劲乏力等问题，其产品及服务主要以企业环境污染治理的责任险为主，仅仅停留在补贴污染治理的程度，对于环境污染产生的复杂性问题缺乏系统性的解决方案。另一方面，尽管国内诞生了很多首创的绿色保险项目，但由于政企关系、保险产品和机制的差异性，很多项绿色保险创新项目没有得到很好的普及，如何有效复制推广这类成功经验缺少普适性的路径。

四、碳金融市场发展中存在的主要问题分析

（一）碳金融交易的流动性不足

目前，我国碳产业依然处在试点阶段，在世界范围内相关产业发展进程中还是初级阶段，我国内部对碳产业的发展并没有打造出功能相对完善、汰换率较高的市场模式。大部分承担试点任务的碳交易市场成交量相对有限，虽然不在履约期限内的日期成交额度有所提升，但每日能够超过100吨的情况依然十分有限。较大的流动性依然没有带来经济效益，金融投资机构也没有进一步促成合作的意识，与此同时在很大程度上增加了市场被控制和干涉的风险。一是交易方式不完善导致流动性不足。受到相关政策出台的影响，各交易试点不具备开展价格竞争、标准化交易以及连续开展交易等主流的交易模式，只能通过竞价、交割等被允许的交易方式进行，由于阻碍较多，也导致交易频次下降，限制了市场的活跃度，降低了碳交易的流动性。二是潮汐现象导致的流动性不足。现阶段，碳试点市场实际交易还是以履约交易为导向，因此在靠近履约日期结点的情况下，经常存在价格与需求量大幅度增长的情况。在履约期后，碳市场交易大幅度减少，具有较强的规律性。通过什么样的方式能够在非履约期内提升市场的活跃度，提高交易的普遍性是当前碳交易发展过程中急需解决和优化的问题。三是缺乏风险管控的工具，受到相关政策的影响，几乎所有的碳市场内只有现货交易，整个市场内缺失风险管理工具，比如金融期货等。缺乏对市场风险能够起到调节和把控作用的工具，也没有对价格和发展趋势的预判，导致金融投资机构无法深入推动交易完成，这也是导致碳市场流动性程度较低的主要原因。

（二）碳交易权益的市场化定价机制不完善

2017年末我国逐渐开始重视对全国性碳排放交易市场的建设，由此我国各地区对碳交易定价模式及依据开展更加深入的研究，虽然初期阶段的试点工作获得了部分成效，但在价格制定及稳定市场方面依然存在较大的缺失，我国距离形成完整的碳交易产业链还有一定的距离。

一是碳排放权交易的基础设施建设有限，从全球范围内碳交易模式建设开

始，我国碳产业市场在内外部环境建设层面都依然处于初期阶段。现阶段，我国及地方政府致力于打造与之相关的政策标准，目前现有的法律和政策无法完全确保市场模式的规范性，没有制定出较为规范的市场秩序，因此无法充分发挥交易所内合理规范价格。除此之外，与国外发达国家相比，我国碳排放交易市场整体规模较小，实际交易内容存在局限性，无法充分发挥信息服务平台应有的作用和价值。我国不同地区之间在碳产业建设和发展的过程中缺乏交流，较为闭塞，市场整体建设缺少协调性。与此同时，碳产业交易系统并没有注册登记信息、交易信息以及结算信息等环节，无法确保我国碳产业市场有序建设及长期发展。

二是碳排放交易市场的价格变化幅度较大，具有波动性，我国碳排放权交易市场基本价格缺乏真实性，在市场建设前期价格较高，受到波动变化及碳价低迷的影响，价格失真程度进一步加剧。具体来说体现为：碳配额价格与减排成本之间存在一定的差异；不同试点地区之间的价格相差较大，波动缺乏关联性。不但没有体现出碳市场的长期可持续供求关系，也没有体现出企业实际减少的成本。企业并没有充分利用碳交易工具达成减排的目标，交易波动性较强。

三是碳排放交易领域的发展对政策材料的需求程度较高，自从我国金融产业发展至今，国内碳产业市场建设和发展都是在政策推动下完成的。为了达成碳减排的目标，我国发布一系列政策法规，由此推动碳产业进一步发展。比如，2010 年 8 月，我国提出《关于开展低碳省区和低碳城市试点工作的通知》，针对温室气体的排放标准等方面进行了明确。2016 年 11 月，我国推出“十三五”对温室气体排放工作的控制方式，再次明确低碳经济发展的主要目标，提出明确的思路和研究方向，为了确保碳减排工作的落实，开始强制要求企业控制污染气体的排放量。除此之外，由于行政及政策对碳市场提出更高的要求，使得市场价格调控、竞争机制都无法发挥出实际价值，不利于提高市场参与主体的积极性与主动性。

四是碳排放交易市场信息完整性缺失。相关产业市场运转的合理性在很大程度上决定节能减排的最终效果，这一领域的市场交易与其他产业都一样，需要将信息公开并规范公示，由此最大限度吸引投资主体的兴趣，从而快速打开市场。当前我国试点市场的信息透明度较有限，并且由于数据资料的缺失，管理混乱，信息获取渠道有限。现阶段并没有建立起良好的量化标准，不同地区信息披露具有随机性。结合减排企业实际情况而言，企业实际披露积极性较低，主要受到政府压力的影响，在实际信息披露过程中对专业性要求较高，因此企业需要付出大量的经济成本及时间成本，但大多数企业并不愿意承担。

五是在碳排放交易市场内缺少中介引流。现阶段，国际碳排放市场的实际参与主体包括受益者、使用者以及中介等，覆盖范围包括企业、国家、金融产业研究者以及金融机构等。在碳产业交易市场内，中介机构承担重要的作用，逐渐成为市场中不可缺少的组成内容。因为中国碳市场的发展开始朝纵向的角度深化发展，更多的中介机构开始提供相关的专业服务。但是，我国碳产业交易中介还是初级发展时期，具体表现为缺少能够为碳金融服务的中介组织，此外现有的中介机构专业程度较低，服务意识不强。现阶段，在交易场所以外，我国商业银行是主要的碳产业交易机构，但对行业整体交易市场的运行模式及基本内容了解的程度有限。与此同时，商业银行实际能够提供的评估、风险诊断等专业服务有限。

（三）试点市场推广到全国市场过渡机制不明晰

中国各试点碳市场已运行七年左右的时间，但是试点市场推广到全国市场的过渡机制仍不明晰。主要体现在法律层面、政策层面和市场监管层面等的过渡机制不明晰。

首先，站在法律的视角上看，中国碳试点在宣传的过程中，其法律制度还是存在缺陷，严重影响到了法律的监督效用。碳交易市场属于比较新颖的金融市场类型，不但需要建立能够顾全大局具有权威性的法律框架，而且需要结合不同地区的实际情况因地制宜提出地区性法律法规。从我国试点碳市场能够了解到，确定法律法案的地区有深、京、渝，对于其他的地区都是规章。另外，针对没有履约以及存在违规行为的企业，需要制定相应的惩罚措施。目前北京和上海的惩罚措施相对严格，通过罚金以及扣除规定倍数的罚款。而其他试点的惩罚相对有限，尤其是天津，只是最近几年无法享受应有的优惠力度，由此使得当地法律约束力无法发挥应有的效果。因此，我国需要建立标准化碳市场的相关法律，明确我国碳市场统一运行的法律监管。

其次，从相关政策层面上看，我国碳试点推广到全国的政策机制仍不明晰。就目前我国碳市场实际情况而言，我国自 2017 年推行市场规范建设方案，由此标志打造规范化、一体化市场战略相关工作正式拉开序幕。但是，方案出台并不意味着我国碳市场交易会立刻好转，政策法规主要针对我国发电产业进行整体规划，对其他行业并未建立统一标准，也没有提供相关政策与措施。因此，缺乏明晰的由各试点碳市场过渡到全国统一碳市场的相关政策机制，这也不利于我国碳市场统一运行的政策监管。

最后，在市场监管层面，我国碳试点推广到全国的市场监管机制仍不明晰。中国试点碳市场缺乏全局性的监管机制。其他国家碳市场建设的经验在一定程度上体现出统一碳排放标准的重要性。比如，欧盟对碳交易模式的管控需要通过各成员国以及中央管理机构进行，确保两个机构之间互相制约，充分发挥监督作用，从而促进碳交易体系秩序化运行。结合我国实际情况能够得出，碳交易体系主要通过国家气候变化组织管理，其他部门配合管理，但是不同部门的实际责任和具体分工并未明确规定，因此存在较大的监督漏洞，除此之外，在价格把控、奖惩机制方面并没有落实管理，没有发挥出最大的作用。

（四）缺少自然的解决方案的低碳发展政策和行动体系

2008 年正式推出了自然解决方案，主要针对世界银行中生物等因素表动提供指导，并且认为生物的多样性，能够有效降低气候变化的负面影响。随后世界自然保护联盟进行规定，通过保护、修复环境或生态体系，最大限度地抵御社会的消极影响。而且积极推动自然解决方案，以此应对气候变化。2019 年，在联合国秘书长的倡议下，以自然为基础的解决方式被列为联合国抵御气候变化的内容之一，我国与新西兰组织共同完成相关工作。

在生态文明建设中，我国坚持人与自然和谐共生的理念，这同基于自然的解决方案在思想上有异曲同工之妙。当前，我国在国土空间规划、我国重点生态系统保护以及修复工程规范等工作中积累了大量经验，然而作为新生概念，基于自然的解决方案尚未成为应对气候变化的常规举措：一方面，方案理念尚未根植于头脑中，各地方、部门没有主动将方案行动与应对气候变化建立起联系，更别说考虑其间的协同治理潜力了；另一方面，还出现了概念泛化使用的倾向，过分夸大方案对于“碳达峰”与“碳中和”的作用。

此外，我国尚未形成以基于自然的解决方案为切入点的政策和行动体系，具体表现为：相关政策行动分散在不同职能部门，而不同部门间缺乏沟通协调机制，难以形成自上而下、高效统筹的管理机制；资金来源固定，大多数通过财政方面的投入为主，并没有建立起社会其他成员广泛参与的多元化资金来源渠道；对基于自然的解决方案的科学研究仍显不足，对各类生态系统碳汇潜力的科学认知仍不清晰，缺乏对成本效益的科学评估，难以为决策者和投资者提供有效的信息支持等。

五、绿色信托市场发展中存在的主要问题分析

（一）绿色信托标准和评价体系不够完善

绿色信托作为促进绿色金融发展的重要创新产品，对推动中国绿色经济发展有着重要作用。近年来，绿色信托无论是在发展规模上，还是产品创新方面都取得了一定的进步。重要的是2019年末中国信托业协会还发布了《绿色信托指引》，进一步推动了绿色信托的发展。然而，对于发展绿色信托而言，还存在着一定的不足之处，缺乏绿色信托标准以及绿色信托的评价体系还不够完善等，这些都会对发展绿色信托产生一定的影响，一些绿色信托业务的详细标准和评估还没有得到具体规定，给一些绿色信托业务的顺利开展以及绿色信托相关产品创新带来了一定难度。在实际中，也会影响企业绿色项目的投融资效率，因此，希望通过已发布的《绿色信托指引》作为基本标准，加快出台绿色信托标准，不断完善绿色信托评价体系。

（二）展业风险较高且监管政策相对滞后

当前，我国在最大限度地减少绿色信托产业风险方面的监管机制及政策体系存在较大的不足。与传统模式下业务投入较小，波动幅度有限等特点相比，绿色信托带有一定的公共性，投入的成本巨大，而且资金回笼的时间很长，这使很多信托公司需要应对潜在风险，同时会在很大程度上打击相关产业发展的积极性。因此，提高信托公司相关业务开展的积极性需要国家制定合理的风险评估把控机制，通过政府资本与社会其他组织的合作，结合科学化的监管机制使绿色信托产业得以正常发展，最大限度地降低风险。

（三）绿色信托产品发展单一且缺乏多元化发展模式

目前，中国绿色信托产品发展相对单一。产品结果的固化，使绿色信托行业的发展受到极大的影响。也就是说，绿色信托包含以下三种模式，政府、企业以及社会。然而实际上看，中国绿色信托产品大多是面向优质信用企业，发

放信托贷款，通过股权、资产证券模式以及基金等开展信托产品的情况十分有限。

除此之外，通过信托公司内部组织结构能够发现，现阶段大多数信托缺乏团队化管理和运营，在很大程度上限制了绿色信托以及相关产业的实际需求，没有建立对应的匹配关系，不利于绿色信托产品的可持续发展，不利于规避风险，无法确保效益最大化。

（四）政府对绿色信托的支持力度有限且缺少激励政策

尽管中国政府出台了一些相关政策和文件支持绿色信托产品和行业实现稳定发展。如《关于构建绿色金融体系的指导意见》等主要针对绿色信托体制的完善，提供政策建议，起到一定的引领作用，并且提供基本的资金支持，但在整体层面，与绿色金融市场需求相比，政府提供的财政及政策支持力度有限，难以发挥充分的效果。绿色信托作为金融体系的一部分，对财政支持的需求量更大，除此之外需要法规政策、优惠协助等相关基础建设。所有企业在实际建设发展的情况下都需要考虑自身利益，这也是企业得以长期发展的基础，因此，为了能够有效激励信托机构在获取利益的同时积极承担社会责任，考虑环境因素，需要建立较为完整的奖惩机制。结合法律、监督、财务及适当税收优惠政策等模式推动信托机构开展绿色建设，促进企业通过绿色信托的模式进行资金积累，最大限度地降低企业的运营风险，充分发挥国家的作用。在绿色信托与实际经济利益相结合的情况下，能够在很大程度上引导并推动企业积极参与其中，相应国家号召，实现可持续发展。

第三节　绿色金融改革创新试验区发展现状

绿色金融改革试验区是我国发展绿色金融的先锋，是推动绿色金融的新尝试，是支持绿色经济发展的重要途径。建立绿色金融改革试验区也有利于我国经济绿色转型、高质量发展。2017 年 6 月我国财政部等部门联合人民银行共同制定了《建设绿色金融改革创新试验区总体方案》，其中规定在广东等 5 个省市的多个地区为绿色金融试点。两年后，甘肃省兰州新区也作为绿色金融试点。截至目前，我国总共有 6 个省份的 9 个地区成为绿色金融改革的试点。不言而喻，我国的绿色金融改革试验区对推动我国绿色金融快速起步发展有着重要的作用。2019 年末，五省（区）八地（市）绿色金融改革试验区绿色信贷余额达到 1584.31 亿元，同比增长 24.39%。《中国区域金融运行报告（2021）》显示，2020 年，我国六省（区）九地（市）试验区绿色信贷余额为 2368.3 亿元，呈现良好增长势头。

一、广东绿色金融改革创新试验区发展现状

我国广东省广州市积极响应国家号召，成立了省内首个花都区绿色金融改革试验区域，该区域也是华南地区唯一一个绿色金融改革创新试验区。近三年多，随着国家绿色政策的不断出台，广东也相继出台了《广东省广州市建设绿色金融改革创新试验区实施细则》《关于促进广州绿色金融改革创新发展的实施意见》《关于促进广州绿色金融改革创新发展的实施意见》《广州市绿色金融改革创新试验区绿色企业与项目库管理实施细则（试行）》等一系列政策文件。在这些相关政策文件指引下，广州市花都区绿色金融改革创新工作成绩斐然，亮点纷呈，至今一直走在全国前列。在 2021 年举办的全国绿色金融改革创新试验区第四次联席会议上，以花都作为主要内容的绿色金融改革创新试验区建设成绩显著，据统计，该试验区的业绩连续 3 年排名第 1 位。

根据《绿色金融发展报告》，截至 2020 年 12 月 31 日，花都区全区贷款余额为 1422.7 亿元，该数据和上一年同期相比提高了 22.3 个百分点，企业贷款余额为 659.76 亿元，该数据与上一年同期相比提高了 30.3%，绿色信贷余额为 230.32 亿元，同比增长 26.52%，主要由于疫情原因，比 2019 年同比增长率 35.5% 下降大约 9 个百分点。绿色信贷余额在全区范围内占有的比重为 16.19%，在企业贷款余额中占有的比重为 34.9%。截至 2021 年上半年，花都区内绿色信贷余额与上一年同期相比提高了 9.24 个百分点，绿色金融支持绿色产业发展的力度日趋明显。中国银行、建设银行以及广州银行在花都区的三个分行共同助力为市公交集团公交车纯电动化项目提供了 54 亿元的绿色信贷支持。建设银行花都分行首次提出了“绿色 e 销通”。针对中小企业的线上随借随还“抵押快贷”产品，1 天内可申请审批放款，有效缓解中小企业融资难、融资贵难题。截至 2020 年末，试验区环境权益市场交易额达到约 35.1 亿元。稳居全国第一。在畅通绿色融资渠道方面，广东银行机构通过多项举措发展绿色金融，其中最为主要的形式为发行绿色债券、绿色基金，实现绿色资产

证券化，并且和融资租赁企业建立合作伙伴关系，进一步拓宽了绿色企业融资的路径。由相关报道可知，现阶段，广东银保监局已经批复了7家法人机构，总计发行绿色金融债券共有288亿元，目前成功发行的178亿元绿色金融债券主要应用在节能环保、污染治理以及清洁能源等领域中。人保财险广东省分公司在广州市花都区已成立了保险产品创新实验室，许多保险机构创新推出绿色保险产品，截至2020年底，花都区实现了83家药店的网络覆盖，为超过2.6万居民提供药品置换服务。

广州市花都区依托广东股权交易中心搭建绿色产融对接综合服务平台，提供绿色科技企业孵化器、科技金融服务中心、绿色保险人才培训基地等产融对接服务。广州绿色金融改革试验区继续推进粤港澳绿色金融合作，多次举办粤港澳金融合作活动。花都区金融局与世界银行国际金融公司、香港品质保证局成功举办了绿色建筑项目对接会，共同探讨绿色建筑领域项目合作。

二、浙江绿色金融改革创新试验区发展现状

浙江省湖州市作为我国绿色金融改革试验区，始终秉承“绿水青山就是金山银山”理念，发展绿色金融。截至2020年底，累计认定星级绿色工厂3023家，企业覆盖率达90%，国家级绿色工厂占全省比例超过四分之一，居全省第一位。是我国唯一得到认证的绿色产品城市，通过标准加认证的发展模式，成立绿色产品标准、认证、政策保障、采信推广和绩效评估五大体系。率先开展绿色产品认证，推进木业、家具和纺织类企业认证方面工作，为全国建立统一的绿色产品体系作出了成功探索。截至2020年末，累计通过绿色产品认证企业64家，主导和参与制定绿色产品国家标准3项、国家级团体标准32项。制定了我国第一个地方性的绿色融资主体认定体系，从环境气候影响、地方可持续发展导向等四个维度24项指标，构建了评价模型，针对绿色金融主体给予认定性评价，其中包含三个等级标准，第一是深绿，基准利率为12%的贷款贴息，第二是中绿，基准利率为9%的贷款贴息，第三是浅绿，基准利率为6%的贷款贴息。将金融资源更多地投入到绿色产业中，到2020年底，我国认定的绿色融资企业数量已达到1324家，包括92个绿色融资项目。湖州市率先构建了货币、财政、监管、司法“四位一体”的政策支持体系，制定了绿色企业和项目认定评价等12项地方规范，设立了40余

家绿色专营机构，创新了“绿企贷”、“园区贷”、“环污责任险”等130多款绿色金融产品。

截至2020年末，全市绿色信贷余额达到1592.68亿元，占全部贷款比重达到26.8%，较试验区成立前提高10个百分点。2017年至2020年，全市绿色贷款的年增长率为31.3%，跟全部贷款相比，增长率高了9.8%，跟全国的绿色贷款增速相比，也高了11.3%[①]；成功获取了30余项全国率先或者首次试点成果，并且连续两年荣获国家最佳绿色金融创新地区等荣誉；当前我国中小企业在发展过程中面临融资难的困境，为了解决这个问题，湖州把握绿色金融改革机遇，创新打造了名为“绿贷通”的银企对接服务平台，实现了贷款、担保、央行再贷款三大核心金融要素的供给。绿色金融助力湖州银行打造全国领先的“绿色银行”。湖州银行率先在全国城商行系统内成立绿色金融委员会、绿色金融部和绿色专营支行等绿色金融组织体系；积极采纳赤道原则，将绿色评级及环境社会风险理念融入信贷全流程管理中，累计发放绿色贷款超过百亿元，绿色信贷始终保持零不良率。2019年湖州银行正式成为境内第三家“赤道银行”，在绿色金融改革发展的过程中，市内众多银行都建立了专门的绿色金融部门，并设立了15家绿色专营的支行，有10家银行机构成为总行的绿色金融试点行。三年多来，全市银行机构新增贷款2083亿元，其中绿色信贷1074亿元，新增规模创历史新高，全市金融机构累计创新130余款绿色金融产品。农业银行湖州市分行获批农行系统首家试点机构后，开辟了绿色信贷产品优先、流程简化的快速审批通道，先后打造了具有湖州特色的绿色项目贷、绿色工厂贷、绿色亩均贷等系列绿色信贷产品。

绿色债券作为绿色金融体系的重要组成部分，无论是对国有企业提供的基础支持还是帮助绿色项目解决资金短缺问题都充分发挥了重要作用。得益于绿色金融改革试点，湖州市出台了“绿色金融改革25条”配套政策，支持鼓励本地企业、金融机构在银行间市场发行贴标绿色债券。2019年，湖州市城市集团成功发行绿色公司债券，发行规模5亿元，发行期限3年，票面利率4.80%，认购倍数达到2.7倍，利率创近两年同级别私募公司债券发行利率全国最低。该债券发行后，将所募集的低成本资金用于湖州市砂洗、印花绿色产

① 数据来源于《中国绿色金融发展报告》。

业项目建设，为湖州市绿色产业发展提供了重要的资金保障。湖州市各国有集团公司和金融机构总共发行了 27 单贴标绿色债券，总金额为 171.7 亿元，其中包括 6 单旅行色金融债券，发行单数居全国各试验区之首。

衢州是我国首个以“金融支持传统产业绿色改造转型”为主线发展的城市，其开展的首创性工作多达 40 多项。在 2020 年，衢州市金融指标创造了历史新高，金融业的发展速度持续增加，现阶段为 9.7%，绿色项目在整个衢州市的所有行业中位列第一名。衢州绿色金融产业的发展在 2019 年与 2020 年连续两年被评为第一名，而且全市“获得信贷”指标的得分连续三年名列前茅。截至 2020 年末，整个衢州市推出的绿色信贷创新产品、绿色保险产品、绿色债券产品数量分别为 167 个、19 个和 5 个，另外还有绿色基金 28 个，以及融资新模式 16 项。市内共有 28 个绿色金融专营支行，10 个保险机构绿色事业部。截至 2020 年末，衢州市绿色信贷余额 1067.15 亿元，该数据和 2016 年相比增加了 4.8 倍，绿色信贷余额在总体中占有的比重为 35.03%。在发展过程中，当地银行正式推出无缝续贷产品，企业在转贷过程中，节省了 5.09 亿元的成本。

衢州银行还对还款的方式进行了创新，扩大到无缝续贷的覆盖范围。该市通过实行“一行一策”差异化信贷政策，为龙游经济开发区的发展助力，进一步推动了仙鹤股份与五洲纸业的顺利上市；创造性地组织了金融支持畜禽粪污资源化利用，成为全国“金融支持畜禽粪污处置和无害化处理”的两个试点城市之一；其推出的“一村万树”产品、生猪保险、无害化处理等模式，在全国范围内推广开来；编制《衢州市“十三五”绿色金融发展规划》以及《绿色企业评价规范》和《绿色项目评价规范》等市级地方标准。研发了绿色贷款专项统计系统、地方法人银行的绿色金融体系，进一步扩大了行政区划、支行、结构类型的覆盖范围。人民银行衢州市中心支行会同当地相关部门合力建设集银企融资信息对接、绿色标准应用、信报基金增信融资、数字化金融服务等八大功能于一体的衢州金融服务信用信息平台，畅通绿色主体融资渠道，截至 2021 年 1 月末，累计为 5594 家企业撮合贷款 421 亿元，为银行提供企业信用报告查询和下载 1.1 万次，平均节约银行审贷时间 1.5 天，累计为金融机构提供电子证照查询 93.38 万次，实现了金融服务的“一证通办”。

衢州市在对风险进行管理的时候，创造了“监管、保险、服务与标准并举”的模式，同时推行环境污染责任险与安全生产责任险，相关数据表明，赔付金额在万元以上的案件比例下降了82%，充分实现了企业的安全生产。另外，通过电营商环境责任险、建筑工程绿色综合保险等，用应用保险取代原来的保证金模式，使企业释放了大量保证金，为企业降本减负。在全国首创“有礼金融”模式，实现了金融信用与农村基层治理之间的有效衔接。

三、江西绿色金融改革创新试验区发展现状

自2017年6月，赣江新区成为全国首批、中部地区首个绿色金融改革创新试验区，经过一段时间的发展以后，赣江新区绿色金融改革创新试验区取得了有益的成绩。赣江新区中有一座用于绿色创新发展的综合体，该综合体占地13万平方米，致力于打造集资本、人才、科技以及产业等为一体的综合性大平台，充分实现各类要素与资源的整合，引领区域的创新发展。在综合性平台中占有重要地位的是绿色金融，为了全面助力区域内绿色金融的发展，赣江新区借助规模化的金融示范街联合中央财经大学、清华大学以及赤道环境评价公司成功设立了绿色金融服务中心、绿色保险产品创新中心、绿色金融评价认定中心。

“三个中心”对应表征的内容是服务、创新与评价，依次为布局形成了绿色金融的运行结构，从该结构与内容来看，可以发现赣江新区在助力绿色金融发展方面已经形成了自己的特色。绿色金融是金融创新背景下的衍生物，所以在设计过程中需要融入创新理念。赣江新区从发展初期始终将体制创新作为发展绿色金融的基础条件，并且陆续颁布了《赣江新区建设绿色金融改革创新试验区实施细则》《绿色金融创新奖励（补助）暂行办法》《江西省绿色金融行业自律机制金融环保信息共享及运用办法（试行）》《赣江新区绿色金融改革创新试验区“三个中心”建设方案》等一系列纲领性文件。另外，江西省政府正式成立了绿色金融工作领导小组，其中共有26个成员单位助力绿色金融的发展。赣江新区充分利用自己的区位优势，逐渐形成了绿色金融的“四梁八柱”。

结合我国绿色金融改革创新试验区的发展情况来看，赣江新区充分实现了三家联席会议制度，即省级金融监管局、中国人民银行南昌中心支行与赣江新

区管委会等，截至 2019 年末，赣江新区绿色信贷余额 65.01 亿元，同比增长 85.96%，绿色债券规模 48 亿元，占发行债券总规模的 57.12%，赣江新区建立了绿色保险产品创新实验室、绿色保险事业部、绿色保险“双创”基地各 1 家。在 2019 年，赣江新区发行全国首只绿色市政专项债，一期融资金融达 3 亿元；赣江新区成立绿色产融投资基金，规模为 10 亿元。截至 2019 年末，赣江新区全面推进碳排放权、排污权、水权与用能权的建设工作，环境权益交易总规模为 0.05 亿元。到 2020 年 10 月末，赣江新区内已经发展形成了 188 家具有规模化的金融机构，绿色发展基金总规模已经超过了 500 亿元。到 2020 年 6 月末，区域内绿色信贷余额为 87.2 亿元，与上一年同期相比增加了 94.4 个百分点。

截至 2020 年末，赣江新区绿色信贷余额达到 98.5 亿元，同比增长 46.2%。先后推出 48 项创新成果，其中 6 项为全国“首单首创”。据统计，在 2020 年 7 月 31 日，区域内的金融机构数量为 180 多家，其中有 11 家专门设立了绿色金融专营机构，覆盖 228 个绿色项目，总投资超过 2000 亿元。出于完善绿色金融政策联动作用的考量，赣江地区根据区域发展的需求制定了多项政策，包含针对绿色金融创新、绿色金融机构入驻、绿色信贷补贴、绿色金融创新、金融人才引进等方面。

四、贵州绿色金融改革创新试验区发展现状

在 2017 年第三季度中，贵州省贵安新区被评为西南地区唯一获得绿色金融改革创新资格的地区。获得国家中央层面的批准以后，贵安新区始终按照“两端五体一库”的结构发展区域内的绿色金融试验工作，将绿色金融改革创新发展作为主要思路，通过多种有效的方法积极创建具有贵州特色的绿色金融服务体系，力求设计出更具多元化特征的绿色金融产品。在发展绿色金融产业的过程当中，贵安新区还创建了关于绿色金融风险的防范机制，为区域内绿色金融的发展提供保障，以此强化绿色金融风险的识别与评估能力。经过多年的发展，贵安新区陆续推出了多项可供推广与复制的绿色金融典型案例。在开展绿色金融业务、绿色金融人才以及机构落户等方面均推出了对应的奖励政策，全方位、多领域助力区域内绿色金融改革创新的各项探索与实践工作。贵安新区地方政府在省人社厅的积极引导下，联合推出了包

含《关于支持贵安新区引进和培育绿色金融专业人才的实施意见》在内的相关意见与政策。针对绿色金融的后续发展制定了配套的风险检测、效果评估以及风险预警机制，创建了具有本区域特色的绿色金融体系。有效数据显示，2019 年末贵安新区绿色贷款金额为 168.2 亿元，资金主要应用在区域内经济与环境相对显著的高质量绿色项目之中，此时绿色贷款的不良概率为 0.23%；结合保险保费与上一年相比的变化情况予以分析，贵安新区内的保费收入总规模为 3907 万元。在 2019 年，贵安新区“黔惠保”业务共推出 69 个产品，保费收入规模为 2.8 亿元，保险金额为 463 亿元，赔付支出共有 1.61 亿元。除了发展本区域的绿色信贷、绿色保险外，贵安新区还积极探索境外绿色债券的发行。

截至 2020 年末，贵安新区绿色信贷余额 126.28 亿元。现阶段，贵安新区在发展过程中致力于将绿色金融和大数据进行比对，然后将二者融合起来，致力于形成区域内最能体现贵州经济发展特色的绿色金融服务体系，在发展的过程中，贵安新区始终坚持与国际化企业之间的合作，致力于吸引国际绿色资金与绿色赠款，所以，贵安新区积极和国内商业银行建立长期合作关系，通过绿色信贷方面的协调与配合，创建了绿色项目库，有效扩大了绿色金融整体规模，形成了极具贵州特色的绿色金融发展体系。

五、新疆绿色金融改革创新试验区发展现状

2017 年，新疆形成了三地试验区，第一是哈密市，第二是昌吉州，第三是克拉玛依市，以上为我国首批成为国家级绿色金融改革创新试验区（以下简称三地试验区），实现新疆国家级金融试点“零”的突破，也成为新疆绿色发展的新动能。立足新疆实际和三地试验区特色，本着“充分发挥禀赋优势，重点突破，形成既竞争又互补格局”的原则，形成了三地试验区建设的总领框架。三年多来，三地试验区加快推进各项金融改革创新政策落实落地，围绕构建聚力、引资的纽带平台，吸引更多金融、财政、社会资本等资源，流入新疆经济社会全面绿色发展领域，为环境效益、经济效益和社会效益有机统一提供了有力支撑，取得了积极成效。截至 2019 年末，新疆三个绿色金融改革试验区绿色信贷余额 419.1 亿元，该项数据与上一年同期相比提高了 10.3 个百分点，哈密市绿色信贷占当地贷款比重达到 39.3%，居全国绿色金融改革试

验区首位。2020 年末，三地试验区绿色信贷余额 462.27 亿元，同比增长 10.3%。2021 年第一季度，三地试验区绿色信贷余额 485.79 亿元，辐射带动全疆绿色贷款同比增长 11.1%[①]。三地试验区的政银企合作不断加强，已设立 7 只绿色金融产业基金，总规模近百亿元。其中，昌吉州共设立 5 只绿色产业基金，总规模 77.63 亿元，实际使用金额已达 89%，为昌吉州城市基础设施的建设和环境修复治理带来突破性进展。截至 2021 年上半年，已颁发 14.31 万本农业用水初始水权证，充分实现了发放率达 100%。部分地区交易已成常态，累计水权交易额超过 1.1 亿元。经过长时间的发展之后，绿色金融配套支持政策日益落实和完善，逐渐形成了多元化、多层次的绿色专营机构。有效数据显示，在 2020 年底，这三个绿色金融改革创新试验区实现了银行业金融机构的绿色专营机构的百分之百覆盖率，其中包含 59 家绿色专营机构。在 2020 年底，区域内绿色信贷加权平均利率 4.61%，同比下降 0.23 个百分点，绿色企业融资纳入政府性融资担保机构支持范围，绿色担保费率下调至 0.5%。绿色保险稳步发展，安全生产责任险、农业保险、新能源车辆保险等绿色保险有序发展。碳排放、环境权益交易稳步推进，昌吉州 24 家电力系统重点企业纳入国家碳排放权交易市场。结合目前的发展形势来看，绿色金融配套支持政策日益完善，逐渐形成了多元化、多层次的绿色专营机构。在 2019 年末，区域内共有 14 家用于绿色金融改革创新的绿色支行，有 24 家绿色事业部，17 家绿色柜台。同年，新疆第一家非银行业绿色金融事业部在昌吉正式建立，其中包含 384 个纯绿色项目，总规模达到了 1949.5 亿元，实现了核心区域向伊利等城市覆盖的目标。在发展绿色金融的过程当中，新疆充分发挥了货币政策工具的作用，以此为绿色金融的发展助力，比如再贷款与再贴现等金融工具，随着绿色信贷规模的不断扩大，公司的产品种类也不断增加。中国人民银行网站数据显示，截至 2019 年末，新疆三个绿色金融改革创新试验区的绿色贷款余额共有 419.1 亿元，该数据与上一年同期相比提高了 10.3 个百分点，在以上指标中，哈密市的绿色贷款在本区域总贷款中占有的比重为 39.3%。随着区域内绿色保险的稳步发展，试验区的参与者还创建了环境污染强制责任保险制度，为绿色金融的发展提供了制度保障。

---

① 数据来源于中国人民银行网站。

六、甘肃绿色金融改革创新试验区发展现状

2019年11月28日，甘肃省兰州新区绿色金融改革试验区正式成立。兰州新区绿色金融改革创新试验区自创建以后，认真贯彻和落实中央与地方绿色金融发展的方针政策，争做新时代绿色金融发展的排头兵，兰州新区创建了绿色金融体系，相继开发了多种类型的绿色农产品，有效增强了区域内的绿色发展水平与能力，取得了良好的效果。

为贯彻实施我国绿色金融顶层设计，兰州新区出台了《兰州新区绿色金融五年发展规划》《2020年兰州新区建设绿色金融改革创新试验区工作方案》，2021年初，又正式发布了《兰州新区绿色项目认证及评级办法（试行）》和《兰州新区绿色企业认证及评级办法（试行）》，以上法律条文的出现为兰州新区的绿色金融改革创新发展提供了有力保障。为刺激民营企业发展绿色金融，还特别出台了《兰州新区绿色金融发展奖励政策（试行）》《兰州新区产业发展扶持及奖励政策（修订）》等政策。2020年12月31日，甘肃银行、交通银行以及兴业银行陆续在新区挂牌成立了绿色支行，决定在新区区域内成立绿色金融专营机构的金融机构有14家，决定在新区内强化绿色金融业务合作的金融机构有29家，随着时间的推移，区域内绿色产业共建体系不断完善。除此之外，各级地方政府还积极引导当地的金融机构全力扶持新区绿色金融的发展，为绿色企业提供更多的资金支持，助力绿色产业发展，支持区域绿色项目，正威、德福等民营企业已成为新区绿色产业支柱企业，绿色信贷实现相对较大的突破。根据中国人民银行网站统计，截止到2020年12月31日，兰州新区绿色信贷余额的总规模达到了114.89亿元，比2019年末的绿色信贷余额24.27亿元增加了90.62亿元，同比增长373.38%，截至2021年3月末，新区绿色贷款余额为125.48亿元，在各项贷款余额中占有的比例为21.22%。绿色信贷主要投向生态环境产业、节能环保产业、清洁能源产业和基础设施绿色升级。

兰州新区搭建了甘肃省首家绿色金融综合服务平台"绿金通"，以服务实体经济、民营企业为导向，集聚金融机构，汇集信贷产品，实现在线融资，着力改善民营和小微企业融资环境，致力于为新区企业提供"一站式"金融服务。据《中国绿色金融发展报告》统计，兰州新区"绿金通"平台自2020年

底正式上线运行来，已注册企业 588 家，上架金融产品 108 种，为 47 家企业融资 87.8 亿元，其中实现绿色信贷 17.5 亿元。此外，兰州新区持续推动改革创新，加大绿色金融项目储备，委托联合赤道环评公司制定兰州新区绿色项目库入库标准，加快构建符合地方标准的兰州新区绿色项目动态储备库，已入库项目 169 个。

七、重庆绿色金融改革创新试验区发展现状

重庆市经国务院批准，成立了绿色金融改革创新试验区。2022 年 8 月 19 日，人民银行等六部委联合印发《重庆市建设绿色金融改革创新试验区总体方案》，标志着重庆市绿色金融改革创新试验区正式启动。

自重庆绿色金融改革创新试验区成立以来，取得良好效果。从重庆市政府官网上得知，截至 2023 年 6 月末，重庆市绿色贷款余额超过 6200 亿元，实现全年目标的 95% 以上，同比增长约 31%，是 2019 年初的 3.5 倍。在推进绿色金融数字化建设方面，通过“长江绿融通”绿色金融大数据服务系统监测，截至 2023 年 6 月末，重庆市绿色贷款余额较年初增长超过 1000 亿元，同比多增超过 100 亿元；从 1 月到 6 月，重庆市新增绿色贷款占新增各项贷款总量的 32%。

具体来看，从贷款投向来看，绿色信贷余额占比排名前三的为基础设施绿色升级、节能环保产业和生态环境产业，贷款余额分别为 3500 多亿元、1300 亿元、660 亿元，占比分别约为 57%、21%、11%。

在绿色债券发展方面，重庆市政府官网数据显示，截至 2023 年 6 月末，重庆市绿色债券余额超过 430 亿元，同比增长约 35%，是 2019 年初的 3.2 倍。自 2022 年 8 月成功获批国家级绿色金融改革创新试验区以来，重庆市多措并举，大力推进改革试验区绿色金融发展，高水平推动绿色金融改革创新，大力支持经济绿色低碳转型发展。其中，中国人民银行重庆营业管理部联合市经信委印发《金融支持重庆工业绿色发展十条措施》，重点引导、支持金融机构创新推出“碳挂钩”贷款、合同能源管理未来收益权质押贷款等 20 余款专属绿色信贷产品。从中获益匪浅，截至 2023 年 6 月末，重庆市制造业绿色贷款余额同比增长 62.5%。同时，重庆市通过碳减排支持工具、支持煤炭清洁高效利用专项再贷款、“绿易贷”再贷款、“绿票通”等货币政策工具，共累计支持绿色企业获得绿色贷款 87.7 亿元。

第四节 本章小结

本章主要针对我国绿色金融发展现状进行了相关阐述和分析。首先，我们对我国绿色金融产品市场发展现状进行了详细阐述与分析，主要针对我国绿色金融市场中的绿色信贷市场、绿色证券市场（主要包括绿色债券市场和绿色基金市场以及绿色股票市场）、绿色保险市场、绿色信托市场和碳金融市场等发展现状做了详细分析；其次，针对我国绿色金融市场中的这五个绿色金融产品市场存在的主要问题分别进行深入分析。最后，我们也对我国政府引导和支持下的绿色金融改革创新试验区的发展现状按照各省份的试验点进行了概述和分析。重点是通过上述对我国绿色金融市场发展现状及其存在的主要问题进行分析，为深入研究我国绿色金融发展水平以及为此提出相应的优化发展路径提供基础。

第五章　中国绿色金融发展水平及其测度分析

近年来，随着中国绿色金融“自上而下”顶层设计的推动政策模式和“自下而上”的绿色金融创新改革试验区的发展模式的不断深入，那么，我国各省份及地区绿色金融发展水平如何？本文根据测度的各省份绿色金融发展水平指数值来衡量各省份绿色金融发展水平，综合测算全国绿色金融发展水平，并比较分析各省份绿色金融发展水平及其存在于发展机制上的问题。

第一节　我国省份绿色金融发展水平的测度分析

一、省份绿色金融发展水平指数的指标体系构建

本节构建绿色金融发展指数指标体系能够很好地了解我国地区绿色金融发展水平，掌握绿色金融发展水平现状以及各省份绿色金融发展水平的差异程度。根据影响我国绿色金融发展水平的主要影响因素，即“四轮驱动”因素，借鉴王遥、刘倩（2020）构建的地方绿色金融发展指数方法①来对绿色金融发展水平进行评估测度。构建该指数可设为三个层级指标。其中，一级指标为政府绿色政策推动、绿色金融市场成果、科技推动、经济高质量发展推动。二级指标为，在政府绿色政策推动方面有省级整体性政策推动、市县区级政策推动、提出或引入实质性激励政策、提供便利市场主体的举措，推进绿色金融能力建设、政府投资状况、风险预警与处理情况；在绿色金融市场开展成果方面有银行领域、证券领域、基金与 PPP 领域、保险领域、环境权益领域以及国

① 借鉴王遥、刘倩（2020）《地方绿色金融发展指数与评估报告》的评估测度方法，是较为权威的方法。

际绿色合作交流情况；在科技推动方面，二级指标为智力支持、绿色金融科技应用、金融科技市场。关于三级指标，在这里就不一一列举了，具体见表5.1。

表5.1 绿色金融发展水平指标体系

一级指标	二级指标及其下属的三级指标
政府绿色政策推动（权重40%）	省级整体性政策推动：是否建立绿色金融试验区、是否发布省级绿色金融相关综合指导文件等
	市县区级政策推动：与市场主体开展绿色金融合作，发布市县区级专项指导文件的地方政府数量
	提出或引入实质性激励政策：是否引入贷款或债券贴息，再贷款定向支持绿色项目、绿色信贷业绩纳入MPA考核等
	提供便利市场主体的举措：是否建立绿色金融小镇等大型配套设施、绿色项目信息共享平台等信息化基础设施等
	推进绿色金融能力建设：是否建立地方绿色金融专业组织、举办绿色金融活动数量等
	政府投资状况：治理环境污染投资比例、环保设施投资占比
	风险预警与处理情况：是否建立金融风险预警及防范机制
绿色金融市场开展成果（权重50%）	银行领域：已加入赤道原则的银行数量、绿色信贷余额占比等
	证券领域：发行绿色债券数量，已有上市环保企业数量、绿色债券发行规模占比等
	基金与PPP领域：公募绿色基金数量、私募绿色基金数量、入库绿色PPP项目数量等
	保险领域：绿色保险已上市险种数量、绿色保险覆盖率、环境污染保险投保额等
	环境权益领域：碳配额交易量、是否开展水权、用能权、排污权等环境权益市场交易
	国际绿色合作交流情况：加入UNPRI国际国内倡议的机构数量
金融科技推动（权重10%）	智力支撑：企业研发人员数、专利转让许可的企业研发人员数、高校专利数量等
	绿色金融科技应用：区块链、大数据、人工智能、云计算、物联网等
	金融科技市场：消费金融、农村金融等

二、省份绿色金融发展水平指数的指标打分方法

根据上面构建的绿色金融发展水平指数的指标体系，将各三级绿色金融相关指标合成，采取的方法如下，首先，对各省区个别指标进行标准化打分，其次，将所有指标进行打分加权汇总，通过计算得出绿色金融发展水平指数。计算方法如下：

指标打分方法：

对定性指标，满足条件的打分100分，不满足条件的打分0分。对定量指标，采取同一时间段（点）的指标进行横向比较，标准化评分方式来进行打分。假如指标为正向指标，则指标值在某省表现越好，该省打分越高。以 Y 省指标 C 打分举例，

$$100 \times (C_x - C_{min}) \div (C_{max} - C_{min}) \tag{5.1}$$

其中，C_{max} 为各省指标 A 的最大值，C_{min} 为各省指标 C 的最小值。

假设指标为负向指标，则指标值在该省表现越好，该省打分则越低。以 Y 省的指标 D 打分举例：

$$100 - 100 \times (D_x - D_{min}) \div (D_{max} - D_{min}) \tag{5.2}$$

其中，D_{max} 为各省指标 D 的最大值，D_{min} 为各省指标 D 的最小值。

需要说明的是，获得数据以公开数据为主，因此，遇到未披露、不确定或者无法判断的指标，均按0分计算。

三、省份绿色金融发展水平指数合成方法

指标权重的确定：只对二级指标进行权重赋值，以10位专家进行问卷调查进行权重收集，最后确定二级指标权重，三级指标权重在二级指标的范围内得均分。假设第 M 个二级指标权重为 b_m（所有二级指标权重和为1）该二级指标项下三级指标的个数为 N，则该二级指标下任何一个三级指标的权重为 $b_m \times 1/N$。此种赋权方式能够避免评级维度所辖三级指标过多，而权重过高的情况。

四、省份绿色金融发展水平指数总体评分

根据绿色金融发展指数的合成，能够得到2018—2020年我国各省份绿色金融发展水平指数值，具体如表5.2所示的数据。根据这些数据值进行以下分析。

表 5.2　2018—2020 年各省份绿色金融发展水平指数评价得分表

年份	2018					2019					2020				
省份	政策	市场	金融科技	总评		政策	市场	金融科技	总评		政策	市场	金融科技	总评	
	分数	分数	分数	分数	排名	分数	分数	分数	分数	排名	分数	分数	分数	分数	排名
广东	18.2	36.5	5.4	60.1	2	36.5	36.7	5.3	78.5	1	29.3	27.3	5.1	61.7	2
浙江	33.8	23.2	3.7	60.7	1	42.1	26.3	3.2	71.6	2	30.4	26.6	4.4	61.4	3
北京	16.9	25.4	6.2	48.5	3	28.2	28.6	6.3	63.1	3	23.4	33.7	5.9	63.0	1
四川	17.0	11.8	3.6	32.4	8	46.6	12.4	2.7	61.7	4	31.7	14.4	3.4	49.5	6
江苏	11.7	20.6	4.5	36.8	6	33.7	21.3	4.3	59.3	5	27.0	19.7	4.2	50.9	5
江西	25.3	16.2	2.0	43.5	4	36.2	12.7	2.0	50.9	6	31.6	18.4	2.1	52.1	4
福建	16.3	15.0	2.5	33.8	7	27.9	18.5	2.2	48.6	7	23.4	15.4	2.5	41.3	7
新疆	23.4	13.3	1.2	37.9	5	33.9	10.8	1.3	46.0	8	23.6	10.8	1.4	35.8	12
贵州	17.7	11.0	1.8	30.5	9	26.9	13.5	1.9	42.3	9	23.5	12.7	1.7	37.9	8
重庆	8.7	8.0	2.5	19.2	18	25.8	12.7	2.3	40.8	10	19.5	10.2	2.5	32.2	18
河北	7.6	12.4	2.1	22.1	14	22.5	15	2.2	39.7	11	14.6	16.1	1.9	32.6	17
安徽	5.6	10.0	2.7	18.3	19	26.6	9.1	2.3	38.0	12	19.0	14.9	3.0	36.9	9
湖北	4.8	12.4	3.2	20.4	16	19.0	14.4	2.6	36.0	13	14.9	15.7	2.8	33.4	16
湖南	9.4	10.9	3.0	23.3	13	18.5	13.7	2.2	34.4	14	19.6	12.2	2.1	33.9	15
山东	6.7	10.4	3.1	20.2	17	20.3	10.5	3.2	34.0	15	15.5	16.6	3.4	35.5	13
上海	6.4	19.6	4.4	30.4	10	15.8	13.4	3.7	32.9	16	16.3	15.6	4.9	36.8	10
内蒙古	11.5	10.6	1.7	23.8	12	20.9	9.3	1.8	32.0	17	22.7	11.0	1.6	35.3	14
甘肃	17.2	8.0	1.4	26.6	11	21.7	6.0	1.5	29.2	18	26.2	8.9	1.4	36.5	11
山西	3.8	8.3	1.6	13.7	24	12.3	13.5	1.9	27.7	19	14.3	15.3	2.0	31.6	19
河南	2.7	11.8	2.3	16.8	20	10.6	12.7	2.1	25.4	20	13.0	15.5	2.3	30.8	20
青海	13.7	6.3	1.3	21.3	15	15.9	7.9	1.4	25.2	21	16.1	6.9	1.5	24.5	23
海南	6.3	5.5	1.4	13.2	25	15.7	6.6	1.6	23.9	22	13.1	7.9	1.5	22.5	25
天津	6.1	6.9	2.5	15.5	22	10.8	10.7	2.3	23.8	23	10.3	9.2	2.3	21.8	26
广西	8.5	6.5	1.5	16.5	21	14.2	5.3	1.7	21.2	24	18.6	7.9	2.0	28.5	22
陕西	4.8	7.1	2.4	14.3	23	9.3	9.7	2.2	21.2	25	14.3	13.7	2.1	30.1	21
黑龙江	1.7	7.0	2.2	10.9	28	8.3	9.0	2.0	19.3	26	14.0	8.3	1.9	24.2	24
云南	0.1	7.1	1.8	9.0	29	10.6	6.8	1.9	19.3	27	10.1	9.9	1.7	21.7	27
宁夏	4.8	6.5	1.3	12.6	26	15.1	2.6	1.4	19.1	28	10.4	7.0	1.3	18.7	30
辽宁	1.7	7.6	2.4	11.7	27	9.7	6.4	2.2	18.3	29	10.1	8.1	2.0	20.2	28
吉林	0.0	4.4	2.4	6.8	30	5.0	5.0	2.3	12.3	30	11.1	6.6	2.4	20.1	29
西藏	2.1	3.4	1.1	6.6	31	3.4	2.0	1.2	6.6	31	7.3	1.0	1.1	9.4	31

数据来源：2018—2020 年《地方绿色金融发展指数与评估报告》和《天府中国金融科技指数》。

根据表5.2中的总体评分结果，可以看到，在2018年我国各省份评分总得分介于6.6分到60.7分之间；2019年我国各省份评分总得分介于6.6分到78.5分之间；2020年我国各省份评分总得分介于9.4分到63.0分之间。在2018—2020年间，根据表5.2总体得分情况，可以形成三个阶梯，广东、浙江、四川、北京、江苏、江西、福建、新疆、贵州、重庆和河北为第一阶梯，在这一阶梯包括浙江、新疆、广东、江西和贵州五个绿色金融改革试验区；安徽、湖南、内蒙古、湖北、山东、上海、山西、河南、甘肃、青海位于第二梯队；剩余的其他省份位于第三梯队。

从总得分情况来看，在第一梯队中，除了五个绿色金融改革试验区以外，其他省份主要位于长三角地区、京津冀地区、珠三角地区和川渝地区。这些地方经济相对于其他地区经济比较发达，对环境保护相对重视，经济高质量可持续发展需求较大。而西南地区、华东地区和西北地区各省份绿色金融发展水平差异较大。东北三省地区由于位于第三梯队。西藏自治区由于经济发展落后，金融环境较差，使得绿色金融发展水平特别低。

五、省份绿色金融发展水平指数的政策推动评分

根据绿色金融发展指数指标的构建，通过权重合成绿色金融发展指数，得到如表5.2所示的表中数据，那么，再看总体评分为绿色政策推动得分、绿色金融市场效果和金融科技得分之和。从政府政策推动来看，我国各省份绿色金融发展水平得分差异较大，政府政策推动得分方面，浙江、四川、广东、新疆、江西、江苏、北京、福建、贵州和安徽为前十，其中，有五个绿色金融改革试验区，这些地区绿色金融的政府政策推动效果较好；甘肃、内蒙古、湖北、山东、湖南、青海、上海、宁夏、海南、山西和广西位于第二梯队，其他省份位于第三梯队，政府政策推动效果不太好。

在政府政策推动效果方面，从分布地区来看，华东地区的政府政策推动效果较好，华北地区所在省份之间政府政策推动效果差异较大，西南地区除了贵州、四川以外其余省份的政府政策推动效果都不太理想，中原地区和东北地区政府政策推动效果较差。

综合来看，首先，我国绿色金融改革试验区的政府政策推动效果较为乐观，这与我国绿色金融改革创新试验区积极出台相关绿色政策，构建绿色金融

政策实施监管体系，推进我国绿色金融创新政策有很大关系；其次，四川作为绿色金融非改革试点，与前两年相比，在政府政策推动效果上很好，主要是四川省在省市县（区）各级均出台了大量绿色相关政策，有效建立绿色金融政策体系，促进了绿色金融政策的有效实施；再有，我国部分地区的政府政策推动措施有限，这些地区的企业对绿色政策的落实不到位，对环境保护意识淡薄，导致政府政策推动效果较差。

六、省份绿色金融发展水平指数的绿色金融市场效果评分

在表5.2中，我们可以看到在绿色金融市场实施成果方面，我国绿色金融发展水平得分差异也较大，广东、浙江、北京、福建、江苏、河北、湖北、山西、湖南、贵州、上海和江西为第一梯队，其中，广东是第一梯队中的最显著的，而且在绿色金融市场实施效果方面远远好于其他省份；江西、重庆、河南、四川、新疆、天津、山东、陕西、内蒙古、安徽、黑龙江为第二梯队，这部分的绿色金融市场实施效果处于全国中等，其他省份的绿色金融市场实施效果较为不理想，特别是吉林、宁夏和西藏的绿色金融市场实施效果最差，并处于全国最后的行列。

从绿色金融市场实施效果得分来看，江浙地区、京津冀地区的大多省份的绿色金融市场实施效果较好，华南以及西南地区各省份绿色金融市场实施效果差异很大、西北地区和东北地区的绿色金融市场实施效果最差。

根据王遥、马庆华（2019）在《地方绿色金融发展指数与评估报告》中指出的绿色金融市场实施效果得分与政府政策推动力度之间不存在必然的正相关关系的观点，那么在绿色金融市场实施效果当中，广东、北京、江苏及福建等省份取得较好的绿色金融市场实施效果，主要是因为绿色金融市场开展绿色金融业务及绿色金融合作交流等较多。有些省份绿色金融的市场实施效果较好，而政府政策效果较差，有些省份绿色金融的政府政策效果较好，但绿色金融市场实施效果不好，这些省份要对症下药，将政府绿色政策与绿色金融市场、金融科技结合起来，一起推动绿色金融发展。

第二节　全国绿色金融发展水平的测度分析

一、全国绿色金融发展水平指数的测度方法

截至目前，我国官方机构尚未有发布过关于我国绿色金融发展水平指数或绿色金融发展指数的数据，也没有发布相关的评估测度方法。针对我国及省际地区的绿色金融发展水平，我国官方及其机构主要是在宏观上对我国各省份、地区绿色金融发展情况进行统计与说明；针对具体绿色金融产品（绿色信贷、绿色债券、绿色基金、绿色保险、碳基金、绿色信托等）应用以及新产品开发等多方面进行了统计与阐释。然而也有一些较为权威的高校、科研机构的专家学者针对绿色金融发展水平的测度做了较为深入的研究，其中，李晓西、夏光（2014）以绿色信贷、绿色证券、绿色保险、绿色投资以及碳金融，作为五个一级指标，分别以这五个一级指标设置二级指标以及三级指标来测度我国绿色金融发展水平。很多学者也是一直沿用借鉴这种测度方法进行绿色金融发展水平的测度；再有，中央财经大学的专家学者王遥、潘冬阳（2018，2019，2020）借鉴了李晓西、夏光（2014）所用的基本指标，整体上从宏观、中观以及微观层面，从政府政策、市场效果两方面构建了地方绿色金融发展指数，以政府政策、市场效果为一级指标，分别设置二级指标和三级指标，综合测度了我国地方省份绿色金融发展指数。

本书主要借鉴王遥、潘冬阳（2018）以及王遥、刘倩（2020）出版的《地方绿色金融发展指数与评估报告》中的基本测度方法，在上一节中我们已测度了我国 31 个省份的绿色金融发展水平指数，本节将在此基础上，综合进行评估测度全国绿色金融发展水平。根据已评估测度的各省份绿色金融发展水平指数值，分别将其赋予相应的权重，其中在权重赋予上，本书以我国各省份的经济增长（GDP 值）以及反映在金融方面的各省份的存款余额与贷款余额来进行相应赋予权重。在经济增长（GDP）方面，赋予权重 50%；在金融存款方面赋予权重 25%；在金融贷款方面赋予权重 25%。那么，本书评估测度的全国绿色金融发展水平指数值等于我国各省份的绿色金融发展水平指数的加权值。其具体表达式如下：

$$全国绿色金融发展水平指数=\sum(省份绿色金融发展水平指数\times 省份GDP占比\times 50\% + 省份绿色金融发展水平指数\times 省份存款占比\times 25\% + 省份绿色金融发展水平指数\times 省份贷款占比\times 25\%) \quad (5.3)$$

那么，经过简化合并后的表达式为：

$$全国绿色金融发展水平指数=\sum\{省份绿色金融发展水平指数\times[省份GDP占比\times 50\% + (省份存款占比 + 省份贷款占比)\times 25\%]\} \quad (5.4)$$

其中，省份绿色金融发展水平指数在本章第三节中已评估测度；省份 GDP 占比为各省份 GDP 占全国 GDP 比重；省份存款占比为各省份存款余额占全国存款余额比重；省份贷款占比为各省份贷款余额占全国贷款余额比重。

二、全国绿色金融发展水平指数的测度评分

前一章节，针对我国各省份绿色金融发展水平进行了评估测度，根据前述测得的各省份绿色金融发展水平指数值，结合上述全国绿色金融发展水平指数的评估测度方法，将相关数据代入上述表达式，进行综合计算，测度的2018—2020 年我国绿色金融发展水平指数结果如表 5.3 所示，对于计算中的一些相关比重指标及各种基本指标，在此就不一一列出了，那么，针对具体指标数据值请见论文后面的附录。

表 5.3　2018—2020 年全国绿色金融发展水平指数

年份	2018			2019			2020		
各类赋予的权重	GDP 权重	存款权重	贷款权重	GDP 权重	存款权重	贷款权重	GDP 权重	存款权重	贷款权重
权重值	50%	25%	25%	50%	25%	25%	50%	25%	25%
全国绿色金融发展水平指数值	31.6			45.9			42.3		

三、全国绿色金融发展水平指数的测度分析

根据表 5.3 中所评估测度出的结果，可以发现，在 2018—2020 年间，全

国绿色金融发展水平指数值仍然不高，在 31.6～45.9。那么，从2018—2020年，全国绿色金融发展水平指数值从 2018 年的 31.6 上升到 2019 年的 45.9，同比增长率为 45.3%，这也是我国一直很重视绿色发展，大力发展绿色金融，整体上取得了一定成果的体现。而到了 2020 年，全国绿色金融发展水平指数为 42.3，比 2019 年有所下降。这很可能是由于 2020 年出现新冠疫情的原因导致我国各省份开展绿色金融业务较少，绿色金融资金流动有限，绿色投融资自然会受阻，绿色金融创新也有所下降，这些在很大程度上均会影响我国绿色金融发展水平的提高。

从全国绿色金融发展水平上来看，我国绿色金融整体发展水平仍然较低，这主要是我国有一些省份经济发展较为滞后，金融发展也很滞后，特别是绿色金融发展理念的缺失以及绿色金融发展环境较差，造成绿色金融发展基本处于停滞状态。这一点，我们可以从已测度的我国各省份绿色金融发展水平指数值中获悉，一些省份绿色金融发展水平指数较低，例如，西藏、东北三省等一些省份，特别是西藏，绿色金融发展水平指数还不到 10，和最高的省份相比，相差太多，作为我国经济发展最为落后的地区，不但经济落后，而且绿色发展理念也缺乏，绿色政策实施不到位，绿色金融市场发挥作用十分有限，绿色金融科技也更为落后，开展绿色金融难度之大。这些省份很低的绿色金融发展水平较大程度上拉低了全国绿色金融发展水平。这既严重体现出了我国绿色金融发展水平的较大差异，也体现出了绿色金融发展的严重不平衡性。这种严重的不平衡性使得全国绿色金融发展水平提高过于缓慢，不利于调动绿色金融发展水平很低的省份开展绿色金融的积极性。

因此，要想大幅度快速提高全国绿色金融发展水平，就必须从我国绿色金融发展水平很低的省份着手，改善经济发展状况以及开展绿色金融的基础条件，提高其绿色金融发展能力，并且进一步扩大中等发展水平的省份比重，充分重视绿色金融发展水平较高地区与绿色金融发展水平较低地区的合作共赢，发挥带动作用。所以，只有我国各省份绿色金融发展水平大幅提高，才能实现全国绿色金融发展水平的提高。

第三节 绿色金融发展水平方面存在的主要问题分析

一、绿色金融发展水平提升动力不强劲

2017年到2020年间，我国绿色金融发展水平经历了上升到下降的过程，但从总体来看，中国绿色金融发展水平有着显著的提升。其中，2017年到2019年，整体绿色金融发展水平一直呈现上升，特别是在2019年，中国绿色金融发展水平无论是从整体上看还是分省市地区来看，绿色金融发展水平均是最高，绿色金融发展水平上升较快；2020年由于新冠疫情原因，我国绿色金融发展水平呈现一定的降低情况。

然而，我们可以从表5.2中发现，整体来看，绿色金融发展水平的提升动力不强劲，分析其可能的原因是由于综合分值提升中的政策推动力不足，绿色金融市场效果较低，金融科技落后，造成综合得分较低，且大多数省份这三部分的得分增长都十分有限，处于缓慢上升过程。这就意味着，绿色金融发展水平的大幅提高，需要政策推动力的强劲效果，需要绿色金融市场的强劲效果，需要金融科技支持作用，这三个合成指标是最直观的数据值指标。再有，根据《地方绿色金融发展指数与评估报告2019》中指出的各地经济发展水平直接影响到当地绿色金融发展水平，也就是说，提高当地经济发展水平对提高绿色金融发展水平有一定的作用，这可能是由于当地的金融环境与经济增长、技术水平会影响绿色金融发展水平，中国西部地区经济发展水平相对较低，这对绿色金融发展水平的提升确实有着很大的影响，这也是造成绿色金融发展水平提升动力不强劲的原因。

二、绿色金融发展水平呈现出严重的区域不平衡

中国绿色金融发展水平整体呈现不断提高态势，但也呈现出绿色金融发展水平的区域不平衡性的问题，若一些省份长期保持发展的区域不平衡，就会产生严重的倾斜，影响绿色金融的整体发展，不利于我国绿色金融的协调发展。

从2018年以来，全国绿色金融发展水平有一定幅度的提升，但是，一些区域省份的绿色金融发展水平较高，远远高于其他省份，形成了相应的梯队。

根据测度的 2018 年各省份绿色金融发展水平指数，本年度得分在 6. 6 分至 60. 7 分，根据不同得分高低，可以分为三个梯队。第一梯队是总分大于 25. 0 分的省份，其中包括浙江、广东、江西、新疆、贵州、甘肃、北京、江苏、福建、四川和上海。浙江和广东分别为第一、第二位，得分均远高于其他省份。第二梯队是总得分介于 15. 0 分（含）到 25. 0 分（不含）的省份，包括内蒙古、湖南、青海、河北、湖北、山东、重庆、安徽、广西和天津。第三梯队是总得分介于 0 分到 15 分（不含）的省份，是剩余的其他省份。从总得分的梯队地理分布来看，华东地区全部位于前两个梯队。华南地区、西南地区、华北地区和西北地区各省份差异较大，三个梯队均有涉及。华中地区除了河南位于第三梯队外，其余省份均位于第二梯队，而东北三省均位于第三梯队。根据测度的 2019 年各省份绿色金融发展水平指数，本年度总得分介于 6. 6 分至 78. 5 分之间，绿色金融发展评价可以分为三个梯队。第一梯队总得分大于 39. 0 分，位于第一梯队的省份共有 11 个，其中既包括广东、浙江、江西、新疆、贵州五个绿色金融改革创新试验区所在省份，又包含虽为非试验区但表现突出的省份四川、北京、江苏、福建、重庆、河北。总分位居第一的是广东省，总得分为 78. 5 分，而浙江以总分 71. 6 分位居其次，两省的得分与其他各省差距较大。第二梯队总分数段为 25. 0 ~ 39. 0 分，属于第二梯队的省区有安徽、湖北、湖南、山东、内蒙古、上海、甘肃、山西、青海、河南。第三梯队的省份总分低于 25. 0 分，共 10 个省区，分别为海南、天津、广西、陕西、宁夏、云南、黑龙江、辽宁、吉林和西藏。河南、海南、广西、山西、黑龙江、云南、宁夏、辽宁总分高于 18. 0 分，而吉林、西藏两省排在最后两位。从总得分的地区分布上看，地方绿色金融发展指数评价第一梯队省份除五省试验区外，主要位于京津冀地区、长三角地区、珠三角地区、川渝地区等，这些地区经济相对较发达、环保重视力度相对较大，经济高质量、可持续发展需求较旺盛。而西南地区、西北地区以及华东地区各省份之间分数差异较大。东北地区三大省份由于政策推动力度不足等原因位于第三梯队。西藏自治区由于经济发展落后，金融基础设施和环境较差，为最后一名。根据测度的 2020 年各省份绿色金融发展水平指数，2020 年评价周期内各省份的总得分介于 9. 4 ~ 63. 0 分之间。从总得分的地区分布来看，各绿色金融改革创新试验区所在的省份表现较好，总得分均位于前列，反映各试验区所在省份对国家级试点工作给予了充分的重视，较好发挥试验区在推动我国绿色金融发展方面的引领和带动作用。北京、广东、浙江、江西、江苏分列一到五位；西南地区、西北地区以及华东地区各省份之间分数差异较大，东北三省由于政策推动力度不足等原因位于第三梯队，西藏地区由于经济金融发展水平的局限，排名靠后。

在2018年至2020年间，从各省份的绿色金融发展水平来看，除了六省的绿色金融改革试验区外，绿色金融发展水平稳健且发展水平较高的省份有四川、北京、江苏、福建、重庆、河北、安徽、湖北、湖南、山东、内蒙古、上海、山西、青海、河南处于绿色金融发展水平的中游，剩余的其他省份处于全国绿色金融发展水平的下游。从各省分布的区域上看，除了六省的绿色金融改革试验区外，绿色金融发展水平处于中游及以上的省份主要是京津冀地区、长三角地区、珠三角地区、川渝地区等，这些地区经济金融相对较发达、环保政策重视程度较高经济高质量、绿色企业较多，且对绿色发展理念贯彻执行较好。处于绿色金融发展水平的下游地区省份多数是西南地区的经济水平不高的省份、西北地区以及东北地区。东北三省都属于绿色金融发展水平下游，这可能和东北的大多重工业产业、绿色产业比重不大有一定关系。值得一提的是，处于绿色金融发展水平上游、中游和下游的省份绿色金融发展水平差异很大，这一点从各省绿色金融发展指数可以看出，排名第一的省份和排名最后的省份绿色金融发展水平指数差值竟达到五六十之多，体现出严重的区域不平衡性。总之，综合以上分析，究其原因主要是由于区域经济发展程度的差距（也包括区域性的金融发展程度、金融科技发展程度等）、区域政府和投资者以及社会居民对环保的重视力度大小、区域绿色发展的需求旺盛程度的差异等造成的区域绿色金融发展水平的严重不平衡性。

三、绿色金融试验区邻省绿色金融发展水平的带动效应较弱

根据前述，我们可以看出，我国绿色金融改革试验区无论是在政府政策效果得分方面还是在绿色金融市场实施效果方面，基本均是位于全国各省前列，然而，从2018—2020年的各省绿色金融发展指数评估表中可以发现，我国一些绿色金融改革试验区周边的省份绿色金融发展指数不高，这说明我国绿色金融改革试验区带动周边省份绿色金融发展的能力较弱。特别是广东、贵州和兰州绿色金融改革试验区对周边省份绿色金融发展的带动能力较弱，广东广州绿

色金融改革试验区对广西绿色金融发展的带动、贵州绿色金融改革试验区对云南绿色金融发展的带动以及甘肃兰州绿色金融改革试验区对青海和宁夏绿色金融发展的带动，都体现出带动能力不足等问题。针对绿色金融改革试验区带动周边省份绿色金融发展的能力较弱这个问题，产生的原因可能是由于绿色金融改革试验区作为国家发展绿色金融改革试点主要是谋求自身的快速发展，与周边省份的绿色金融合作较少。再有就是绿色金融改革试验区对周边省份的绿色金融业务帮扶较少等也会引起绿色金融发展水平的带动效应减弱。

因此，作为国家绿色金融改革试验区，起到先锋模范作用，应加强对其他省份的绿色金融发展的带动、帮扶，促进绿色金融合作共赢，产生较强的周边带动效应，逐步扩大绿色金融合作领域，深化绿色金融供给侧改革。同时，绿色金融发展较弱的省份应该积极向绿色金融发展较好的省份学习交流，借鉴成功经验。这样能够实现绿色金融先发展的省份带动后发展的一些省份，最后实现绿色金融的共同发展，共享绿色金融发展成果。

第四节 绿色金融发展水平在发展机制上的反映分析

一、“发展水平提升动力不强劲”在发展机制上的反映分析

根据评估测度的我国各省份绿色金融发展水平指数以及全国绿色金融发展水平指数，我们可以得知，我国在绿色金融发展水平方面，也存在着“绿色金融发展水平提升动力不强劲”问题，这在前一节中，也都有过论述，那么，从绿色金融发展机制上来看，这个问题的出现，其原因体现在我国绿色金融发展的内部运行机制上。具体来看，主要有以下三个方面，其一，在绿色政策及绿色金融政策相关方面，我国政府绿色政策的实施效果没有得到明显体现，特别是绿色金融相关政策尚未得到真正贯彻落实。无论是在政府对绿色金融相关政策的落实与监管方面，还是在绿色金融市场中的金融机构以及企业执行绿色政策以及绿色金融相关政策方面，均没有严格按照国家绿色政策及绿色金融相关政策的要求尽力执行。这使得国家利用绿色政策及绿色金融相关政策引导绿色金融发展的作用大打折扣。其二，在绿色金融产品交易市场上，金融市场上的金融机构获利诱惑性所导致的绿色金融产品交易下降。由于我国绿色金融市

场体系还很不完善，也没有成立专门的绿色金融银行等金融机构，大多数绿色金融业务仍然由以前的商业银行来开展，而大多数商业银行在金融市场因交易的非绿色金融产品价格比绿色金融产品价格更高，更容易获得大额利润，故此，绿色金融产品就受到影响。再有，就是绿色企业以及投资绿色项目的企业的盈利能力较弱，还款能力不强，得不到金融机构特别是银行机构的青睐，考虑到金融机构的盈利性和承担的还款风险，金融机构不愿意提供绿色金融产品给这样的企业及个人投资者。这使得我国提出“市场主导”的绿色金融发展没有达到预期效果。其三，科技方面，特别是科技企业创新开发的绿色科技，没有大量实质性应用于绿色金融领域。目前，很多中小微绿色企业引进先进绿色技术的实际能力有限，应用程度较低，绿色产品生产率及生产成本很难降低，使得绿色企业盈利能力得不到显著提高，影响绿色企业在绿色金融市场上的融资以及再融资能力，使得不容易参与绿色金融市场。再有，金融机构应用科技企业创新开发的硬件设备以及相关软件更新较慢，无法及时提高绿色金融业务效率等问题，在一定程度上也影响绿色金融发展水平。

二、“发展水平呈现严重的区域失衡”在发展机制上的反映分析

根据前面评估测度的2018—2020年我国绿色金融发展水平的结果，我们可以清晰获悉，虽然我国绿色金融水平从整体上、各省份上有一定的提高，但是，我国绿色金融发展水平明显存在严重的区域失衡，一些省份绿色金融发展水平较高，一些省份绿色金融发展水平较低。不管是在省份之间进行比较，还是按地理分布的地区来看，除了我国的六个绿色金融改革试验区以外，东南地区、华北地区，一般比西北地区、西南地区绿色金融发展水平高一些，而且也能发现在华北地区的北京绿色金融发展水平比西南地区的西藏自治区绿色金融发展水平高得太多，从绿色金融发展指数上看，西藏自治区绿色金融发展水平指数连10都不到，而北京绿色金融发展水平指数最低也在五十多，两个省的差距在四五十个指数值；而其他绿色金融发展水平较高的省份也比较低的省份的指数值高很多。

因此，我国绿色金融发展水平确实出现了严重的失衡。造成该问题的主要原因体现在我国绿色金融发展的内部运行机制上。具体来看，一方面原因是，在我国绿色金融发展的内部运行机制中，绿色金融市场机制造成的“马太效

应”的结果。绿色金融市场自发调节全国绿色金融资源流向经济基础较好的地区、省份，而经济基础较差的地区、省份获得绿色金融资源的机会较少，这使得经济基础以及金融发展较好的，绿色金融发展越来越好，经济基础以及金融发展较差的，就越来越难、越来越少地获得绿色金融资源，以至于造成两极分化的局面。便出现了“马太效应”，使我国绿色金融发展水平呈现严重失衡的态势。

另一方面原因是在绿色金融发展的内部运行机制中，政府政策机制对调控绿色金融资源缺乏准确定位且调控力度不够。我国对绿色金融发展的政府宏观调控定位不清晰、调控力度不够，没有从区域、省份的经济基础、金融发展环境角度出发来具体化实施调控绿色金融资源。在我国东部地区相对经济基础较好，金融基础设施和金融环境相对较好，绿色金融资源流动性也较好，绿色金融发展也较快，绿色金融发展水平提高得较快，而反观在我国西部地区，一般经济发展较为缓慢、滞后，对发展绿色金融的经济基础较为薄弱，而且金融基础设施与金融环境较差，地方政府为了寻求经济增长，没有大量精力来调控本地区的绿色金融资源来发展绿色金融。导致绿色金融发展水平发展缓慢或一直没有实质性的提高。这样便出现地区、省份的绿色金融发展失衡现象。在此种条件下，西部地区以及绿色金融发展水平不高的省份要发展绿色金融，就需要我国中央政府制定具体的、适合的绿色金融发展政策，以调控绿色金融资源、绿色项目进入该地区，增强绿色金融资源在本地区的流动性，助力经济发展落后地区绿色金融发展。

三、“试验区的邻省带动效应较弱”在发展机制上的反映分析

为大力发展绿色金融，目前，我国建立了六个省份共九个地区的绿色金融改革试验区。根据前面我国各省份绿色金融发展水平的评估测度，可知建立绿色金融试验区的省份绿色金融发展水平整体上是很高的，比如，广东、浙江、江西等，其中这几个省份中绿色金融发展水平最低的，在全国省份来说，也是发展较高的水平。这也表明，我国建立绿色金融改革试验区，是富有成效的。然而，从绿色金融改革试验区邻省绿色金融发展水平来看，广东省的邻省广西绿色金融发展水平不高，列全国绿色金融发展水平二十几位；贵州省邻省云南和广西，云南绿色金融发展水平也不高，列全国二十五位之

后；江西省绿色金融发展水平很高，列全国第四位左右，其邻省安徽、湖南、湖北虽然绿色金融发展水平指数有所上升，但无法得知绿色金融发展水平的上升是否是江西省邻省带动效应带来的，从排名上也就仅处于全国中游水平；甘肃省绿色金融发展水平一般来看，处于中上游水平，其邻省青海、宁夏、陕西的绿色金融发展水平虽有小幅度上升，但是绿色金融发展水平仍然很低，处于中下游和下游水平；新疆绿色金融发展水平处于上游，但其邻省西藏、青海、宁夏的绿色金融发展水平都很低，都位于中下游和下游。以上这些都可以从表 5.2 中测度出的我国地方绿色金融发展水平中看出。故此，我们可以看到在2018—2020 年间，我国绿色金融试验区的邻省绿色金融发展水平的带动效应较弱。

针对试验区的邻省绿色金融发展水平的带动效应较弱，对于该问题的主要原因可能体现在我国绿色金融发展的内部运行机制上。具体来讲，主要是内部运行机制上的政府政策机制下的监管问题。前面我们就邻近地区、省份的绿色政策监管对绿色金融发展水平的影响——行为博弈进行过分析，也探究过两个相邻政府间是否存在绿色金融发展水平的带动效应。那么，在政府政策机制下，各政府对邻近这两个省份绿色政策的监管力度的选择决定了它们的行为博弈结果。试验区省份的邻省会根据自己省份的经济状况和能否获得的利益，决定是否加强绿色政策的实施监管。当发生绿色金融改革试验区的邻省绿色金融发展水平的带动效应较弱问题时，这就可能是由于试验区省份的邻省政府选择了减小绿色政策或绿色金融相关政策的监管，注重的是自己省份的经济增长而非绿色金融发展下的绿色经济发展，同时想免费搭绿色金融改革试验区省份的“便车”。尽管绿色金融改革试验区省份会执行中央政府绿色政策或绿色金融政策，给邻省份“搭便车”的机会，以带动其绿色金融发展，但是由于邻省自己重心放在经济增长上了，且政府选择减小绿色政策或绿色金融政策监管力度，这定会很大程度上减弱试验区的绿色金融发展水平的带动效应，使出现绿色金融改革试验区的邻省带动效应较弱的情况。故此，应敦促绿色金融改革试验区邻省政府也应加强绿色政策或绿色金融政策监管力度，确保绿色金融发展水平的提高，以促进绿色经济发展。

第五节　本章小结

本章主要对我国绿色金融发展水平进行测度和分析，在此基础上进一步深入研究我国绿色金融发展水平存在的主要问题以及在发展机制上反映出的问题及其原因。具体来看，借鉴王遥、刘倩（2020）构建我国地方绿色金融发展指数的测度方法，加入金融科技方面的指标，一同评估测度了2018—2020年我国各省份绿色金融发展水平指数，在此基础上再通过对我国各省份GDP、各省份存款余额、各省份贷款余额分别赋予50%、25%和25%的权重进行加权评估测度2018—2020年全国绿色金融发展水平指数，并对此分析了我国绿色金融发展水平方面存在的主要问题，即绿色金融发展水平提升动力不强劲、发展水平呈现出严重的区域不平衡、绿色金融改革试验区邻省绿色金融发展水平的带动效应较弱等主要问题以及这些问题在发展机制上反映出的问题及其主要原因。

第六章 绿色金融发展机制中参与主体的绿色金融活动分析

第一节 发展机制的运行：参与主体的绿色金融活动分析

一、政府的绿色政策引导绿色金融发展分析

我国的绿色金融发展，离不开政府的大力支持，包括政府的绿色政策支持以及绿色财政支持。我国发展绿色金融的运行模式是自上而下的以政府政策引导、市场为主导的发展模式，因此，我国政府在发展绿色金融中有着重要的作用。

根据我国绿色金融发展模式，政府在我国绿色金融发展过程中，起着对绿色金融发展的引导作用。主要有绿色政策的引导作用、绿色投资的引导作用以及绿色财政的引导作用。在引导绿色企业发展过程中，通过绿色政策，例如绿色信贷贴息、财政补贴等来引导绿色企业融资发展，通过科技培训等提高绿色企业整体科技水平；在引导金融机构绿色发展过程中，通过绿色政策的激励来使金融机构执行绿色政策，并通过给绿色企业发放绿色信贷等，使其逐步规范化；在引导科技企业发展过程中，通过发放财政资金来支持科技企业创新发展，研发先进技术，对于生产一般产品的绿色企业的大额绿色信贷，可提供贴息或担保，以实现科技企业大额融资，用以加大研发力度，进而促进绿色金融科技发展，实现科技对绿色金融领域与绿色实体经济领域的服务作用。

二、金融机构的绿色金融产品供给分析

在我国绿色金融发展的内部运行机制中，金融机构作为主要的行为主体，

是绿色金融市场上的融资供给方，是我国发展绿色经济的最重要的间接主体，也是间接参与绿色经济活动的行为主体，因此，研究金融机构对绿色金融业务的提供，也至关重要。金融机构提供绿色金融产品或服务给绿色企业，若没有金融机构提供绿色金融业务，绿色企业就无法进行绿色融资进而也就无法生产。

本书中的金融机构主要包括银行、保险公司等，它们向生产一般性产品的绿色企业及科技企业提供所需的绿色金融产品或提供相应的业务，以满足各种不同类型绿色企业的需求。金融机构是绿色金融市场上的最活跃的投资者，提供绿色企业所需的各种绿色金融产品。从前文图 3. 3 中还可以看到，与保险以外的金融机构发生联系的主要有政府、保险公司、生产一般性产品的绿色企业和科技企业。上述行为主体基本涵盖了整个绿色金融发展的内部运行机制中的所有联系网，由此可见保险以外的金融机构（主要指银行机构）在绿色金融发展机制中的重要性。故金融机构若要满足绿色企业所需，就应创新开发绿色企业所需的各种绿色金融产品，包括绿色金融衍生产品。

金融机构在发展绿色金融过程中，必须践行绿色发展理念，执行绿色政策，受政府政策的监管约束，同时也受政府绿色政策的支持。其在业务上也可和保险发生业务联系，例如，保险公司为保险公司以外的金融机构的绿色资金进行投保。

三、绿色企业的投融资活动分析

在我国绿色金融发展的内部运行机制中，绿色企业作为主要的行为主体，是绿色金融市场上的融资需求方，是我国发展绿色经济最重要的主体，也是最直接参与绿色经济活动的行为主体。因此，研究绿色企业融资，对于绿色金融促进绿色企业发展来说至关重要。绿色企业融资是实现绿色企业经营生产的前提，没有融资资金，绿色企业就无法进行绿色生产。

在绿色金融市场上，向绿色企业提供融资资金的是金融机构，包括银行机构和保险公司等。一般来说，绿色企业向金融机构申请融资，主要是向银行机构申请绿色信贷，它们还可以通过向保险公司申请绿色保险、向政府申请绿色财政支持等方式进行融资。这些方式构成了绿色企业融资的多路径选择。通常情况下，绿色企业应先向金融机构（银行机构）进行绿色信贷融资，银行机构根据绿色企业申请，进行绿色信贷审批，如果绿色企业的资质不高，经营效益不好，银行机构不愿意直接将绿色信贷提供给这样的绿色企业，这样，就需要再加入第三方甚至第四方一起合作来完成绿色企业融资。例如，可以加入保险公司来为资质不高、经营效益不好的绿色企业进行保险，即给绿色信贷的融资资金投保，通过这样的三方合作，银行就更易将绿色信贷资金提供给绿色企业。或者，在绿色企业和银行之间加入政府，形成政府、绿色企业和银行的三方合作，政府为绿色企业做担保来进行融资，银行也可以提供绿色信贷给绿色企业。再有政府可以采取绿色政策，例如贴息等方式来为绿色企业进行绿色信贷融资。

对于生产一般性绿色产品的非科技绿色企业，向科技企业引进先进生产技术，使得该绿色企业生产能力增强，融资需求增加，若能向金融机构获得绿色信贷资金或者其他绿色资金，将会大大提高绿色企业的生产能力和生产效率，提升自身盈利能力，而且可以增加绿色再融资的产生，这有利于促进绿色金融循环发展以及自身的再生产，提高绿色经济增长率。

第二节　发展机制的运行：参与主体的绿色金融活动存在的问题分析

一、政府绿色政策引导行为主体参与绿色金融活动的低效率

就目前实际情况而言，绿色政策推动绿色金融发展有一定的效果，但效果并不显著。行为主体（金融机构、企业、个人投资者等）的环保意识以及绿色发展意识没有根深蒂固使得绿色政策促进绿色金融发展以及作用于行为主体的效果有所降低。加之仍存在有些地方政府唯 GDP 论和行为主体唯利益论的情况，这使得绿色政策刺激行为主体的绿色金融活动效率较低，这样一来金融机构就不会大量开展绿色金融业务，企业就不会大量开展绿色经济活动，个人投资者也不会大量投资绿色项目，绿色金融发展机制发挥不出应有的引导机制效果。故此，绿色金融发展机制引导行为主体开展绿色经济活动的效率大打折扣。近年来，国家不断出台相关的绿色政策，不断完善绿色金融政策机制，以促进绿色金融发展机制的有效运行，由于缺乏促使行为主体执行绿色政策、绿

色生产标准的有效手段，绿色金融发展机制在促进绿色经济增长和保护环境方面的效率就会有所降低。若能有效规范行为主体的绿色行为，执行绿色政策，那么绿色金融发展机制就能高效引导行为主体开展绿色经济活动，进而发挥促进绿色经济增长和保护环境的作用。

二、金融机构仍大量提供非绿色资金，打“假绿色牌”

中国发展绿色金融，离不开金融机构的大力支持，金融机构作为绿色金融的资金供给方，提供着绿色企业、绿色项目的资金供给，其作用极为重要，当前，大多数绿色企业、绿色项目都紧缺资金。因此，解决绿色企业融资资金难、融资贵的问题是当前的重中之重。而金融机构正是解决绿色企业、绿色项目缺少资金问题的开锁钥匙，然而，从近几年的金融机构提供绿色资金的数额及其占比来看，仍然不足以支持绿色发展所需，其占比也仍然较小。就拿绿色信贷来说，作为绿色资金中数量规模最大的部分，其占有绿色金融资金的90%以上，是中国绿色金融发展的主要支柱，但其中占比90%[①]左右的信贷资金都投向了非绿色企业、非绿色项目等。金融机构提供大量非绿色资金的行为，即是所谓打“假绿色牌”。虽然，很多家金融机构，特别是银行机构这些年也提供了大量的绿色资金来发展绿色产业、绿色金融与绿色经济。但是，作为中国绿色金融发展的“主力军”“供血者”提供的绿色资金还是相对较少，未能承担起中国绿色发展的重任。金融机构提供绿色资金相对较少，非绿色资金相对较多，可能主要是因为一般性绿色企业生产技术相对落后、绿色收益较低，特别是中小绿色企业本身资产实力就不雄厚，盈利能力较差，金融机构考虑这些综合因素，不愿意给这些企业提供相应的绿色资金。一方面，金融机构为了自己的盈利，也更愿提供非绿色企业资金，另一方面，金融机构还要贯彻执行国家绿色政策，提供绿色资金给绿色企业。具体来说，提供非绿色资金的收益较高，金融机构很愿意提供，而提供绿色资金收益较低，风险又相对较大，故而，为了盈利，一些金融机构打着发展绿色金融的牌子大量提供非绿色资金，提供相对少量的绿色资金，如果有较好资质的绿色企业来融资，就多提供一些绿色资金，否则，就提供相对较少的绿色资金给中小绿色企业，用以应

① 该数据来源于银保监会网站统计数据与口径的21家主要银行的绿色信贷占各项信贷余额比重。

对国家绿色政策。虽然，近年来金融机构提供的绿色资金数量较前些年有所增加，但是其占比仍然很低，对此，发展绿色金融不但要提高绿色资金数量，也要提高绿色资金占比，以防止打“假绿色牌”，造成绿色资金流失到非绿色领域。

虽然一些金融机构特别是银行机构已经成为上市公司，每年也公布公司年报并发布企业社会责任报告，但中国大多数金融机构仍没有上市，没有公开的企业社会责任。更重要的是大多数金融机构还没有采纳“赤道原则”，特别是大多数银行还没有加入“赤道银行”，这些金融机构对绿色发展理念贯彻执行还不够深入，国家应加大政策力度来规范金融机构的非绿色行为，引导金融机构资金流向绿色领域，监管非绿色领域资金的大量流入，对打“假绿色牌”的金融机构应严格监管，使其整顿之后再营业，必要时采取法律手段强制他们执行绿色发展政策，使得金融机构成为真正的绿色金融机构，开展绿色业务。

三、企业投融资的“漂绿”“洗绿”问题

针对企业融资问题，一些非绿色企业，特别是非绿色中小企业为了能融到资金，将非绿色项目“漂绿”，然后打着投资“绿色”项目牌子来进行绿色融资，这样既能融到资金，还能得到国家绿色政策的优惠。把融资得到的绿色资金再用于非绿色领域，以谋取利润。这种通过把非绿色生产或者非绿色项目“漂绿”来取得融资资金，再用于非绿色领域的行为已屡见不鲜，对绿色经济可持续发展和环境保护有着严重的危害。这些企业能够打着发展绿色的旗号，钻绿色金融的政府监管不严的空子，说明绿色金融内部运行中政府的监管不到位，且第三方独立认证机构对绿色项目的真伪认证不严格。政府对此类行为必须要严加排查，同时要加强专业的第三方独立认证机构的认证能力。

然而，这几年来，绿色企业也常产生类似“漂绿”的问题。多数中小绿色企业由于经营利润不高，为能够得到更好的收益，会和非绿色企业合作，以自己绿色企业身份进行绿色融资，再把融资资金用于合作的非绿色项目以谋取高额利润。还有，绿色企业利用自己的绿色经营身份进行绿色融资，却把绿色资金投资于高收益的非绿色领域，以得到高额投资回报。绿色企业的这两种“洗绿”情况，均是以绿色企业经营绿色生产或绿色投资项目的真实身份来进行绿色融资，这是没有问题的，但是问题就出现在绿色企业绿色融资后，将融

资资金投资于非绿色领域，以谋取高额利润。导致这类问题发生的原因一方面是，绿色企业没有贯彻好绿色发展理念，而是让利益大于绿色发展理念，没有守住初心，违背了绿色原则和国家绿色政策；另一方面是政府信息监管不严、企业信息披露体系不健全。政府对绿色企业经营活动、经营信息监管不严，使得绿色企业将绿色资金随意挪作他用。再有国家对绿色企业特别是非上市绿色企业资金应用的信息披露不健全以及相关法律的缺失，都会使得绿色金融运行机制中的一些环节出现问题，这也是目前发展绿色金融有待于解决的重要问题。

上述两种类型的企业投融资的“漂绿”“洗绿”问题，一类是非绿色企业融资出现的“漂绿”问题；另一类是绿色企业投资出现的“洗绿”问题。绿色金融发展中出现的这两类问题，都需要政府出台相关法律法规，做好政策引导，强化政府严格监管并依法办事。同时，中国要建立起有效的企业经营监管体系，包括企业经营信息、社会责任承担的监管等，要求企业随时披露经营信息，加强企业投融资的资金流动监管，以防止企业进行“漂绿”“洗绿”，维护金融市场的绿色发展

第三节　本章小结

本章主要针对绿色金融发展机制中的绿色经济活动，特别是绿色金融活动进行分析，并在此基础上进一步对绿色金融发展中参与主体的绿色活动及其存在的主要问题进行了深入探究。首先，在绿色金融发展机制的运行上，研究了参与主体的绿色金融活动，包括我国政府绿色政策对绿色金融发展的引导、金融机构的绿色金融产品供给、绿色企业的投融资活动等，对此进行分析。其次，针对参与主体在绿色活动中存在的主要问题进行研究，这包括政府的绿色政策引导行为主体参与绿色经济活动的低效率、金融机构仍大量提供非绿色资金并打“假绿色牌”、企业投融资的“漂绿”与“洗绿”等问题。

第七章　政府的绿色政策促进绿色企业融资效果研究

第一节　引言

我国绿色金融发展离不开绿色企业，那么，绿色企业融资就成为绿色金融资金流动和绿色企业投资的重要手段，倘若绿色企业不能够获得融资资金，势必会对绿色企业发展以及绿色金融发展产生重大影响。因此，我们要重视绿色企业融资，保障绿色企业能够通过金融机构获得融资，但是，实际上，我国不少绿色企业存在着融资难、融资贵问题，阻碍了绿色投资和绿色经济的深度发展，那么，随着我国绿色政策出台，在绿色政策背景下，绿色企业融资效果如何？本章对该问题展开深入研究。

第二节　研究假设的提出

绿色企业融资是发展绿色企业的重要途径，也是发展绿色金融的重要环节，若绿色企业融资难以实现，那么何谈发展绿色金融？为此，我们要重点关注绿色企业融资问题。我们国家一直大力宣传绿色发展，也发布了一些绿色相关文件和绿色政策，那么，绿色政策是否真正落实到了绿色企业执行当中？政府绿色政策在促进绿色企业融资方面的效果，究竟如何？

政府出台绿色政策是为了能够有效促进经济社会的绿色发展，保护生态环境，具体来看，政府绿色政策主要是约束“三高”企业即高污染、高能耗、高排放企业的污染活动，而重点支持和促进绿色企业的绿色投融资活动。因此，从理论上来看，政府绿色政策的实施会对促进绿色企业的绿色融资产生良好的效果，然而事实上是否如此？我们将在这一章来实证研究我国绿色政策在促进绿色企业融资方面的效果。

从理论上来看，我们提出以下假设：绿色政策促进绿色企业融资效果显著。

下面我们将用绿色企业融资的实际数据及政府绿色政策指数来对此假设进行实证检验，并进行相关分析。

第三节　研究设计

一、模型设定

本书分别运用静态面板数据模型和动态面板数据模型来实证检验前面的假设“绿色政策促进绿色企业融资效果显著”这一命题。具体构建的实证模型如下：

基本模型：$\Delta Dbet_{i,t} = \alpha_0 + \beta_1 Size_{i,t} + \beta_2 Netprf_{i,t} + \beta_3 Growth_{i,t} + \delta_t + \mu_i + \varepsilon_{i,t}$ （7.1）

静态面板模型：

$$\Delta Dbet_{i,t} = \alpha_0 + \beta_1 LR_{i,t} + \beta_2 GPSI_{i,t} + \beta_3 GI_{i,t} + \beta_4 Size_{i,t} + \beta_5 Netprf_{i,t} + \beta_6 Growth_{i,t} + \delta_t + \mu_i + \varepsilon_{i,t} \quad (7.2)$$

其中，α_0 指常数项，β_i 指变量的回归系数，δ_t 用于度量时间维度上的时间效应，μ_i 用于度量个体维度上固定效应，$\varepsilon_{i,t}$ 指随机扰动项。

动态面板模型：

$$\Delta Dbet_{it} = \alpha_0 + \beta_0 \Delta Dbet_{i,t-1} + \beta_1 LR_{i,t} + \beta_2 GPSI_{i,t} + \beta_3 GI_{i,t} + \beta_4 Size_{i,t} + \beta_5 Netprf_{i,t} + \beta_6 Growth_{i,t} + \delta_t + \mu_i + \varepsilon_{i,t} \quad (7.3)$$

其中，$\beta_0 \Delta Dbet_{i,t-1}$ 指被解释变量的滞后项，α_0 指常数项，β_i 指各个变量的回归系数，δ_t 用于度量时间维度上的时间效应，μ_i 用于度量个体维度上固定效应，$\varepsilon_{i,t}$ 指随机扰动项。系统 GMM（sys - GMM）在固定效应的基础上引入被解释变量的滞后期 $Y_{i,t-1}$，构建了动态面板。

二、指标设计与数据来源

我们选取上市绿色企业的负债额变化量作为被解释变量，上市绿色企业规模、盈利能力和成长性作为控制变量来进行实证检验。其中被解释变量为绿色企业融资变化程度，采用负债额变化量（$\Delta Dbet$）表示；核心解释变量为政府政策支持度指数（*GPSI*）。控制变量为绿色企业规模（*Size*）、绿色企业盈利能力（*Netprf*）、绿色企业成长性（*Growth*），分别用总资产（亿元）的自然对数、净利润（亿元）和营业收入变化率表示。如表 7.1 所示。

表 7.1　变量选取表

	变量名称*	符号	变量含义或计算公式
被解释变量	负债额增量	$\Delta Dbet$	负债取差分/亿元
政策冲击变量	人民币贷款余额/GDP	*LR*	
	政府绿色政策支持度指数	*GPSI*	
	经济增长绿化度指数	*GI*	
企业微观变量	企业规模	*Size*	总资产的取对数
	盈利能力	*Netprf*	净利润/亿元
	成长性	*Growth*	营业收入变化率

表 7.2　变量的描述性统计

Variable	Obs	Mean	Std. Dev.	Min	Max
DDbet	1184	10.256	51.29	-113.26	929.743
GI	1332	0.144	0.056	0.044	0.332
GPSI	1332	0.204	0.043	0.09	0.319
LR	1332	1.386	0.418	0.679	2.371
Size	1332	21.981	1.253	16.161	26.739
Netprf	1332	2.51	10.779	-78.763	118.027
Growth	1332	0.625	11.559	-0.988	367.532

该实证研究选取 2012—2020 年全国银行间一年期同业拆借利率[①]（CHIBOR）的加权平均值、标准差以及我国 31 个省市区的 148 家大中小型绿色上市企业（包括新型材料、节能环保、新能源车、智能产业、清洁能源、尾气及污水治理、美丽中国等绿色领域）年度数据进行实证。其中，一年期银行间同业拆借利率加权平均值是经过金融市场上全国银行间同业拆借交易数据中的一年期利率加权处理得到，方差是由 GARCH（1，1）模型估计出的市场化

① 由于我国市场化利率并没有完全开放，在此采用全国银行间一年期同业拆借利率（CHBOR）来代替市场化利率。

信贷利率（Rate）的条件方差，其原始数据均来源于中国人民银行网站。随机选取的上市绿色企业的负债额变化量、总资产、净利润和营业收入等原始数据均来自各公司每年的年报。政府绿色政策支持度指数、经济增长绿化度指数的数据来源于各年《中国绿色发展指数报告》。而在此需要指出的是，由于《中国绿色发展指数报告》中的政府政策支持度指数旨在客观反映政府对绿色发展的重视程度和支持力度，本书故将此报告中的政府政策支持度指数的数据作为政府绿色政策支持度指数的数据来进行实证研究。

第四节 实证分析与结论

一、实证分析

本书将变量进行 LLC 和 Fisher - ADF 单位根检验，所有的变量均为 0 阶单整，即 I（0），因此符合模型假设，不会发生“伪回归”的情况。检验结果如表 7.3 所示。

表 7.3 变量的单位根检验结果

VARIABLE	LLC* (p - value)	Fisher - ADF*（p - value）			
	Adjusted t	P	Z	L	Pm
ΔDbet	-27.3349***	494.1781***	-10.1112***	-9.3905***	8.1451***
GI	-11.2222***	542.4018***	-11.2579***	-10.6865***	10.1271***
GPSI	-8.3734***	641.5487***	-12.5702***	-12.0133***	14.2020***
LR	-14.6268***	456.0220***	-4.6669***	-4.5651***	6.5769***
Size	-34.8833***	958.3432***	-7.1552***	-14.4110***	27.2221***
Netprf	-5.8708***	1643.9300***	-6.8361***	-25.8796***	55.3996***
Growth	-2.7e+02***	927.6341***	-9.4423***	-15.8650***	25.9600***

模型依次经过 Wald 的 F 检验和 LM 检验，最后做豪斯曼（Hausman）检验，其中，Wald 的 F 检验结果为存在个体固定效应，且固定效应优于混合回归；LM 检验结果为存在个体随机效应，且随机效应优于混合回归。针对固定效应和随机效应的选择，对固定效应和随机效应进行豪斯曼检验，若 H0 成立，认为随机效应模型更有效率，反之如果拒绝 H0，则认为固定效应模型更

有效。此处检验结果的卡方统计量为16.60，其伴随概率p值为0.0202 < 0.05，拒绝了H0的原假设，故认为应当选择固定效应模型。因此，豪斯曼（Hausman）检验的结果为应选择固定效应模型，具体如图7.1所示。

```
Test: H0: difference in coefficients not systematic
              chi2(7) = (b - B)'[(V_b - V_B)^(-1)](b - B)
                      = 16.60
          Prob > chi2 = 0.0202
          (V_b - V_B is not positive definite)
```

图7.1 豪斯曼检验结果

在截面相关、异方差和序列相关的检验方面，经检验，存在序列相关问题，也存在截面相关、异方差问题，具体检验结果如图7.2、图7.3和图7.4所示。

```
Frees' test of cross sectional independence = 7.680
Critical values from Frees' Q distribution
                    alpha = 0.10:0.4127
                    alpha = 0.05:0.5676
                    alpha = 0.01:0.9027
```

图7.2 截面相关检验结果

```
Modified Wald test for groupwise heteroskedasticity
in fixed effect regression model
H0: sigma(i)^2 = sigma^2 for all i
chi2(148) = 1.6e+06
Prob > chi2 = 0.0000
```

图7.3 异方差检验结果

```
Wooldridge test for autocorrelation in panel data
H0: no first order autocorrelation
    F(1,147) = 4.293
    Prob > F = 0.0400
```

图7.4 序列相关性检验

针对序列相关、截面相关、异方差问题的存在，可采用 Cluster 聚类来稳健标准误；在 White 为 FE 固定效应的基础上进行 White 稳健标准误，可对异方差和序列相关问题进行校正；Driscoll_Kraay 是在 FE 的基础上进行 Driscoll_Kraay 稳健标准误的校正，可对截面相关、异方差和序列相关等问题进行处理。

表 7.4 静态面板回归结果

变量	(1) Cluster	(2) White	(3) Driscoll_Kraay
GI	76.39 (104.9)	34.61 (64.10)	34.61 (34.16)
GPSI	119.2 (140.9)	94.03 (136.3)	94.03 (63.56)
LR	-3.307 (5.951)	-13.55 (29.70)	-13.55 (14.47)
Size	9.054*** (3.055)	14.26*** (3.406)	14.26** (3.751)
Netprf	2.001 (1.306)	1.186*** (0.441)	1.186*** (0.275)
Growth	1.497*** (0.464)	0.823** (0.353)	0.823** (0.254)
Constant	-204.8*** (72.38)	-336.8*** (112.4)	-336.8** (100.9)
Individual	YES	YES	YES
Year	YES	YES	YES
Groups	148	148	148
Obs	1184	1184	1184
R-squared	0.328	0.186	0.186
F-value	5.876***	11.36***	387.3***

Robust standard errors in parentheses *** $p<0.01$, ** $p<0.05$, * $p<0.1$。

根据表7.4的静态回归结果，我们可以看到，GPSI指标符号为正，但不显著。可能的原因主要有两个，一个是金融机构提供较高利率的非绿色资金，打“假绿色牌”。另一个是绿色企业收益率较低，还款能力弱。

绿色企业规模（Size）对应系数显著为正，表明绿色企业规模越大，融资增量越大，即绿色企业融资越容易；绿色企业盈利能力（Netprf）对应系数显著为正，表明绿色企业盈利能力越强，融资增量越大，即绿色企业融资越容易；绿色企业成长性（Growth）对应系数显著为正，表明绿色企业发展潜力越大、前景越好，融资增量越大，即绿色企业融资越容易。对于绿色企业规模（Size）、绿色企业盈利能力（Netprf）和绿色企业成长性（Growth）这三个指标，均通过了稳健性检验，并且所得的实证结果均与绿色企业融资的现实情况相符合。

上述得到的静态模型，我们要进行静态回归模型的稳健性检验，结果如表7.5所示，根据稳健性检验回归模型结果，我可以发现，GPSI这个指标仍然为正，但是仍不显著，其他指标也基本和前面的符号一致，这说明稳健性检验结果有效。

表7.5 静态模型的稳健性检验结果

变量	(1) Empty	(2) Model1	(3) Model2	(4) Model3	(5) Model4	(6) Model5	(7) Model6	(8) Model7
GI		18.32 (36.85)			32.70 (32.56)	19.90 (37.45)		34.61 (34.16)
GPSI			85.86 (57.28)		92.17 (57.28)		87.34 (63.00)	94.03 (63.56)
LR				-13.17 (14.34)		-13.24 (14.25)	-13.41 (14.50)	-13.55 (14.47)
Size	13.96** (3.698)	13.97** (3.675)	14.10** (3.688)	14.08** (3.792)	14.12** (3.660)	14.10** (3.766)	14.23** (3.780)	14.26** (3.751)
Netprf	1.193*** (0.277)	1.192*** (0.277)	1.185*** (0.273)	1.195*** (0.278)	1.183*** (0.274)	1.194*** (0.278)	1.187*** (0.274)	1.186*** (0.275)
Growth	0.858** (0.230)	0.858** (0.229)	0.846** (0.236)	0.836** (0.250)	0.845** (0.234)	0.836** (0.249)	0.824** (0.256)	0.823** (0.254)
Constant	-298.5** (79.44)	-296.1** (83.99)	-319.5*** (78.53)	-317.9** (98.09)	-316.7** (81.62)	-315.3** (102.3)	-339.6** (98.26)	-336.8** (100.9)

续表

变量	(1) Empty	(2) Model1	(3) Model2	(4) Model3	(5) Model4	(6) Model5	(7) Model6	(8) Model7
Individual	YES	YES	YES	YES	YES	YES	YES	
Year	YES	YES	YES	YES	YES	YES	YES	
Groups	148	148	148	148	148	148	148	148
Obs	1184	1184	1184	1184	1184	1184	1184	1184
R - squared	0. 184	0. 185	0. 185	0. 185	0. 186	0. 185	0. 186	0. 186
F - value	53. 48 ***	119. 6 ***	41. 14 ***	41. 37 ***	564. 5 ***	271. 2 ***	40. 06 ***	387. 3 ***

Robust standard errors in parentheses *** p<0. 01， ** p<0. 05， * p<0. 1。

接下来，我们要进行动态模型回归，观察在动态条件下，GPSI 指标符号会不会发生变化，下面根据动态模型进行的回归，采用了系统 GMM 模型，其回归结果如下：根据上一节固定效应的估计结果，宏观政策变量均不显著，而企业微观变量均显著，因此我们考虑是否存在内生性问题，所以将其纳入被解释变量的滞后项，构造动态面板，然后采用系统 GMM 的估计方法，对内生性的问题进行处理，所得结果如表 7. 6 所示。根据动态 GMM 模型回归，我们发现，GPSI 这个指标的正负符号没有变化，仍是正值，但在显著性上还是不显著。这表明政府绿色政策在促进绿色企业融资上具有一定的效果，但是促进效果不明显。

表 7. 6　系统 GMM 回归结果

变量	(1) OLS	(2) FE	(3) sGMM
L. DDbet	0. 791 *** (0. 0275)	0. 0949 ** (0. 0412)	0. 358 *** (0. 0881)
GI	28. 44 (48. 43)	3. 271 (100. 7)	7. 297 (83. 37)
GPSI	0. 986 (74. 19)	13. 46 (109. 3)	44. 73 (125. 7)
LR	-4. 302 (3. 741)	-20. 75 (19. 41)	-4. 753 (4. 167)
Size	2. 796 *** (1. 082)	17. 48 *** (3. 395)	11. 99 ** (5. 784)

续表

变量	(1) OLS	(2) FE	(3) sGMM
Netprf	0.409*** (0.119)	0.937*** (0.151)	1.313* (0.761)
Growth	0.976* (0.545)	0.617 (0.527)	0.955** (0.409)
Constant	-57.42** (26.71)	-421.8*** (85.89)	-261.4* (134.8)
Individual	YES	YES	YES
Year	YES	YES	YES
Groups		148	148
Obs	1036	1036	1036
R-squared	0.690	0.187	
F-value/Wald Chi2	147.2***	12.13***	255.2***
AR (1)			0.00365
AR (2)			0.227
Hansen Test			0.181

Robust standard errors in parentheses *** $p<0.01$, ** $p<0.05$, * $p<0.1$。

由上面GMM回归得到的结果，我们还需进行GMM回归模型的稳健性检验，其检验结果如表7.7所示。根据动态回归稳健性检验结果，我们发现GPSI指标符号为正，且仍不显著。这说明，在动态和静态中，GPSI指标符号都为正，也表明绿色政策是能够促进绿色企业融资的，只是效果不明显。

表7.7 动态模型的稳健性检验结果

变量	(1) Empty	(2) Model1	(3) Model2	(4) Model3	(5) Model4	(6) Model5	(7) Model6	(8) Model7
L. DDbet	0.366*** (0.0835)	0.365*** (0.0854)	0.366*** (0.0833)	0.362*** (0.0846)	0.361*** (0.0884)	0.363*** (0.0848)	0.359*** (0.0834)	0.358*** (0.0881)
GI		10.26 (35.57)			33.81 (89.33)	18.69 (36.58)		7.297 (83.37)
GPSI			8.476 (36.56)		39.64 (122.2)		36.41 (49.62)	44.73 (125.7)

续表

变量	(1) Empty	(2) Model1	(3) Model2	(4) Model3	(5) Model4	(6) Model5	(7) Model6	(8) Model7
LR				-2.623		-4.489	-5.006	-4.753
				(3.911)		(4.029)	(4.680)	(4.167)
Size	10.55*	10.46*	10.72**	10.96*	10.92*	11.34**	11.93**	11.99**
	(5.796)	(5.583)	(5.423)	(6.196)	(5.603)	(5.776)	(5.819)	(5.784)
Netprf	1.315*	1.321*	1.314*	1.322*	1.318*	1.316*	1.313*	1.313*
	(0.750)	(0.768)	(0.755)	(0.763)	(0.766)	(0.762)	(0.751)	(0.761)
Growth	1.019**	1.026**	1.012**	1.000**	1.002**	0.985**	0.959**	0.955**
	(0.419)	(0.416)	(0.399)	(0.424)	(0.412)	(0.408)	(0.415)	(0.409)
Constant	-227.3*	-223.7*	-229.3**	-232.8*	-239.1*	-241.6**	-259.0**	-261.4*
	(126.7)	(119.0)	(116.7)	(132.4)	(129.9)	(123.0)	(126.7)	(134.8)
Individual	YES	YES	YES	YES	YES	YES	YES	YES
Year	YES	YES	YES	YES	YES	YES	YES	YES
Groups	148	148	148	148	148	148	148	148
Obs	1036	1036	1036	1036	1036	1036	1036	1036
Wald Chi2	179***	204.7***	196***	197.4***	215***	206.7***	201.2***	213.2***
AR (1)	0.00348	0.00347	0.00352	0.00350	0.00349	0.00361	0.00368	0.00365
AR (2)	0.226	0.227	0.226	0.227	0.227	0.226	0.227	0.227
Hansen Test	0.259	0.232	0.251	0.225	0.196	0.205	0.210	0.181

Standard errors in parentheses *** $p<0.01$, ** $p<0.05$, * $p<0.1$。

二、实证分析结论

本节在研究假设的基础上，以2012—2020年我国31个省份148家上市绿色企业（包括大型企业、中小企业等）的数据作为样本数据来进行面板数据模型的实证检验，该实证采用静态的面板回归和动态的系统GMM回归，并分别对其进行相应的稳健性检验。通过这些回归模型的实证检验发现，GPSI代表的绿色政策指标符号均为正，表明绿色政策是能够促进绿色企业融资的，但是该指标在实证检验中并不显著，这说明政府绿色政策在促进绿色企业融资方面的效果不明显。这也说明了前面提到的“绿色政策促进绿色企业融资效果显著”这个假设是不成立的。因此，我们得到实证检验结论为：我国政府实施的绿色政策对促进绿色企业融资的效果并不显著，即绿色政策促进绿色企业融资具有正向效果，但并不明显。

第五节　本章小结

本章主要通过实证研究了“政府的绿色政策是否显著促进了绿色企业融资?”的问题。首先，本章的引言简要介绍了绿色政策与绿色企业融资。其次，明确了政府出台绿色政策是为了能够有效促进经济社会的绿色发展，保护生态环境。具体来看，政府绿色政策主要是约束“三高”企业即高污染、高能耗、高排放的企业的污染活动，而重点支持和促进绿色企业的绿色投融资活动，因此，从理论上来看，政府绿色政策的实施会对促进绿色企业的绿色融资产生良好的效果。据此提出了“政府的绿色政策促进绿色企业融资效果显著”这一假设，根据这一假设来构建计量回归模型，以绿色上市公司数据作为检验数据，通过实证进行验证。

通过上述的实证检验，我们得到的是与原假设所提出的“政府的绿色政策促进绿色企业融资效果显著”相反的结论，即绿色政策在促进绿色企业融资上具有正向效果，但效果并不显著。针对这一结论进行了相应的解释。这也为我们后续研究中提出的相应路径提供了重要依据。

第八章　市场化利率对绿色企业融资约束的影响研究

第一节　引言

我国大力发展绿色金融，需要作为行为主体的绿色企业广泛参与，绿色企业参与绿色金融的方式主要是绿色融资。目前，我国绿色企业融资出现了融资难、融资贵等现象，特别是中小微型绿色企业的融资更难、更贵。绿色企业融资难，体现出绿色企业存在融资约束；绿色企业融资贵，体现出绿色企业融资成本高，即融资利率高。随着我国利率市场化改革不断推进，我国正逐步形成市场化利率。本章主要以绿色金融发展模式中的"以市场为主导"的观点来研究市场化利率对绿色企业融资约束有何影响以及市场化利率波动对绿色企业融资有何影响。

第二节　市场化利率对绿色企业融资约束影响分析

一、绿色企业融资约束形成的主要原因分析

在我国绿色金融发展中，一些绿色企业融资必然会面临某些条件的约束。其中导致绿色企业融资约束的主要原因有：一是出台的地方性政策盲目干预地方经济使得绿色企业融资外生于金融市场上追逐高额利润的金融机构；二是由于我国绿色企业的所有制形式不同，有些国有绿色企业可轻松取得政府的大额补贴，而非国有绿色企业则不但获得的补贴较少甚至没有补贴，而且还有着融资难融资贵的问题；三是出台的关于特殊绿色产业的政策使得经营这些特殊产业的绿色企业受到很多投资者的青睐，大量资金投入到这种特殊绿色产业当

中，使金融机构特别是银行受到较大的资金压力，导致其他绿色企业融资额减少。

上文针对绿色企业融资约束的一些主要问题进行了相关分析，那么，我国建立以市场主导的绿色金融体系提供绿色资金的市场化利率，会对绿色企业融资约束产生什么样的影响?

二、市场化利率影响绿色企业融资约束的理论模型构建

为深入研究绿色企业融资约束问题，本研究借鉴陈经伟、姜能鹏、李欣（2019）构建的绿色生态产业融资约束内在机理模型，构建了以下基础理论模型来模型化绿色企业融资约束机理。

假设市场中有一个代表性的绿色企业 G，其生产函数为 $Y = f(l,k)$，l 为生产绿色产品所需劳动力，k 为生产绿色产品所需资本，Y 为绿色产品的产出。本研究考察了该绿色企业一个经营周期 T 内的最优化问题，此绿色企业在周期 T 内绿色产品的产量最大化为：

$$\max \int_0^T f(l,k)\,\mathrm{d}t \tag{8.1}$$

$$s.t.\ \dot{K} = \pi - c + rK \tag{8.2}$$

$$K(t = 0) = 0 \tag{8.3}$$

其中，π 为绿色企业 G 的经营收入，由于绿色企业生产的绿色产品周期较长、短期内无法获得销售收入，因而在绿色企业 G 运营初期无法获得绿色产品的销售收入，即初期绿色产品销售收入 $\pi = 0$。直到 T^* 时刻绿色企业 G 开始获得销售收入 $\hat{\pi}$，此处 $\hat{\pi}$ 和 T^* 均是外生变量。有 $\pi = \begin{cases} 0, 0 \leqslant t < T^* \\ \hat{\pi}, T^* \leqslant t \leqslant T \end{cases}$。此处 T 为绿色企业 G 一个经营周期。在此研究中，将绿色产品看作似农产品，且绿色企业生产的绿色产品同农产品一样在售卖前不会立刻获得收入。K 为绿色企业 G 的资产，$\dot{K}$ 为绿色企业 G 的资产积累动态过程，即绿色企业 G 资产积累过程为绿色企业的绿色产品销售收入 π 减去绿色产品生产成本 c，再减去绿色企业 G 融资支付的利息或加上企业资产 K 投资获取的收益 rK。在此需要说明的是，在初期，绿色企业 G 进行融资，故 rK 为绿色企业融资利息，当绿色企业获得销售收入后资产为正时，rK 为绿色企业资产的投资收益。此处 r 为绿色企

业资产投资收益率或绿色企业融资利率。$K(t=0)=0$ 表示绿色企业 G 在经营初期资产为零。

假定绿色企业生产函数 $Y=f(l,k)$ 是柯布－道格拉斯生产函数，其形式为：

$$f(l,k)=Al^{\alpha}k^{\beta} \tag{8.4}$$

在解决周期 T 内绿色产品的产量最优化问题上，生产函数为 $f(l,k)=Al^{\alpha}k^{\beta}$，则绿色企业 G 所生产绿色产品产量的最优解为：

(1) $0\leqslant t\leqslant T$ 时，平均所耗资本为：

$$k=\sqrt[\beta]{\left[\ln\frac{\hat{\pi}}{rT}+\ln(e^{-rT^{*}}-e^{-rt})+rt\right]/Al^{\alpha}} \tag{8.5}$$

(2) $0\leqslant t<T^{*}$ 时，资产为：

$$K=t\sqrt[\beta]{\left[\ln\frac{\hat{\pi}}{rT}+\ln(e^{-rT^{*}}-e^{-rt})+rt\right]/Al^{\alpha}} \tag{8.6}$$

(3) $T^{*}\leqslant t\leqslant T$ 时，资产为：

$$K=(T-t)\sqrt[\beta]{\left[\ln\frac{\hat{\pi}}{rT}+\ln(e^{-rT^{*}}-e^{-rt})+rt\right]/Al^{\alpha}}+\frac{\hat{\pi}}{r}[e^{-r(T-t)}-1] \tag{8.7}$$

绿色企业 G 在生产出绿色产品获取销售收入之前通过融资实现生产经营，在后期绿色产品进入市场后取得销售收入偿还前期融资债务。故而，绿色企业 G 在获得销售收入之前的资产在 $0\leqslant t<T^{*}$ 内是逐渐下降的，即假定 $t=T^{*}$ 时，绿色企业 G 的资产存量降到最小值 K^{*} 为：

$$K^{*}=\frac{T^{*}}{T}\frac{\hat{\pi}}{r}[e^{-r(T-T^{*})}-1] \tag{8.8}$$

由式（8.8）可知，$K^{*}<0$。当 $T^{*}\leqslant t\leqslant T$ 时，绿色企业 G 销售所生产的绿色产品得到相应收入，进而将得到的收入用来偿还前期融资债务及用于后期再生产，故此，该绿色企业资产开始不断增加。然而针对该绿色企业的融资约束有如下状况：

$$K\geqslant -C \tag{8.9}$$

式（8.9）中，C 为该绿色企业面临的融资约束，即该绿色企业最大融资的本息和低于融资额的上限 C。针对该绿色企业融资约束的最优化问题，当融

资额上限 C 是外生的时，有哪些外生性因素的变化会影响该绿色企业的融资约束？显而易见，当该绿色企业资产最小值小于融资额上限值时，该绿色企业将面临较紧的融资约束。故此，需要判定哪些外生性因素的变化可能对该绿色企业资产存量的最小值 K^* 有所影响。若外生性因素的参数变化使得该绿色企业资产存量 K^* 变小，那么，该绿色企业就越容易面临较紧的融资约束。

对式（8.8）中的 $\hat{\pi}$ 求导，加之 $T^* < T$ 可得：

$$\frac{dK^*}{d\hat{\pi}} = \frac{T^*}{Tr}[e^{-r(T-T^*)} - 1] < 0 \tag{8.10}$$

因此，根据式（8.10）可知，绿色企业 G 的资产存量最小值与绿色产品的销售收入呈反向关系。这表明绿色企业在 T^* 前后获得的销售收入差距越明显，绿色企业所面临的融资约束压力越大。再对式（8.8）中的 r 求导，可得：

$$\frac{dK^*}{dr} = \frac{T^*\hat{\pi}}{Tr^2}\left[1 - \frac{r(T - T^*) + 1}{e^{r(T-T^*)}}\right] > 0 \tag{8.11}$$

根据式（8.11）可知绿色企业 G 资产存量最小值与金融市场上的融资利率呈正向关系。这表明金融市场上的融资利率越低，绿色企业所面临的融资约束压力越大。

针对绿色企业 G 面临的融资约束，进行最优化处理，其最优化结果如下：

(1) $0 \leqslant t < T^*$ 时，所用资本为：

$$k = \sqrt[\beta]{\frac{\ln(C/T^*) + r(t - T^*)}{Al^\alpha}} \tag{8.12}$$

所用资产为：

$$K = -t\sqrt[\beta]{\frac{\ln(C/T^*) + r(t - T^*)}{Al^\alpha}} \tag{8.13}$$

(2) $T^* \leqslant t \leqslant T$ 时，所用资本为：

$$k = \sqrt[\beta]{\left\{\ln\left[\frac{\hat{\pi}(e^{-rT^*} - e^{-rt})}{(T - T^*)r} + \frac{Ce^{-rT^*}}{T - T^*}\right] - rt\right\}/Al^\alpha} \tag{8.14}$$

所用资产为：

$$K = (T - T^*)\sqrt[\beta]{\left\{\ln\left[\frac{\hat{\pi}(e^{-rT^*} - e^{-rt})}{(T - T^*)r} + \frac{Ce^{-rT^*}}{T - T^*}\right] - rt\right\}/Al^\alpha} + \frac{\hat{\pi}}{r}[e^{-r(T-t)} - 1] \tag{8.15}$$

对式（8.15）的 C 求导可得：

$$\frac{dK}{dC}=\frac{1}{\beta}\sqrt[\frac{\beta}{1-\beta}]{\left\{\ln\left[\frac{\hat{\pi}(e^{-rT^*}-e^{-rt})}{(T-T^*)r}+\frac{Ce^{-rT^*}}{T-T^*}\right]-rt\right\}/Al^{\alpha}}\;\frac{e^{-rT^*}}{\left\{\ln\left[\frac{\hat{\pi}(e^{-rT^*}-e^{-rt})}{(T-T^*)r}+\frac{Ce^{-rT^*}}{T-T^*}\right]-rt\right\}/Al^{\alpha}}>0 \tag{8.16}$$

根据式（8.16）可知，绿色企业 G 的资产 K 与其融资额上限 C 呈正向关系。这表明绿色企业前期可融资额越小，则绿色企业面临融资约束的压力越大，融资上限也越低，企业后期成长性也越差，资产规模也越小。反之，则相反。

综合上述理论模型的研究，得出关于绿色企业融资约束的主要结论为：绿色企业在金融市场上的融资利率越低，所面临的融资约束压力越大。相反，若绿色企业在金融市场上的融资利率越高，所面临的融资约束压力越小。

三、模型结论的理论性检验

为了验证构建的绿色企业融资约束模型所得出主要结论，即验证“绿色企业在金融市场上的融资利率越低，所面临的融资约束压力越大。相反，若绿色企业在金融市场上的融资利率越高，所面临的融资约束压力越小。”这个结论，本书运用市场供求理论来进行验证分析。

我们构建了如图 8.1 所示的金融市场的资金供求曲线[①]。那么，在需求端完全竞争的金融市场上，提供资金的机构为金融机构，同时有大量的企业需要进行融资，包括一般性生产企业及服务性企业融资、重工业企业融资和绿色企业融资。企业融资资金的价格即为融资的利率，当金融市场利率处于 r^* 时，金融市场的资金供求处于均衡状态，此时金融市场上的均衡资金量为 Q^*。当金融市场利率降低至 r_1 时，金融市场上的资金需求量变为 D_1，与均衡 Q^* 相比，需求量增加为 D_1-Q^*，此时，金融市场上的资金供给量变为 S_1，供给量减少 Q^*-S_1。随着企业融资资金需求量的增加，金融机构的资金供给量的减少，我国企业总体将面临融资约束压力。而针对我国绿色企业而言，其经营产

① 只构建了金融市场资金供求静态曲线模型，没有从动态角度构建模型来解释，也是本书的一个不足之处。

品周期较长、收益率较低且风险较高等特点导致金融机构不会优先将资金提供给绿色企业，故绿色企业在金融机构总供给中能够获得的融资资金将会更少，面临的融资约束压力就会更大，融资约束更紧。即使市场上金融机构供给的资金量保持不变，在金融市场融资利率下降时，一般性生产企业及服务性企业和重工业企业的融资需求量将会增加，也会很大程度冲击和挤占绿色企业融资，使得绿色企业融资资金减少，使之面临较紧的融资约束压力。因此，金融市场上的融资利率越低，绿色企业所面临的融资约束压力越大。

当金融市场融资利率升高到 r_2 时，金融市场上的资金需求量变为 D_2，和均衡 Q^* 相比，需求量减少为 $Q^* - D_2$，此时，金融市场上的资金供给量变为 S_2，供给量增加 $S_2 - Q^*$。随着金融机构的资金供给量的增加，一般性生产企业及服务性企业和重工业企业的融资需求量的减少，金融机构所能供给资金量已经超过一般性生产企业及服务性企业和重工业企业的融资需求量，出现大量剩余资金，这时就会考虑将部分剩余资金提供给绿色企业，故绿色企业在金融机构总供给中能够获得的融资资金将会增加，面临的融资约束压力就会减小，融资约束较为宽松。即使市场上金融机构供给的资金量保持不变，在金融市场融资利率上升时，一般性生产企业及服务性企业和重工业企业的融资需求量将会下降，金融机构将会出现资金无法提供出去的情况，这时金融机构便会愿意将部分剩余资金以高利率提供给绿色企业。因此，金融市场上的融资利率越高，绿色企业所面临的融资约束压力越小。

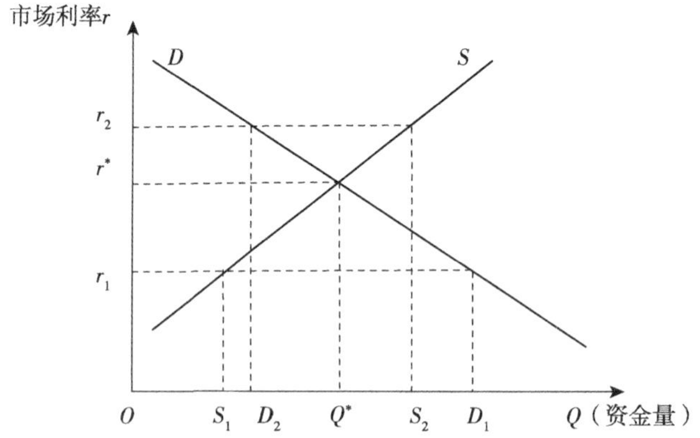

图 8.1　金融市场的资金供求曲线

综合上述论证检验，本书运用市场供求理论验证了“绿色企业在金融市场上的融资利率越低，所面临的融资约束压力越大。相反，若绿色企业在金融市场上的融资利率越高，所面临的融资约束压力越小。”的结论。

第三节　利率向上波动对绿色企业逆向融资的影响实证研究

一、研究基础

融资是促进企业不断成长、扩大生产规模及保持可持续发展的重要手段，也是促进经济增长的有效途径。扩大融资规模可显著促进实体经济发展，反之，融资约束加大就会制约实体经济发展（刘玚等，2017）。同时，融资约束亦会显著抑制企业创新（张璇等，2017；余明桂等，2019），因此，许多企业特别是中小企业、绿色企业也会由于面临较大的融资约束，而无法维持绿色生产。当企业所面临的融资约束越小，就越容易融资，为此，企业需要不断缓解融资约束以增加融资。

对于企业而言，利率的波动会对企业融资成本产生很大影响，故而利率波动是影响企业融资的重要因素之一。关于市场化利率波动，马骏等（2016）指出，近年来，我国货币市场利率表现出较大波动的态势，这显然会对企业融资产生一定的影响。然而，关于进一步研究市场化利率波动是否会引致企业逆向融资的现有文献却相当匮乏。相关研究少数集中在利率波动对企业融资的影响及对企业的融资约束方面，多数则集中在利率市场化对企业融资的影响及企业融资约束方面。在研究利率波动对企业融资的影响及对企业的融资约束方面，戴严科、林曙（2017）认为，随着货币市场利率变动，其他利率，如商业银行贷款利率，也将同向改变，从而影响企业融资；袁飞飞、张友棠（2019）研究认为贷款利率波动在缓解企业融资约束中有着重要的作用；在研究利率市场化对企业融资的影响及企业融资约束方面，宋国青（2014）认为，我国利率市场化在一定程度上可能会推高企业融资成本。许多相关文献更多围绕利率市场化与企业融资约束展开相关研究，例如，针对中小企业而言，一些专家学者认为，利率市场化有助于缓解中小企业融资约束（Harris 等，1994；Obstfeld，1994；Levenson 和

Willard，2000；Gelos 和 Werner，2002；Laeven，2003；Koo 和 Shin，2004；Koo 和 Maeng，2005；Magri，2009；王东静、张祥建，2007；胡晖、张璐，2015；代凯、邱倩，2019）。针对大企业而言，Laeven（2003）研究认为，利率市场化会增加大企业融资压力；而代凯、邱倩（2019）基于我国企业数据，研究认为利率市场化在一定程度上会减缓大企业的融资约束。针对企业整体而言，一些国外专家学者研究得出了利率市场化并不能够缓解企业融资约束的结论（Jaramiillo 等，1996；Lensink 等，2002）。而马弘、郭于玮（2016）和祝佳等（2020）基于我国数据的实证研究发现，利率市场化有助于缓解企业融资约束。虽然这些研究成果主要都是针对企业融资约束，但对本书研究企业逆向融资有着重要的指导与借鉴意义。

绿色企业与非绿色企业相比有着很大的差异性，绿色企业具有生态与经济相融合、环境效益与经济利益相结合的外部特征，以及产品生产周期较长，收益回报率较低，不确定性风险较高等内部特征，这些内外部特征在一定程度上会导致绿色企业面临融资难、融资成本高等问题。其中，融资利率作为融资成本的关键因素，对绿色企业融资具有重大影响。近年来，我国利率市场化改革取得了显著成效，利率市场化改革的核心和目的就是最终形成以市场供求为基础的、具有一定弹性波动的市场化利率。一般地，绿色企业都希望市场利率向下波动，以缓解融资约束从而增加融资，可是大多数中小微企业很难以较低利率获得融资，从而选择高利率以获得融资机会，缓解企业融资约束，进而增加融资，这样，就出现了逆向融资的现象。

然而，上述这些研究基本都是以企业总体或制造业等行业中的企业作为研究对象来进行利率市场化、市场利率波动对其融资约束影响的研究，相比较而言，根据绿色企业特征，以绿色企业作为研究对象来研究信贷利率向上波动对其逆向融资这个重要问题的文献却更少，目前通过查阅相关文献，关于信贷利率向上波动是否会引致绿色企业逆向融资的相关研究确实相当匮乏，只有学者从宏观的政府角度研究绿色企业融资问题。例如，陈经伟等（2019）和王康仕等（2019）均指出，地方性政策盲目干预地方经济使得绿色企业融资外生于金融市场上追逐高额利润的金融机构，各地政府为了经济增长，相互竞争，不管利润低的绿色项目融资艰难，更不管是不是以破坏环境为代价，直接把资金投向利润高的带有污染的项目。比一般项目，绿色企业的项目面临更为严峻的信贷融资问题。由此发现的一个问题是，在我国利率市场化与绿色企业特征的双重研究视角下，融资利率向上波动是否会引致绿色企业逆向融资？针对中国渐进式利率市场化改革下的信贷利率向上波动是否会引致绿色企业逆向融资这个问题，目前尚未有专门具体研究。那么，基于上述考虑，本节将具体研究我国利率市场化下信贷利率向上波动是否会引致绿色企业逆向融资的问题。

二、研究设计

（一）变量选取与数据说明

为验证"信贷利率向上波动会引致绿色企业逆向融资"这一理论性的结论，本书通过借鉴戴严科、林曙（2017）研究利率波动的指标选取，选取我国银行间同业拆借利率（CHIBOR）一年期利率及其标准差作为信贷利率及其波动的核心解释变量；参考余明桂、潘红波（2008）对企业外源融资需求变化的研究，选取上市绿色企业的负债额变化量作为被解释变量，上市绿色企业成长性、规模、盈利能力作为控制变量。其中被解释变量为绿色企业融资变化程度，采用负债额变化量（$\Delta Dbet$）表示。核心解释变量为市场化的信贷利率（*Rate*）、利率波动（Fluctuation 简写为 FL），其中，市场化的信贷利率（*Rate*）采用全国银行间同业拆借利率（CHIBOR）一年期利率月度数据的加权平均值来度量，利率波动以全国银行间同业拆借利率（CHIBOR）一年期利率月度数据的加权平均值的标准差来度量。控制变量为绿色企业规模（*Size*）、绿色企业盈利能力（*Netprf*）、绿色企业成长性（*Growth*），分别用总资产（亿元）的自然对数、净利润（亿元）和营业收入变化率表示。

关于数据的选取，本文选取 2012—2020 年全国银行间一年期同业拆借利率（CHIBOR）加权平均值、标准差及 31 个省市区的 148 家大中小型绿色上市企业（包括新型材料、节能环保、新能源车、智能产业、清洁能源、尾气及污水治理、美丽中国等绿色领域）的年度数据进行实证检验。其中，一年期银行间同业拆借利率加权平均值是经过金融市场上全国银行间同业拆借交易数据中的一年期利率加权处理得到，方差是由 GARCH（1，1）模型估计出的市场化的信贷利率（*Rate*）的条件方差，其原始数据均来源于中国人民银行网站。随机选取的上市绿色企业的负债额变化量、总资产、净利润和营业收入等原始数据均来自各公司每年的年报。

（二）实证模型构建

本书分别运用静态面板数据模型和动态面板数据模型来实证检验前面理论部分所得出的结论，其构建的具体实证模型如下：

1. 基本模型

$$\Delta Dbet_{i,t} = \alpha_0 + \beta_1 Size_{i,t} + \beta_2 Netprf_{i,t} + \beta_3 Growth_{i,t} + \delta_t + \mu_i + \varepsilon_{i,t} \tag{8.17}$$

2. 利率及其波动的静态面板数据模型

$$\Delta Dbet_{i,t} = \alpha_0 + \beta_1 Rate_{i,t} + \beta_2 Size_{i,t} + \beta_3 Netprf_{i,t} + \beta_4 Growth_{i,t} + \delta_t + \mu_i + \varepsilon_{i,t} \tag{8.18}$$

$$\Delta Dbet_{i,t} = \alpha_0 + \beta_1 FL_{i,t} + \beta_2 Size_{i,t} + \beta_3 Netprf_{i,t} + \beta_4 Growth_{i,t} + \delta_t + \mu_i + \varepsilon_{i,t} \tag{8.19}$$

在基本模型与静态面板模型中，α_0 指常数项（*Constant*），β_i 指各个变量的回归系数，δ_t 用于度量时间维度上的时间效应，μ_i 用于度量个体维度上固定效应，$\varepsilon_{i,t}$ 指随机扰动项。

3. 利率及其波动的动态面板数据模型

$$\Delta Dbet_{it} = \alpha_0 + \beta_0 \Delta Dbet_{i,t-1} + \beta_1 Rate_{i,t} + \beta_2 Size_{i,t} + \beta_3 Netprf_{i,t} + \beta_4 Growth_{i,t} + \delta_t + \mu_i + \varepsilon_{i,t} \tag{8.20}$$

$$\Delta Dbet_{it} = \alpha_0 + \beta_0 \Delta Dbet_{i,t-1} + \beta_1 FL_{i,t} + \beta_2 Size_{i,t} + \beta_3 Netprf_{i,t} + \beta_4 Growth_{i,t} + \delta_t + \mu_i + \varepsilon_{i,t} \tag{8.21}$$

其中，$\beta_0 \Delta Dbet_{i,t-1}$ 指被解释变量的滞后项，α_0 指常数项（*Constant*），β_i 指各个变量的回归系数，δ_t 用于度量时间维度上的时间效应，μ_i 用于度量个体维度上固定效应，$\varepsilon_{i,t}$ 指随机扰动项。

三、实证分析

应用 Stata11.0 进行回归，在模型中，各变量数据均为 2012—2020 年面板数据，其描述性统计如表 8.1 所示，并经过 LLC 和 Fisher－ADF 单位根检验，所有变量均为 I(0)。模型依次经过 Wald 的 F 检验和 LM 检验，最后做豪斯曼（Hausman）检验，其中，Wald 的 F 检验结果为存在个体固定效应，且固定效应优于混合回归；LM 检验结果为存在个体随机效应，且随机效应优于混合回归；针对固定效应和随机效应的选择，豪斯曼（Hausman）检验的结果为应选择固定效应模型，具体检验结果如表 8.2 所示。在截面相关、异方差和序列相关的检验方面，经检验，不存在序列相关问题，但存在截面相关、异方差问题，具体检验结果如表 8.3 所示。针对截面相关问题，采用 Driscoll Kraay 稳健标准误可对该问题进行校正处理；而异方差问题则采用 White 稳健标准误和 Driscoll Kraay 稳健标准误进行校正处理。

表 8.1 变量的描述性统计

变量	样本量	平均值	标准差	最小值	最大值
$\Delta Dbet$	1184	10.256	51.29	-113.26	929.743
Rate	1332	4.528	0.625	3.439	5.135
Fluctuation	1332	1.391	1.579	0.101	4.967
Size	1332	21.981	1.253	16.161	26.739
Netprf	1332	2.51	10.779	-78.763	118.027
Growth	1332	0.625	11.559	-0.988	367.532

表 8.2 个体效应和随机效应的检验

检验	原假设	P 值和统计量
F 检验	All $\mu_i=0$（不存在个体固定效应）	Prob > F = 11.32*** （0.0000）
LM 检验	Var(μ_i) =0（不存在个体随机效应）	Prob > Chibar = 827.76*** （0.0000）
Hausman 检验	Difference in coef. not systematic（接受随机效应）	Prob > Chi2 = 15.63*** （0.0036）

表 8.3 截面相关、异方差和序列相关的检验

检验	原假设	P 值和统计量
Frees' test（截面相关性的检验）	不存在截面相关	Statistic = 8.02 > 0.9027（1% 对应值）
Modified Wald test（异方差的检验）	不存在异方差	Prob > Chi2 = 1.9e+06*** （0.0000）
Wooldridge test（序列相关的检验）	不存在序列相关	Prob > F = 3.703* （0.0563）

在静态回归模型中，表 8.4 是经过 White 异方差的稳健标准误和 Driscoll Kraay 稳健标准误对截面相关、异方差问题进行校正处理后的回归结果；表 8.5 是采用 Boostrap 自助抽样法在样本中进行多次有放回的抽样（采样次数为 500 次）。在表 8.4 和表 8.5 中，经处理后的核心解释变量市场化的信贷利率（Rate）对应系数显著为正，且经稳健性检验也为正。表明市场化的信贷利率对绿色企业负债额变化量有正向影响。也就是说，市场化的信贷利率升高，绿色企业负债额变化量也会增加，意味着融资量有所增加，这与融资价格升高，

融资量减少相反，即出现逆向融资情况。经处理后的核心解释变量市场化的信贷利率波动（Fluctuation）对应系数显著为正，且经稳健性检验也为正。表明市场化的信贷利率波动对绿色企业负债额变化量有正向影响。即信贷利率波动变大，绿色企业融资越容易，融资量也会有所增加。在利率波动范围内，信贷利率向上波动变大，在很大程度上会迫使绿色企业融资增加，即出现逆向融资情况。在信贷利率向上波动及波动幅度变大时，绿色企业均会出现逆向融资情况，这可能是由于目前绿色企业存在产品生产周期较长，收益回报率较低，较高的不确定性风险等自身特征并面临着市场上的竞争者的强势竞争，留给绿色企业融资空间和融资量有限，而使绿色企业融资难所致。

表 8.4　静态面板模型回归结果

变量	Rate 模型			Fluctuation 模型		
	(1) Cluster	(2) White	(3) Driscoll Kraay	(4) Cluster	(5) White	(6) Driscoll Kraay
Rate	7.492 (9.425)	23.55** (9.224)	23.55** (6.960)			
Fluctuation				0.557 (0.701)	1.752** (0.686)	1.752** (0.518)
Size	8.938*** (2.995)	13.96*** (3.187)	13.96*** (2.596)	8.938*** (2.995)	13.96*** (3.187)	13.96*** (2.596)
Netprf	2.016 (1.322)	1.193*** (0.452)	1.193*** (0.247)	2.016 (1.322)	1.193*** (0.452)	1.193*** (0.247)
Growth	1.522*** (0.445)	0.858*** (0.318)	0.858*** (0.181)	1.522*** (0.445)	0.858*** (0.318)	0.858*** (0.181)
Constant	-230.8** (88.98)	-419.1*** (105.4)	-419.1*** (91.06)	-195.2*** (66.03)	-307.2*** (72.18)	-307.2*** (58.21)
Observation	1184	1184	1184	1184	1184	1184
Groups	148	148	148	148	148	148
Individual	YES	YES	YES	YES	YES	YES
Year	YES	YES	YES	YES	YES	YES
R-squared	0.326	0.184	0.184	0.326	0.184	0.184
F-value	5.761***	13.14***	106.0***	5.761***	13.14***	212.9***

注：***、** 和 * 分别表示在 1%、5% 和 10% 水平上显著，括号内为稳健标准误。

在表 8.4 的静态回归模型和表 8.5 的稳健性检验模型中，无论是在 Rate 模型还是在 Fluctuation 模型中，绿色企业规模（*Size*）对应系数显著为正，表明绿色企业规模越大，融资增量越大，即绿色企业融资越容易；绿色企业盈利能力（*Netprf*）对应系数显著为正，表明绿色企业盈利能力越强，融资增量越大，即绿色企业融资越容易；绿色企业成长性（*Growth*）对应系数显著为正，表明绿色企业发展潜力越大、前景越好，融资增量越大，即绿色企业融资越容易。绿色企业规模（*Size*）、绿色企业盈利能力（*Netprf*）和绿色企业成长性（*Growth*）这三个指标，均通过了稳健性检验，充分证实了绿色企业自身经营状况对融资的重要影响，这也与绿色企业融资的现实情况相符合。

表 8.5　静态面板模型回归结果的稳健性检验

变量	基本模型	Rate 模型		Fluctuation 模型	
	(1) Empty	(2) Model_1	(3) Bootstrap_1	(4) Model_2	(5) Bootstrap_2
Rate		23.55** (8.724)	23.55** (11.02)		
Fluctuation				1.752** (0.518)	1.752** (0.788)
Size	10.81** (3.008)	13.96*** (3.326)	13.96*** (3.377)	13.96*** (2.596)	13.96*** (3.379)
Netprf	1.227*** (0.274)	1.193*** (0.267)	1.193** (0.506)	1.193*** (0.247)	1.193** (0.505)
Growth	0.963*** (0.197)	0.858** (0.216)	0.858 (1.906)	0.858*** (0.181)	0.858 (1.977)
Constant	-233.5** (66.31)	-419.1** (115.9)	-419.1*** (114.7)	-307.2*** (58.21)	-307.2*** (75.57)
Observations	1184	1184	1184	1184	1184
Groups	148	148	148	148	148
Individual	YES	YES	YES	YES	YES
Year	YES	YES	YES	YES	YES
R-squared	0.179	0.184	0.184	0.184	0.184
F/Wald	982.6***	81.33***	27.97***	212.9***	29.96***

注：***、**和*分别表示在1%、5%和10%水平上显著，括号内为标准误。

在动态面板回归模型中，将负债变化量（$\Delta Dbet$）设定为内生变量。根据应选择的固定效应的模型估计结果，为排除内生性问题的影响，采用动态系统GMM的方法进行估计，并进行稳健性检验，具体结果如表8.6所示。负债变化量（$\Delta Dbet$）的滞后一期 *L. DDbet* 系数显著为正，且经过稳健性检验均显著为正。表明绿色企业滞后一期的负债变化量对当期的负债变化量有着正向影响。即绿色企业滞后一期的融资增量对当期的融资增量有着正向影响，换言之，绿色企业上一期的融资增量变大，也会对当期的融资增量有促进作用。具体来讲，绿色企业前期的融资能力的积累效应也会在下一期的融资中有所体现，显而易见，这也与现实中的企业融资情况是相符的①。

表8.6 动态面板系统GMM模型的回归与稳健性检验

变量	Rate 模型			Fluctuation 模型		
	(1) SGMM	(2) OLS	(3) FE	(4) SGMM	(5) OLS	(6) FE
L. DDbet	0.263 *** (0.102)	0.790 *** (0.0274)	0.0968 ** (0.0409)	0.397 *** (0.0479)	0.790 *** (0.0274)	0.0968 ** (0.0409)
Rate	116.5 *** (42.56)	107.9 *** (37.37)	86.45 *** (31.37)			
Fluctuation				2.868 *** (1.005)	2.968 *** (1.028)	2.378 *** (0.863)
Size	5.727 (11.37)	2.683 ** (1.073)	17.24 *** (3.375)	7.870 *** (1.704)	2.683 ** (1.073)	17.24 *** (3.375)
Netprf	1.518 *** (0.534)	0.415 *** (0.118)	0.935 *** (0.151)	0.597 ** (0.301)	0.415 *** (0.118)	0.935 *** (0.151)
Growth	8.304 *** (2.901)	0.990 * (0.544)	0.653 (0.525)	8.720 * (4.700)	0.990 * (0.544)	0.653 (0.525)
Constant	-681.9 ** (345.5)	-580.4 *** (182.0)	-793.8 *** (172.2)	-171.9 *** (38.16)	-25.95 (26.64)	-349.6 *** (75.74)
Observations	1036	1036	1036	1036	1036	1036
Groups	148	148	148	148	148	148

① 一般来说，现实中的企业融资确实也存在这样的情况，特别是银行机构也会根据企业上期融资情况来判断企业当期的贷款情况。

续表

变量	Rate 模型			Fluctuation 模型		
	(1) SGMM	(2) OLS	(3) FE	(4) SGMM	(5) OLS	(6) FE
Individual	YES	NO	YES	YES	NO	YES
Year	YES	YES	YES	YES	YES	YES
F/Wald	563.8***	202.7***	16.58***	1156***	202.7***	16.58***
AR（1）	0.0185			0.0011		
AR（2）	0.143			0.193		
Hansen P 值	0.450			0.326		

注：***、**和*分别表示在1%、5%和10%水平上显著，括号内为标准误。

核心解释变量市场化的信贷利率（*Rate*）、市场化的信贷利率波动（*Fluctuation*）的回归结果和稳健性检验的结果均与前面静态模型回归结果中的正负号相一致，且对应系数显著为正，这也充分证实了市场化的信贷利率、市场化的信贷利率波动对绿色企业融资有着正向影响。控制变量绿色企业规模（*Size*）、绿色企业盈利能力（*Netprf*）、绿色企业成长性（*Growth*）的回归结果和稳健性检验的结果均显示对应系数显著为正，这也均与静态模型回归结果中的正负号相一致。由此看来，动态回归模型更能体现回归结果的真实性，并且基于静态模型回归基础上的动态回归结果也发现市场化的信贷利率、市场化的信贷利率波动对绿色企业融资有着正向影响。在市场化的信贷利率可浮动的范围内，利率升高、波动变大，都会使绿色企业融资增量变大，这也表明市场化的信贷利率向上波动及波动变大均会引起绿色企业逆向融资。

四、实证研究结论与不足

该研究基于利率市场化与绿色企业特征，构建了市场化信贷利率对绿色企业融资约束影响的理论模型，该理论模型结果表明，市场化信贷利率对绿色企业融资约束的影响存在负向影响。基于模型结果，信贷利率上升，反而使绿色企业融资约束压力变小，进而容易获得融资，出现融资增加的情况。即市场化信贷利率向上波动会引致绿色企业逆向融资。在此理论模型基础上进行的实证研究，结果发现，市场化信贷利率及其波动均对绿色企业融资增加量有着正向作用。故有，信贷利率向上波动及波动幅度变大均会引致绿色企业逆向融资。

然而，对于上述研究，也存在以下不足之处：理论模型中有一些假定条件，可能使得该理论模型得出的结果与实际状况有点偏差；由于金融机构在金融市场上提供给绿色企业的信贷利率及未上市的中小绿色企业数据难以获取，本书采用了银行间同业拆借利率代替市场化利率，并运用随机选取的148家上市绿色企业的样本数据代替绿色企业整体数据实证检验。

第四节　本章小结

本章主要以绿色金融发展模式中的“以市场为主导”的观点来研究我国利率市场化下的市场化利率对绿色企业融资约束的影响以及是否会产生逆向融资的问题。具体来看，首先，分析了绿色企业面临融资约束的主要原因。其次，构建了市场化利率对绿色企业融资约束的影响理论模型，从理论上来研究绿色市场化下的绿色企业的融资约束问题，并且通过市场供求理论对所构建的该理论模型进行了理论上的检验，这也为进一步研究市场化利率向上波动对绿色企业逆向融资的影响提供了重要的理论基础。最后，针对市场化利率向上波动对绿色企业逆向融资的影响进行了实证检验。

经过上述的实证检验，我们得到了“市场化利率向上波动可引致绿色企业逆向融资”的结论，并对此结论进行了相应解释。这也为我们后续研究中提出的相应路径提供了重要理论依据。

第九章　提高绿色金融发展水平、改善发展机制的实现路径

第一节　政府方面：引导绿色金融发展的实现路径

一、完善绿色金融相关标准、评估体系及绿色金融法律体系

在前述的研究中，我国绿色金融发展出现了一些问题，产生这些问题的主要原因之一就是我国绿色金融及其相关标准不完善、绿色项目评估体系不完善、绿色金融法律体系不完善。因此，我国需要进一步完善绿色金融相关标准、评估体系以及绿色金融法律体系。针对企业及个人投融资的“漂绿”“洗绿”问题，我们可以通过制定与国际接轨的“绿色标准”，加强对第三方评估机构监管来缓解或解决。这需要有一个“绿色标准”作为参照，这个参考标准就是与国际接轨的“绿色标准”，有了这个标准作为根本标准，依据这个根本标准，第三方评估机构在受到监管的情况下，会做出准确的项目评估。

我国绿色金融法律体系尚不完善，其中针对我国绿色保险的体制、机制也不完善，缺少支持新型绿色保险发展的法律环境。目前来看，已发布的多是一些意见、通知等法律文件，难以对新型绿色保险行为主体进行强有力的约束。同时，缺少统一的绿色环保产业认定标准，导致认证评估结果存在较大差异，不利于保险机构向绿色企业提供差异化产品和服务。因此，要尽快完善绿色保险法律体系建设，就应加大对重大环境刑事犯罪的打击力度。各个国家在对环境保护的执行中，要采用刑事处罚的方式来对环境污染的状况进行处理。我国在此问题上也应更加重视，通过刑事法律的运用，增强法律威慑力，为环境风险的治理提供有力的外部支持。

二、加强调控绿色金融市场机制失灵下的产品供给与需求

我国绿色金融是以“政府引导、市场主导”的基本发展模式进行发展的，这就说明要充分重视发挥市场主导作用。在绿色金融发展中，要构建绿色金融可持续发展体系和发展机制，发挥绿色金融市场机制调节绿色金融资源配置作用。目前，我国绿色金融市场仍处于建立的初期阶段，绿色金融体系还不完善，单靠绿色金融市场机制自发调节绿色金融产品供给与需求难以达到帕累托最优效率，进而产生市场失灵现象。这使得绿色金融产品供给与需求无法在均衡价格下实现均衡，进而会抬高绿色金融产品价格（利率），无法有效配置绿色金融产品的供给与需求。因此，我国政府需要加强对绿色金融市场机制失灵下的绿色金融产品供给与需求的宏观调控。

政府调控绿色金融市场机制失灵下的绿色金融产品供给与需求，主要可以从以下几个方面来进行。其一，加强绿色政策、绿色金融相关政策的监管力度，从根本上找到绿色金融市场机制产生失灵的原因，采取相应的政策进行监管，对症下药。针对绿色金融市场上的金融机构的绿色金融行为进行政策引导，一方面要使金融机构切实执行国家绿色政策、绿色金融政策等，对不执行绿色政策、绿色金融相关政策的，追究其相关责任。另一方面要对违背绿色金融市场规则的金融机构进行严厉惩处。这样既可以惩处违规的金融机构，又可以防止资金流向高污染、高能耗、高排放企业，保证绿色金融市场的有效运行以及绿色金融产品的有效供给。其二，要保护和提高绿色企业特别是中小微绿色企业及个人绿色投资者在绿色金融市场融资的可能性。在绿色金融市场上，中小微绿色企业及个人投资者与大型绿色企业一起进行竞争融资，没有竞争优势，那么，为了创造更多的融资机会，刺激它们积极参与绿色融资，政府可以为其提供融资担保、贷款利息补贴，以及政府可以牵头金融机构、保险公司、绿色企业进行多方合作拉动融资，使金融机构的绿色资金流向中小微绿色企业，满足绿色金融市场上对绿色金融产品的有效需求。其三，针对在绿色金融市场机制失灵时出现的违规操作行为以及用政策无法解决的问题，就需要政府制定的法律法规介入来进行监管和规制，严重的需要根据制定的绿色金融相关法律进行约束。通过绿色金融相关法律法规，调整与规制绿色金融市场机制失灵下的绿色金融产品有效供给，防止绿

色金融产品的非法交易，疏通绿色金融产品的有效供给与需求，保障绿色金融市场的正常畅通运行。

三、实施绿色金融监管，提高绿色政策与市场融合的推动力

在国家政策的引导下，我国绿色金融稳步发展，发展水平也逐步提高，但提升动力还不够强劲，这主要是绿色政策推动程度不够及绿色金融市场发展缓慢、发展程度较低的综合结果。在前述的绿色金融发展水平问题中，根据测度的各省份绿色金融发展水平上可以看出，绿色金融发展水平主要体现在政策推动和绿色金融市场效果两个方面。我国绿色金融发展水平的提升动力不强劲，基本是由绿色政策执行程度和绿色金融市场开展绿色金融业务效果不好所导致的。总的来看，绿色金融发展水平和前些年比较有所提高，但是提升动力不强劲，提高水平缓慢，甚至还有些省份绿色金融发展水平出现停滞。具体来看，少数省份绿色金融发展水平较高，发展水平提高较快，也有一些省份绿色金融发展水平较低。

要解决这个问题，可从绿色政策和绿色金融市场两个方面来着手，一方面要实施绿色金融监管，包括绿色政策执行监管、绿色资金借贷监管、绿色资金应用监管等一系列监管，加强对绿色政策执行的监管力度，使得各省份严格贯彻执行绿色政策，这样才能充分发挥绿色政策的引导、激励作用，实现绿色金融水平的政策效应；另一方面，要提高绿色政策与绿色金融市场融合的推动力，在绿色政策的引导下，要充分发挥绿色金融市场的主导作用，完善绿色金融市场体系，促进绿色金融产品的创新，增强绿色资金的市场流动性，用于服务绿色领域，这样才能最大限度地发挥绿色政策效应和绿色金融市场作用。同时，加强重点关注绿色金融发展水平较低的省份，必须严格监管绿色金融政策的执行，必要时可出台相应的法律法规，以规范那些对绿色政策执行不到位或不严格执行的省份和企业，保证绿色政策推动绿色金融发展的效果；严格加强绿色金融市场监管，规制金融机构、企业的绿色经营，对违反绿色经营的金融机构和企业，要重拳出击，零容忍，绝不姑息。增强绿色政策和绿色金融市场的融合力，这样，绿色金融发展水平才能有强劲的动力。

再有，加强绿色金融相关管理秩序。其一，通过引导、监督等方式，推动银行等金融机构在发展绿色金融业务的过程中做到秩序化，特别是在环境风险

管控上加大管理力度。其二，通过实践的方式，找到适合中国的绿色金融相关政策等。通过推行绿色政策，保障绿色金融市场产品的创新，以及实现相关资金的配置的合理化发展。

四、发挥绿色金融改革试验区的带动、帮扶作用

在前述的绿色金融发展水平问题中，根据测度的各省份绿色金融发展水平可以清楚地看到，目前我国建立的绿色金融改革试验区的六省绿色金融发展水平均较高，基本位于前列，绿色金融改革试验区取得了显著成效。我国建立的绿色金融改革试验区，极大地促进了绿色金融发展，提升了我国绿色金融整体发展水平，也使我国有了发展绿色金融的经验，为此，我们可以通过绿色金融改革试验区来带动、帮扶我国其他省区发展绿色金融，令较高水平的发展带动较低水平的发展，最终实现较高水平的共同发展。这样就可以带动绿色金融发展水平较低的省区，缩小绿色金融发展水平差距，实现区域绿色金融均衡发展。一般来讲，可以通过绿色项目投资的共同合作，实现互利共赢，带动其他省区绿色金融发展；可以让绿色金融改革试验区投资其他省区绿色项目，一起合作开发绿色项目；可以通过借鉴绿色金融改革试验区开发绿色项目的经验，自己开发本省区绿色项目；还可以向绿色金融改革试验区借贷资金，自己开发绿色项目，发展绿色金融。再有，我国绿色金融改革试验区可以通过帮扶的方式，拉动其他绿色金融发展水平较低省区。可以依靠绿色产业供应链进行帮扶，也就是说，绿色金融发展水平较低的省区的绿色企业开展绿色产业经营，而绿色金融改革试验区作为绿色产业链的下游端接收其他省区绿色企业的绿色产品，在绿色金融改革试验区实现绿色生产或绿色消费。这样，就可以刺激绿色金融发展水平较低的省区大力发展绿色金融，既可以保证较低发展水平的省区的绿色企业的营利性，又可以实现绿色金融改革试验区绿色金融的开展，真正做到发挥绿色金融改革试验区的带动、帮扶作用。

五、大力提供绿色财政资金支持绿色金融发展

目前，我国发展绿色金融是以国家顶层设计为基础的“自上而下”和“自下而上”的综合发展模式，这种模式决定了有我国国家绿色政策和各级地方政府绿色政策引导和支持绿色金融发展。其中，绿色财政作为国家及地方政

府的绿色资金可以用以支持绿色金融发展。因此，我们要大力提供绿色财政资金来支援绿色金融发展。一方面，可以通过国家及地方政府的绿色投资来支持绿色金融发展，近年来，我国绿色投资仍然主要以政府绿色投资为主，由于政府绿色投资额有限，国家或地方政府可建立绿色投资基金，这样就拓宽了政府绿色投资的融资和投资渠道。另一方面，政府可以和金融机构合作，对金融机构进行免税，使得金融机构更愿将绿色资金提供给绿色企业进行绿色生产经营或者通过免息或贴息的方式来为绿色企业在金融机构实现绿色融资。政府还可以给绿色企业一些优惠政策，例如，给予绿色企业直接或间接补贴等用以支持绿色企业发展。

因此，国家及各级地方政府应大力提供绿色财政资金支持绿色金融发展，并以多渠道、多领域建立绿色投资发展基金，调动和调节大量资金流向绿色领域，助力绿色金融发展。

第二节　供给主体方面：金融机构提供绿色金融业务的实现路径

一、积极践行ESG发展理念，严格执行绿色政策

我国绿色金融与低碳发展中，金融机构是重要的参与行为主体，担负着绿色企业所需绿色资金的供给的责任。由于金融机构是以营利性为主的行为主体，容易出现给非绿色企业提供绿色金融业务的情况，产生“漂绿”和“洗绿”行为，或将绿色金融资金以较高利率提供给非绿色企业，致使资金流向非绿色领域，对生态环境有所影响。因此，金融机构必须积极践行ESG绿色发展理念，严格执行国家绿色政策。金融机构进行投资需要践行ESG发展理念，遵循可持续投资、可持续发展原则，首先必须以生态环境发展为基本出发点，然后在此基本出发点上进行投资。金融机构需要严格执行绿色政策，接受监管部门的监管，防止金融机构为高收益而打“假绿色牌”。对不积极践行ESG发展理念、不严格执行绿色政策的金融机构进行一查到底，零容忍，整顿之后再营业，必要时采取法律手段强制他们执行绿色发展政策，使得金融机构成为真正的绿色金融机构，开展绿色业务。

二、落实绿色金融发展的外部激励措施，加强专业人才培养

和传统金融相比，绿色信贷会受到社会环境等因素的影响，而且因为收益率处于社会收益率均值，其环境风险爆发的概率会更大一些。所以，应通过构建激励约束等制度，也就是利用税收减免等方式，推动银行绿色金融政策的发展，保障银行利润率的同时，引导资金更多地投入到绿色项目。再者，金融机构需要进行人才队伍的建设工作，以此培养出更加专业的绿色金融人才。可以选择和教育、环保等部门之间建立合作关系，以此培养可以兼顾金融、环保知识的复合型人才队伍。除此之外，还可以构建绿色金融实验室等机构，以此提升人才的创新能力，帮助银行储备更多的人才，进而保障研发成本，实现内部化发展。

三、投入研发以创新满足各类企业需求的绿色金融产品

目前，我国绿色金融产品种类仍然不够丰富，不能满足各类企业的需求。针对此问题，一方面，从企业来看，各种经营不同产品的企业所需的绿色金融产品具有差异，为了满足各类企业绿色金融产品的需要，可以投入研发，创新开发不同种类的绿色金融产品，包括绿色金融衍生产品等解决企业绿色投融资的各种需要。要大力发展与应用金融科技，利用金融科技手段实现绿色信贷资金的合理配置，重要的是要根据绿色信贷的需求类型来进行绿色信贷产品的科技创新，以满足不同需求类型的融资者的需要。例如，根据绿色信贷的期限、用途等来创新开发绿色信贷产品。也可以根据要投资的绿色项目类型来进行创新开发，例如，根据绿色交通、绿色能源等来创新开发各种类型绿色信贷产品。另外，我国绿色金融产品多以短期和中期为主，长期绿色金融产品的创新开发有限，金融机构特别是银行机构可以创新开发各种类中长期绿色债券，如绿色企业金融债券、公司金融债券等中长期绿色债券，这样，绿色企业就可以申请中长期绿色信贷，实现中长期的绿色融资，银行机构也可以解决由于绿色企业中长期绿色信贷造成的期限错配问题，实现双赢。再有，要研发适合的绿色金融产品以满足各种不同企业绿色投资项目的融资和绿色企业生产绿色产品的需要。例如，研发绿色农业、绿色林业等相关领域的绿色金融产品。利用这些创新性的绿色金融产品带动需求的进一步增加，促进需求与供给的有效匹配，拓宽绿色投融资渠道，进而有力推动绿色金融发展。

四、合理调整融资利率，保障绿色企业所需资金的有效供给

若要大力发展绿色金融，金融机构就要保障绿色企业融资的实现，以促进绿色企业生产绿色产品，实现绿色经济增长，进而保护生态环境。金融机构应在利率市场化和绿色金融政策的引导下，深入推进绿色金融的利率市场化改革，完善自由竞争的、有管理的浮动利率，使得绿色金融产品的利率在合理区间自由波动，避免利率大幅波动；调节绿色企业在各种绿色金融产品的利率下所需资金的有效供给，以解决绿色企业逆向融资问题。金融机构要根据绿色企业的需求创新开发绿色金融产品，包括绿色金融衍生产品；以市场化利率为基准利率，避免市场化利率短期内大幅度的波动带来的不利影响；调节绿色企业所需绿色资金的有效供给，提供给绿色企业市场化下正常利率水平的绿色资金。同时，要尽可能地满足中小微型绿色企业的融资需求，给中小微型绿色企业提供绿色资金，必要时可采取多方合作方式来给中小微型绿色企业提供绿色资金，以保障我国中小微型绿色企业的生存和发展，为经济社会可持续发展提供动力。

第三节　需求主体方面：绿色企业融资需求的实现路径

一、研发或引进先进技术，提高绿色企业效率

我国绿色企业要加强创新企业生产技术，提高绿色产品收益率，提高绿色企业利润。绿色企业可以申请政府的政策性金融补贴和绿色财政补贴，用于引进先进技术或研发先进生产技术，可通过政府扶持设立绿色技术创新发展基金会，联合高科技企业共同推进绿色企业技术创新，加大绿色生产技术创新的研发资金投入，助力绿色企业生产技术提高，缩短绿色产品生产周期，提高效率。这样，通过多种途径可在一定程度上解决金融机构提供给绿色企业资金收益的机会成本较高的问题，也增加了绿色企业顺利融资以及再融资的机会。大力发展科技金融事业以支持绿色企业发展，以科技金融来提高创新绿色金融产品种类，可以进一步降低金融市场中的绿色金融产品的机

会收益，这对缓解绿色企业、绿色产业和绿色项目融资约束有着重要的作用。将获得的绿色资金用于绿色生产，有助于提高绿色企业利润。对绿色企业而言，通过技术的引进或研发能够有效促进企业利润增长，同时也促进了绿色金融发展。

二、建立公开化的企业信息平台，构建多方绿色合作机制

针对企业，专门建立公开化的企业经营信息平台，以解决金融机构对绿色企业及非绿色企业投资绿色项目提供资金的信息不对称问题。再有，为解决绿色企业生产绿色产品获得收益前的不确定风险较高的问题，绿色企业可申请保险公司开展绿色产品的绿色保险业务，为绿色企业在绿色产品生产和销售中的意外风险投保。当绿色企业融资额较大时，为保障不确定风险的补偿，可采取政府、绿色企业、银行机构和保险公司四方合作机制来应对绿色企业融资中的风险问题。银行机构为绿色企业提供大额资金用来进行生产绿色产品，保险公司为绿色企业生产的绿色产品提供保险，政府为绿色企业偿还融资资金利息。四方合作机制会在很大程度上补偿绿色企业经营绿色产品中不确定性风险较高的劣势，缓解了金融机构对绿色企业大额资金的融资约束。为此，亟须构建以政府为主导、市场为基础的绿色企业信息化共享平台，强化政府出台的绿色金融政策与金融市场机制的高效耦合联动，形成统一合力。在绿色企业成长初期，由于绿色企业信息不透明，绿色金融政策必然要引导金融机构的资金流向绿色企业。随着绿色企业成长到一定阶段，绿色企业的净资产也达到了一定规模，将金融市场机制导入绿色企业可持续发展规划中，不但能有效提高绿色企业的资金使用效率，而且又能进一步促进绿色企业的可持续发展，更有助于绿色企业与金融市场上的商业金融机构形成良性互动。

三、保持收益的持续性和稳定性，申请政策支持和商业支持

绿色企业，特别是绿色中小企业要不断技术创新，缩短绿色产品生产周期，保持收益的可持续性和稳定性。可以向政府申请政策支持，也可以向金融机构申请资金支持。这也需要高效发挥政府积极引导作用，并鼓励商业性金融机构开展绿色金融业务，给予开展绿色金融业务和绿色金融产品创新业务的商业性金融机构政策性优惠，例如，税收减免、绿色金融产品创新大额补贴、各

种绿色金融业务的激励政策等以刺激市场上的商业金融机构业务向绿色产业、绿色企业和绿色项目倾斜。由政策性金融机构牵头做好绿色金融业务和绿色产品创新的示范。鼓励社会民众积极参与绿色产业和绿色项目投融资，对投资的绿色产业和绿色项目给予足够补贴以支持绿色发展。构建政府、政策性金融机构、商业性金融机构和社会民众四方联动共同体，强化“绿色”概念，共同支持绿色产业、绿色企业和绿色项目发展，不断提高社会投资主体对绿色产业、绿色企业和绿色项目的投资热情，提高绿色企业融资的可能性。完善绿色金融政策服务体系，促进绿色企业融资的可获得性、稳定性和可持续性。考虑到绿色企业前期的融资约束问题，我国政府应出台相关政策通过大力支持和有效宣传来引导金融机构将资金提供给绿色企业，增强资金向绿色企业流动和有效配置。将政策性金融和商业性金融融合纳入绿色金融创新服务体系框架中，紧密协调配合使用，能更好地改善金融机构服务绿色企业的质量。通过这些途径解决绿色企业融资约束问题，使绿色企业获得融资，这样才能有力助推绿色金融发展。

四、搭建融资互助合作平台，实现企业资金整合的规模效应

在绿色企业成长初期，为缓解绿色企业融资约束压力，促进绿色企业强劲增长，绿色企业可在行业内部搭建有效的融资互助合作平台。在绿色企业需要较大额度的融资时，可通过融资互助合作平台，请求行业内一些其他绿色企业一起为资金需求向金融机构联名担保进行较大额度的融资。获得收益后再给联名担保的其他绿色企业一定收益。这样，在很大程度上将会缓解绿色企业的融资约束压力，融资约束上限也会有所提高，绿色企业获得资金额度也会有所提高，这些资金可用于绿色产品生产，进而保证绿色企业可持续增长。另外，对于成长初期难以获得融资的绿色微小企业，可以建立绿色企业生产互助合作社，合作社内的每家绿色企业以股份形式来进行合作经营。以绿色企业生产互助合作社作为融资单位进行绿色融资。这样可以增加融资规模、节约融资成本和生产成本，提高绿色企业生产互助合作社的净收益。也会使绿色企业生产互助合作社内每家绿色企业收入增加，促进绿色企业可持续增长。

第四节　本章小结

根据上述研究，本章主要提出了提高我国绿色金融发展水平、改善绿色金融发展机制的实现路径。具体来看，主要是从政府方面、供给主体（金融机构）方面、需求主体（绿色企业）三个方面来提出相应的路径。

从政府方面提出的路径有：一是完善绿色金融相关标准、评估体系及绿色金融法律体系；二是加强调控绿色金融市场机制失灵下的产品供给与需求；三是实施绿色金融监管，提高绿色政策与市场融合的推动力；四是发挥绿色金融改革试验区的带动、帮扶作用；五是大力提供绿色财政资金支持绿色金融发展。

从供给主体（金融机构）方面提出的路径有：一是积极践行 ESG 发展理念，严格执行绿色政策；二是落实促进绿色金融发展的外部激励措施，加强专业人才培养；三是投入研发以创新满足各类绿色企业需求的绿色金融产品；四是合理调整融资利率，保障绿色企业所需资金的有效供给。

从需求主体（绿色企业）方面提出的路径有：一是研发先进生产技术，提高绿色企业利润；二是建立公开化的企业信息平台，构建多方绿色合作机制；三是保持收益的持续性和稳定性，申请政策支持和商业支持；四是搭建融资互助合作平台，实现企业资金整合的规模效应。

第十章　结论及展望

第一节　结论

本书重点从我国绿色金融发展的宏观层面和微观层面、绿色金融发展机制的内部和外部、发展绿色金融行为主体的需求方（绿色企业及个人投资者）和供给方（金融机构）来多角度研究我国绿色金融发展水平、机制及其实现路径。根据测算近年来我国绿色金融发展水平指数来研究绿色金融发展水平，通过模拟现实中的绿色金融发展机制构建一般性的绿色金融发展机制来分析绿色金融发展机制；通过实证数据来研究我国发展绿色金融行为主体需求方（绿色企业及个人投资者）的融资问题；通过政策和市场运行来研究绿色金融行为主体供给方（金融机构）提供绿色金融业务发展存在的主要问题。再根据上述的这些研究，提出提高我国绿色金融发展水平、改善机制的实现路径。本书得到结论如下：

第一，在绿色金融发展水平方面，通过对全国及各省份绿色金融发展水平的测度，发现我国绿色金融总体发展水平在逐步提高，但部分省份绿色金融发展水平还较低，发展速度缓慢。原因主要与绿色政策的贯彻执行不到位、金融市场上的金融机构在发展绿色金融中打“假绿色牌”有关。同时，我国绿色金融发展水平呈现严重的区域发展不平衡，这主要与地区经济发展的较大差异、环保重视程度的较大差异以及经济高质量发展和可持续发展需求差异有关。再有，绿色金融改革试点对周边省份的绿色金融发展水平带动能力较弱。这可能是由于绿色金融改革试验区与周边省份的绿色金融合作较少，绿色金融业务帮扶较少等，再有，就是周边省份对执行绿色政策、绿色金融相关政策的力度较弱。

第二，在绿色金融发展机制方面，通过模拟构建绿色金融发展的外部引导机制和内部运行机制与现实情况结合分析，可以得出以下结论。从外部引导机制存在的问题来看，一是绿色政策引导行为主体参与绿色经济活动的效率较低，二是绿色金融发展机制不能有效引导非绿色企业承担社会责任；从内部运行机制存在的问题来看，一是金融机构仍大量提供非绿色资金，打“假绿色牌”，二是企业投融资存在“漂绿”“洗绿”问题。

第三，在绿色企业融资方面，近年来，我国绿色企业常常面临融资约束压力，出现融资难问题。那么，我国绿色政策在缓解融资约束压力，促进绿色企业融资方面是否起到了显著效果？为研究这个问题，本书选取2012—2020年148家上市绿色企业（包括中小板、创业板）数据和政府绿色政策支持度指数（代表绿色政策）进行实证研究，结果发现，绿色政策在促进绿色企业融资效果并不显著。说明我国绿色政策在促进绿色企业融资方面，效果不明显。

我国建立的是以市场主导的绿色金融体系，那么，市场化利率波动会对绿色企业融资约束产生怎样的影响呢？本书选取2012—2020年148家上市绿色（包括中小板、创业板）企业数据和银行间同业拆借利率（代替市场化利率）进行实证研究，结果发现，近年来的市场化利率对绿色企业融资约束有着负向影响，这就导致了绿色企业逆向融资问题。这也与书中所构建的市场化利率影响绿色企业融资约束理论模型结论相一致。

第四，通过对我国绿色金融发展水平、机制的深入研究，对存在的问题进行分析，本书分别从绿色金融发展的三个行为主体角度提出提高我国绿色金融发展水平、改善绿色金融发展机制的实现路径：

从政府引导绿色金融发展角度提出的实现路径，一是完善绿色金融相关标准、评估体系及绿色金融法律体系；二是加强调控绿色金融市场机制失灵下的产品供给与需求；三是实施绿色金融监管，提高绿色政策与市场融合的推动力；四是发挥绿色金融改革试验区的带动、帮扶作用；五是大力提供绿色财政资金支持绿色金融发展。

从金融机构提供绿色金融业务角度提出的实现路径，一是积极践行ESG发展理念，严格执行绿色政策；二是落实绿色金融发展的外部激励措施，加强专业人才培养；三是投入研发，以创新满足各类绿色企业对绿色金融产品的需求；四是合理调整融资利率，保障绿色企业所需资金的有效供给。

从绿色企业融资需求角度提出的实现路径，一是研发先进生产技术，提高绿色企业利润；二是建立公开化的企业信息平台，构建多方绿色合作机制；三是保持收益的持续性和稳定性，申请政策支持和商业支持；四是搭建融资互助合作平台，实现企业资金整合的规模效应。

第二节 展望

本书参照当前绿色金融发展体系的框架，对我国绿色金融在发展水平、发展机制以及绿色金融发展的需求主体（绿色企业）融资和供给主体（金融机构）提供融资等方面存在的主要问题进行了研究。其中，绿色金融发展的供给主体（金融机构）提供的融资业务包括：绿色信贷、绿色证券、绿色保险、绿色投资、碳市场以及绿色信托。根据各种业务的主要发展问题进行了相应分析。由于本人的知识能力和学术视野有限，对中国绿色金融发展水平、发展问题及其实现路径的相关研究还有待进一步深入，本书认为该研究可从以下三个方面展开：

第一，进一步明晰多层次的中国绿色金融体系，梳理归纳绿色企业的投融资行为、金融机构的绿色金融产品创新与发展，来研究绿色金融市场对发展绿色金融和绿色经济的贡献度。本书在绿色金融发展的需求主体“绿色企业”的基础之上，将“绿色企业”界定为广义的绿色企业，对绿色企业融资问题进行了实证检验，却尚未对其他非上市中小绿色企业进行验证，这可作为未来进一步研究的方向。

第二，可以进一步研究国有金融绿色化和非国有金融绿色化发展问题，综合运用多种方法和多视角进行研究。本书从绿色金融发展的宏观层面和微观层面、绿色金融发展机制的内部和外部、发展绿色金融行为主体的需求方（绿色企业及个人投资者）和供给方（金融机构）三个维度着眼，对绿色金融发展水平及发展问题、发展机制及其实现路径进行了研究。由于本人知识能力有限，文中未能从国有金融资产绿色化和非国有金融资产绿色化的维度进行相关研究。在后续研究中，可以增加这个维度，进一步对现有的绿色金融发展问题及其实现路径进行研究。

第三，本书只对国内绿色金融发展问题的具体方面进行了研究，未从总体上来研究中国绿色金融发展体系内部之间的联系问题，再有，本书没有研究我国绿色金融发展在国外“一带一路”绿色金融发展上的延伸，可作为后续研究的一个方向进行再研究。

附录 A：2012—2022 年
我国绿色金融重要政策文件

2012 年 1 月 29 日，银监会制定发布《绿色信贷指引》；

2013 年 7 月，银监会要求政策性银行和各主要金融机构进行绿色信贷统计。

2015 年 9 月，国务院发布《生态文明体制改革总体方案》，对我国生态文明领域改革进行顶层设计，首次提出绿色金融体系战略。

2016 年 8 月，央行、财政部等七部委联合印发《关于构建绿色金融体系的指导意见》，明确了我国绿色金融的定义、激励机制、发展方向和风险监控措施等，建立我国绿色金融顶层框架体系。

2017 年 6 月，国务院决定在浙江、广东、新疆、贵州和江西五省（区）设立绿色金融改革创新试验区，推动绿色金融的区域探索。

2018 年 11 月，证券投资基金业协会发布《绿色投资指引（试行）》，明确绿色投资的内涵、目标、原则及基本方法，指导绿色投资信息披露制度设计和绿色指标的量化与设计，为投资者绿色投资进行导向性指引。

2019 年 3 月，发展改革委等七部门联合印发《绿色产业指导目录（2019 年版）》，明确了绿色产业的定义和分类。

2020 年 10 月，生态环境部、发展改革委、央行、银保监会和证监会五部门联合发布《关于促进应对气候变化投融资的指导意见》，明确气候变化投融资的定义和支持范围，从政策、标准、社会资本、地方实践和国际合作五个方面推进。

2021 年 1 月，财政部《商业银行绩效评价办法》将绿色信贷占比纳入考核。

2021 年 2 月，国务院发布《关于加快建立健全绿色低碳循环发展经济体系的指导意见》，提出要大力发展绿色金融和绿色交易市场机制，完善绿色标准，确保双碳目标实现。

2021 年 3 月，全国人大在“十四五”规划中再次强调绿色金融发展的重要性。

2021 年 4 月，央行、发展改革委和证监会更新《绿色债券支持项目目录（2021 年版）》，从 4 个层次对绿色产业进行明确界定。

2021 年 5 月，央行发布《银行业金融机构绿色金融评价方案》，将对绿色金融业务进行综合评价并实施激励约束。

2021 年 5 月，生态环境部联合发展改革委、央行等八部门印发《关于加强自由贸易试验区生态环境保护推动高质量发展的指导意见》，鼓励发展排污权交易市场和探索绿色债券、绿色股权投融资业务，要以绿色金融手段支持和健全生态产品价值实现机制。

2021 年 9 月，中共中央和国务院发布《关于完整准确全面贯彻新发展理念做好碳达峰碳中和工作的意见》，将绿色金融作为“双碳”战略推进的重要抓手，有序推进绿色低碳金融产品和服务开发，引导金融机构、社会资本和企业为绿色低碳项目投融资。

2021 年 11 月，央行推出碳减排支持工具和 2000 亿元煤炭清洁高效利用专项再贷款，重点支持清洁能源、节能环保和碳减排技术三个碳减排领域。

2021 年 12 月，生态环境部联合发展改革委、央行等九部委印发《关于开展气候投融资试点工作的通知》，配套发布《气候投融资试点工作方案》，正式启动了我国气候投融资地方试点的申报工作，引导市场资金投向气候领域，实现“双碳”目标。

2022 年 3 月，国家发展改革委、外交部、生态环境部和商务部联合发布了《关于推进共建“一带一路”绿色发展的意见》，围绕推进绿色发展重点领域合作、推进境外项目绿色发展、完善绿色发展支撑保障体系 3 个板块，提出 15 项具体任务，内容覆盖绿色基础设施互联互通、绿色能源、绿色交通、绿色产业、绿色贸易、绿色金融、绿色科技、绿色标准、应对气候变化等重点领域。

2022 年 4 月，中国证监会发布《证券期货业数据模型　第 4 部分：基金公司逻辑模型》《碳金融产品》等 4 项金融行业标准，针对《碳金融产品》标准在碳金融产品分类的基础上，给出了具体的碳金融产品实施要求，为金融机构开发、实施碳金融产品提供指引，有利于有序发展各种碳金融产品，引导金融资源进入绿色领域，支持绿色低碳发展。

2022 年 6 月，中国银保监会《关于印发银行业保险业绿色金融指引》的通知，指引旨在促进银行业保险业发展绿色金融、有序推进碳达峰、碳中和工作，无论从战略高度还是实操指导方面，均有重要意义。《指引》共 36 条，在组织管理、政策制度及能力建设、投融资流程管理、内控管理与信息披露以及监督管理五个方面对银行保险机构提出了如下要求：第一，明确治理架构，推动体制机制创新；推动政策完善，降低碳强度和碳足迹，实现碳中和；第二，完善投融资流程管理，运用数字技术提升管理水平；加强内控管理，充分披露绿色金融发展情况；明确监督管理职责，加强对银行的指导评估。

附录 B：全国各省份 GDP 及存贷款余额

单位：亿元

年份	2018			2019			2020		
类别	金融		经济	金融		经济	金融		经济
省份	存款	贷款	GDP	存款	贷款	GDP	存款	贷款	GDP
北京	157092	70483	30320	171062	76876	35371	196735	84309	36103
天津	30983	34084	18810	31789	36141	14104	34293	38859	14084
河北	66245	47744	36010	72885	53448	35104	85316	60605	36207
山西	35340	25256	16818	38381	28119	17027	44088	30641	17652
内蒙古	23342	22085	17289	23645	23058	17213	26117	23249	17360
辽宁	59016	44985	25315	62697	49582	24910	69309	52209	25115
吉林	22056	18993	15075	24154	20884	11727	28489	22751	12311
黑龙江	25487	20156	16362	27717	21507	13613	32216	22586	13699
上海	121112	73381	32680	132820	79843	38155	162500	84643	38701
江苏	144227	117808	92595	152837	135140	99632	194981	154523	102719
浙江	116513	105775	56197	131299	121751	62352	161938	143612	64613
安徽	51199	38815	30007	54378	44941	37114	65083	51521	38681
福建	45813	46504	35804	49836	52641	42395	59790	59860	43904
江西	35291	30358	21985	38953	35697	24758	46430	41409	25692
山东	96413	77811	76470	104739	86326	71068	127094	97880	73129
河南	64983	47835	48056	69509	55659	54259	82216	62867	54997
湖北	56076	44341	39367	59748	50664	45828	69552	59872	43443
湖南	48995	36461	36426	52660	42415	39752	61409	49403	41781
广东	208051	145169	97278	232459	167994	107671	276290	195681	110761
广西	29790	26688	20353	31646	30497	21237	36561	35197	22157
海南	9611	8820	4832	9738	9521	5309	10703	9982	5532
重庆	36887	31426	20363	39483	36233	23606	44735	41909	25003

续表

年份	2018			2019			2020		
类别	金融		经济	金融		经济	金融		经济
省份	存款	贷款	GDP	存款	贷款	GDP	存款	贷款	GDP
四川	77391	55069	40678	81784	62493	46616	96730	69505	48599
贵州	26542	24715	14806	27171	28449	16769	29544	32236	17827
云南	30741	28085	17881	32821	31140	23224	35955	34718	24522
西藏	4935	4558	1478	4974	4695	1698	4877	4957	1903
陕西	40928	30743	24438	44537	34337	25793	51149	39186	26182
甘肃	18678	19372	8246	19769	20678	8718	22140	22159	9017
青海	5772	6582	2865	5847	6640	2966	6365	6578	3006
宁夏	6046	6808	3705	6460	7217	3748	7374	7982	3921
新疆	22378	18203	12199	23293	19960	13597	25480	22906	13798

附录 C：选取的 148 家上市绿色企业（名录）

安徽国风塑业股份有限公司	上海贝岭股份有限公司	浙江瀚叶股份有限公司
北京万东医疗科技股份有限公司	浙江凯恩特种材料股份有限公司	浙江菲达环保科技股份有限公司
北京巴士传媒股份有限公司	北京合纵科技股份有限公司	浙江精功科技股份有限公司
天地科技股份有限公司	中远海运科技股份有限公司	国新文化控股股份有限公司
上海广电电气（集团）股份有限公司	上海普利特复合材料股份有限公司	宁波理工环境能源科技股份有限公司
上海飞乐音响股份有限公司	上海电力股份有限公司	浙江永太科技股份有限公司
汉王科技股份有限公司	万达信息股份有限公司	杭州中恒电气股份有限公司
探路者控股集团股份有限公司	上海汉得信息技术股份有限公司	浙江尤夫高新纤维股份有限公司
浙江万安科技股份有限公司	华远地产股份有限公司	宋城演艺发展股份有限公司
北京碧水源科技股份有限公司	北京三聚环保新材料股份有限公司	北京合众思壮科技股份有限公司
环旭电子股份有限公司	中颖电子股份有限公司	道明光学股份有限公司
神雾环保技术股份有限公司	拓尔思信息技术股份有限公司	北京中科三环高技术股份有限公司
北京京运通科技股份有限公司	江苏保千里视像科技集团股份有限公司	安徽安纳达钛业股份有限公司
中国天楹股份有限公司	厦门乾照光电股份有限公司	华映科技（集团）股份有限公司
北京银信长远科技股份有限公司	北京光环新网科技股份有限公司	中福海峡（平潭）发展股份有限公司
国电南瑞科技股份有限公司	国轩高科股份有限公司	华夏幸福基业股份有限公司
江苏江南水务股份有限公司	中材科技股份有限公司	山西路桥股份有限公司

续表

福建闽东电力股份有限公司	通富微电子股份有限公司	神雾节能股份有限公司
天津创业环保集团股份有限公司	北京无线天利移动信息技术股份有限公司	江苏华盛天龙光电设备股份有限公司
天津长荣科技集团股份有限公司	奥特佳新能源科技股份有限公司	江苏百川高科新材料股份有限公司
福建龙净环保股份有限公司	江苏澳洋顺昌股份有限公司	江西赣能股份有限公司
云南旅游股份有限公司	金陵华软科技股份有限公司	山东胜利股份有限公司
内蒙古蒙草生态环境（集团）股份有限公司	海南瑞泽新型建材股份有限公司	瑞茂通供应链管理股份有限公司
东莞勤上光电股份有限公司	科林环保装备股份有限公司	山东新华锦国际股份有限公司
大连圣亚旅游控股股份有限公司	江苏秀强玻璃工艺股份有限公司	长春奥普光电技术股份有限公司
江苏雷科防务科技股份有限公司	广东派生智能科技股份有限公司	山东鲁阳节能材料股份有限公司
渤海汽车系统股份有限公司	南京新联电子股份有限公司	青岛特锐德电气股份有限公司
哈尔滨誉衡药业股份有限公司	镇江东方电热科技股份有限公司	山东美晨生态环境股份有限公司
四川东材科技集团股份有限公司	无锡雪浪环境科技股份有限公司	棕榈生态城镇发展股份有限公司
郑州宇通客车股份有限公司	深圳市兆驰股份有限公司	成都天翔环境股份有限公司
河南恒星科技股份有限公司	众业达电气股份有限公司	中再资源环境股份有限公司
河南易成新能源股份有限公司	深圳英飞拓科技股份有限公司	中国振华（集团）科技股份有限公司
新天科技股份有限公司	中电环保股份有限公司	贵州航天电器股份有限公司
深圳美丽生态股份有限公司	鸿利智汇集团股份有限公司	河南豫能控股股份有限公司
凯迪生态环境科技股份有限公司	广东溢多利生物科技股份有限公司	广东新劲刚新材料科技股份有限公司
湖北菲利华石英玻璃股份有限公司	深圳市瑞丰光电子股份有限公司	陕西宝光真空电器股份有限公司
恒立实业发展集团股份有限公司	广州迪森热能技术股份有限公司	西安宝德自动化股份有限公司

续表

湖南中科电气股份有限公司	广州发展集团股份有限公司	陕西坚瑞沃能股份有限公司
中联重科股份有限公司	桂林旅游股份有限公司	中节能环保装备股份有限公司
中国南玻集团股份有限公司	海马汽车股份有限公司	银亿股份有限公司
飞亚达（集团）股份有限公司	江苏润邦重工股份有限公司	大禹节水集团股份有限公司
深圳市桑达实业股份有限公司	财信地产发展集团股份有限公司	广东新会美达锦纶股份有限公司
广东韶能集团股份有限公司	重庆长安汽车股份有限公司	青海盐湖工业股份有限公司
四川省新能源动力股份有限公司	宁夏新日恒力钢丝绳股份有限公司	中冶美利云产业投资股份有限公司
广州智光电气股份有限公司	四川浩物机电股份有限公司	广东科达洁能股份有限公司
广东雪莱特光电科技股份有限公司	四川金宇汽车城（集团）股份有限公司	新疆塔里木农业综合开发股份有限公司
深圳奥特迅电力设备股份有限公司	四川金顶（集团）股份有限公司	四川雅化实业集团股份有限公司
中山大洋电机股份有限公司	东方电气股份有限公司	华西能源工业股份有限公司
深圳新宙邦科技股份有限公司	四川成飞集成科技股份有限公司	深圳天源迪科信息技术股份有限公司
维信诺科技股份有限公司		

附录 D：计算得到的 1 年期银行间同业拆借加权平均利率

单位：%

年份	2011	2012	2013	2014	2015	2016	2017	2018	2019	2020
加权平均利率	4.90	4.64	5.12	5.13	3.73	3.44	4.86	4.77	3.65	3.02

专著的前期基础科研成果

一、论文发表情况

[1] 李雪林，唐青生．微观金融杠杆率测算及合理波动阈值测度——基于我国农村地区存款类金融机构的农村金融视角［J］．西南民族大学学报（人文社会科学版）（CSSCI），2018（10）：108－115．后被中国人民大学复印资料《金融与保险》全文转载，2018（12）：129－137．

[2] 白崭，李雪林（通讯作者），唐青生．信贷利率向上波动是否会引致绿色企业逆向融资？——基于利率市场化与绿色企业特征双重视角［J］．经济问题探索（CSSCI），2021（12）：149－159．

[3] Li Xuelin, Tang Qingsheng. Research on the Connotation, Mechanism and Practice of Green Finance Based on the Analysis of Big Data [J]. Journal of Physics: ConferenceSeries, 2020, 1648 (10): 100－103.（EI 收录检索）

[4] Li Xuelin, Tang Qingsheng. Using Big Data Technology to Assist in the Analysis of China's Green Finance Development Issues and Path Innovation [J]. Journal of Physics: ConferenceSeries, 2021, 1744 (2): 74－77.（EI 收录检索）

[5] Li Xuelin, Tang Qingsheng. An Empirical Study on the Effect of Green Finance Development on Green Economy in China [J]. Advances in Educational Technology and Psychology, 2019, 22 (11): 85－88.

[6] 李雪林，唐青生．绿色经济视阈下农村金融发展对碳排放有何影响？［J］．农村金融研究，2020（1）：44－51．

[7] 李雪林，唐青生，袁天昂．对我国普惠金融发展问题的几点思考［J］．时代金融，2019（7）：89－92．

[8] 李雪林，唐青生．新时代背景下的中国与菲律宾金融合作研究［J］．时代金融，2019（8）：1－3．

二、主要科研课题

1.（参与）云南省乡村振兴战略的金融支持研究，云南省哲学社会科学创新团队科研项目（一般项目），已结题，2018 年 8 月至 2020 年 7 月；

2.（参与）云南农信社改制农商行：效率变化、规模经济与政策调整研究，云南省哲学社会科学研究基地项目（重点项目），已结题，2019 年 5 月至 2020 年 7 月；

3.（参与）绿色财政视阈下我国财政政策影响机制与演进，云南省教育厅科学研究基金研究生项目（一般项目），已结题，2020 年 3 月至 2021 年 2 月。

三、所获的奖励

1. 博士研究生学业奖学金（一等）2020—2021 学年；
2. 博士研究生学业奖学金（一等）2019—2020 学年；
3. 博士研究生学业奖学金（一等）2018—2019 学年；
4. 博士研究生学业奖学金（二等）2017—2018 学年；
5. 云南省研究生优秀成果奖 2019 年；
6. 第十二届中华发展经济学年会优秀论文二等奖 2018 年，论文名称：微观金融杠杆率测算及合理波动阈值测度；
7. 第十三届中国农村金融发展论坛优秀论文二等奖 2019 年，论文名称：绿色经济视阈下农村金融发展对碳排放有何影响？

参考文献

［1］安国俊．碳中和目标下的绿色金融创新路径探讨［J］．南方金融，2021（2）：3－12.

［2］安国俊，訾文硕．绿色金融推动自贸区可持续发展探讨［J］．财政研究，2020（5）：117－129.

［3］安同信，侯效敏，杨杨．中国绿色金融发展的理论内涵与实现路径研究［J］．东岳论丛，2017，38（6）：92－100.

［4］安伟．绿色金融的内涵、机理和实践初探［J］．经济经纬，2008（5）：156－158.

［5］巴曙松，丛钰佳，朱伟豪．绿色债券理论与中国市场发展分析［J］．杭州师范大学学报（社会科学版），2019，41（1）：91－106.

［6］白钦先．金融可持续发展研究导论［M］．北京：中国金融出版社，2001.

［7］白钦先．政策性金融功能研究——兼论中国政策性金融发展［M］．北京：中国金融出版社，2008.

［8］白崭，李雪林，唐青生．绿信贷利率向上波动是否会引致绿色企业逆向融资？——基于利率市场化与绿色企业特征双重视角［J］．经济问题探索，2021（12）：149－159.

［9］曹廷求，张翠燕，杨雪．绿色信贷政策的绿色效果及影响机制——基于中国上市公司绿色专利数据的证据［J］．金融论坛，2021（5）：7－17.

［10］陈楚．产业绿色发展：政府行为、企业意愿与民间资本选择［J］．河海大学学报（哲学社会科学版），2019，21（2）：57－68.

［11］陈经伟，姜能鹏，李欣．“绿色金融”的基本逻辑、最优边界与取向选择［J］．改革，2019（7）：119－131.

［12］陈青青．绿色金融发展对技术进步、经济增长的影响——基于

PVAR 模型的实证研究 [D]. 武汉：华中科技大学，2019.

[13] 陈诗一. 能源消耗、二氧化碳排放与中国工业的可持续发展 [J]. 经济研究，2009 (4)：41 - 55.

[14] 陈诗一. 绿色金融概论 [M]. 上海：复旦大学出版社，2019.

[15] 陈诗一，张建鹏，刘朝良. 环境规制、融资约束与企业污染减排——来自排污费标准调整的证据 [J]. 金融研究，2021 (9)：51 - 71.

[16] 陈向阳. 金融结构、技术创新与碳排放：兼论绿色金融体系发展 [J]. 广东社会科学，2020 (4)：41 - 50.

[17] 程翠云，李雅婷，董战峰. 打通"两山"转化通道的绿色金融机制创新研究 [J]. 环境保护，2020，48 (12)：35 - 39.

[18] 程强，武笛. 科技创新驱动传统产业转型升级发展研究 [J]. 科学管理研究，2015 (4)：58 - 61.

[19] 代凯，邱倩. 利率市场化改革对企业融资约束的影响研究——来自我国上市公司的经验证据 [J]. 金融监管研究，2019 (6)：70 - 84.

[20] 戴严科，林曙. 利率波动、融资约束与存货投资——来自中国制造业企业的证据 [J]. 金融研究，2017 (4)：95 - 111.

[21] 邓翔. 绿色金融研究综述 [J]. 中南财经政法大学学报，2012 (6)：67 - 71.

[22] 丁辉. 双碳背景下中国气候投融资政策与发展研究 [D]. 合肥：中国科学技术大学，2021.

[23] 丁攀，金为华，陈楠. 绿色金融发展、产业结构升级与经济可持续增长 [J]. 南方金融，2021 (2)：13 - 24.

[24] 董晓红，富勇. 绿色金融和绿色经济耦合发展空间动态演变分析 [J]. 工业技术经济，2018 (12)：94 - 100.

[25] 董晓红，年维. 绿色金融发展水平的空间关联研究 [J]. 金融理论与实践，2020 (8)：27 - 33.

[26] 董晓红，年维. 中国绿色金融发展对区域经济支持水平空间关联研究 [J]. 工业技术经济，2020 (12)：62 - 69.

[27] 杜莉，韩丽娜. 论碳金融体系及其运行架构 [J]. 吉林大学社会科学学报，2010 (5)：57 - 63.

［28］杜莉，张鑫．绿色金融、社会责任与国有商业银行的行为选择［J］．吉林大学社会科学学报，2012（5）：82－89.

［29］杜莉，郑立纯．我国绿色金融政策体系的效应评价——基于试点运行数据的分析［J］．清华大学学报（哲学社会科学版），2019，34（1）：173－182.

［30］杜莉，郑立纯．中国绿色金融政策质量评价研究［J］．武汉大学学报（哲学社会科学版），2020，73（3）：115－129.

［31］范德成，张修凡．绿色金融改革创新对低碳企业可持续发展能力的影响研究［J］．科学管理研究，2021，39（3）：85－90.

［32］方春．绿色金融发展对我国环境全要素生产率的影响研究［D］．南昌：江西财经大学，2019.

［33］房宏琳，杨思莹．金融科技创新与城市环境污染［J］．经济学动态，2021（8）：116－130.

［34］方灏，马中．论环境金融的内涵及外延［J］．生态经济，2010（9）：50－53.

［35］傅京燕，原宗琳．商业银行的绿色金融发展路径研究——基于“供给—需求”改革对接的新视角［J］．暨南学报（哲学社会科学版），2018，40（1）：36－46.

［36］傅亚平，彭政钦．绿色金融发展、研发投入与区域经济增长——基于省级面板门槛模型的实证［J］．统计与决策，2020（21）：120－124.

［37］高锦杰，张伟伟．绿色金融对我国产业结构生态化的影响研究——基于系统 GMM 模型的实证检验［J］．经济纵横，2021（2）：105－115.

［38］高晓燕，高歌．绿色信贷规模与商业银行竞争力的关系探究［J］．经济问题，2018（7）：15－21.

［39］高晓燕，王治国．绿色金融与新能源产业的耦合机制分析［J］．江汉论坛，2017（11）：42－47.

［40］龚斯闻，赵国栋，马晓鋆．绿色金融的发展逻辑与演进路径——基于要素解构的视角［J］．经济问题探索，2019（10）：184－189.

［41］管志贵．中国碳排放权交易机制的作用机理及优化路径研究［D］．深圳：深圳大学，2019.

［42］郭丽虹，马文杰．融资约束与企业投资——现金流量敏感度的再检

验：来自中国上市公司的证据［J］. 世界经济，2009（2）：77－87.

［43］国务院发展研究中心“绿化中国金融体系”课题组，张承惠，谢孟哲等. 发展中国绿色金融的逻辑与框架［J］. 金融论坛，2016（2）：17－28.

［44］韩丰霞，肖汉杰，彭定洪，霍姝宇. 经济新常态下绿色金融发展动力问题探究——基于政府、银行和企业三方博弈关系［J］. 经济与管理评论，2017，33（5）：88－94.

［45］何凌云，吴晨，钟章奇，等. 绿色信贷、内外部政策及商业银行竞争力——基于9家上市商业银行的实证研究［J］. 金融经济学研究，2018，33（1）：91－103.

［46］何茜. 绿色金融的起源、发展和全球实践［J］. 西南大学学报（社会科学版），2021，47（1）：83－94.

［47］胡晖，张璐. 利率市场化对成长型企业融资约束的影响——基于对中小板企业的研究［J］. 经济评论，2015（5）：141－153.

［48］胡梅梅，邓超，唐莹. 绿色金融支持“两型”产业发展研究［J］. 经济地理，2014，34（11）：107－111.

［49］胡梦达，郑浩然. 绿色金融风险评价指标体系构建与治理对策［J］. 统计与决策，2020（24）：100－112.

［50］胡一举. 金融科技驱动绿色金融发展的研究［D］. 长春：吉林大学，2020.

［51］黄建欢，吕海龙，王良健. 金融发展影响区域绿色发展的机理——基于生态效率和空间计量的研究［J］. 地理研究，2014，33（3）：532－545.

［52］黄建欢. 区域异质性、生态效率与绿色发展［M］. 北京：中国社会科学出版社，2016.

［53］吉阳. 绿色金融发展水平的测度比较分析［J］. 青海金融，2019（6）：16－19.

［54］纪洋，谭语嫣，黄益平. 金融双轨制与利率市场化［J］. 经济研究，2016（6）：45－57.

［55］江红莉，王为东，王露，等. 中国绿色金融发展的碳减排效果研究——以绿色信贷与绿色风投为例［J］. 金融论坛，2020（11）：39－49.

［56］蒋先玲，徐鹤龙. 中国商业银行绿色信贷运行机制研究［J］. 中国

人口·资源与环境，2016，26（S1）：490－492.

［57］蒋先玲，张庆波．发达国家绿色金融理论与实践综述［J］．中国人口·资源与环境，2017，27（S1）：323－326.

［58］姜再勇，魏长江．政府在绿色金融发展中的作用、方式与效率［J］．兰州大学学报（社会科学版），2017，45（6）：108－114.

［59］剧宇宏．绿色经济与绿色金融法律制度创新［J］．求索，2009（7）：137－139.

［60］柯翌娜．积极发挥再保险在环责险中的巨大作用［N］．中国保险报，2018－09－04.

［61］蓝虹．商业银行环境风险管理［M］．北京：中国金融出版社，2012.

［62］雷汉云，王旭霞．环境污染、绿色金融与经济高质量发展［J］．统计与决策，2020（15）：18－22.

［63］李国成．横纵向两维研究视角下青海绿色金融发展水平评价［J］．商业经济，2019（6）：169－171.

［64］李虹，袁颖超，王娜．区域绿色金融与生态环境耦合协调发展评价［J］．统计与决策，2019（8）：161－164.

［65］李建，窦尔翔．绿色金融发展的现实困境与塔福域治理模式构建［J］．福建论坛·人文社科版，2020（8）：113－125.

［66］李建涛，梅德文．绿色金融市场体系：理论依据、现状和要素扩展［J］．金融论坛，2021（6）：17－27.

［67］李均红．环境规制强度及绿色金融发展对我国A股上市重污染企业绩效的影响研究［D］．重庆：重庆工商大学，2021.

［68］李琳．基于大气治理视角的我国绿色金融创新发展研究［D］．北京交通大学，2017.

［69］李楠博，高晨磊，臧云特．绿色技术创新、环境规制与绿色金融的耦合协调机制研究［J］．科学管理研究，2021，39（2）：100－108.

［70］李仁杰．市场化与绿色金融发展［J］．中国金融，2014（4）：17－19.

［71］李戎，刘璐茜．绿色金融与企业绿色创新［J］．武汉大学学报（哲学社会科学版），2021，74（6）：126－140.

［72］李善民．奖惩机制下绿色信贷的演化博弈分析［J］．金融监管研

究，2019（5）：83－98.

［73］李善民．供需视角下推动绿色金融持续发展微观机制研究［J］．当代经济管理，2021，43（12）：76－84.

［74］李淑文．低碳发展视域下的绿色金融创新研究——以兴业银行的实践探索为例［J］．中国人口·资源与环境，2016，26（S1）：14－16.

［75］李晓西．绿色金融盈利性与公益性关系分析［J］．金融论坛，2017，22（5）：3－11.

［76］李晓西．中国绿色发展指数报告［M］．北京：北京师范大学出版社，2017.

［77］李云燕，殷晨曦．绿色信贷信用风险转移模型构建与路径选择分析［J］．中央财经大学学报，2017（11）：50－57.

［78］连莉莉．绿色信贷影响企业债务融资成本吗？——基于绿色企业与“两高”企业的对比研究［J］．金融经济学研究，2015（5）：83－93.

［79］连玉君，苏治，丁志国．现金—现金流敏感性能检验融资约束假说吗？［J］．统计研究，2008（10）：92－99.

［80］林伯强，蒋竺均．中国二氧化碳的环境库兹涅茨曲线预测及影响因素分析［J］．管理世界，2009（4）：27－36.

［81］林德简，陈加利，邱国玉．中国环保产业的绿色金融支持因子研究——基于中证环保产业50指数成分股的实证分析［J］．工业技术经济，2018，37（5）：129－135.

［82］林毅夫，孙希芳，姜烨．经济发展中的最优金融结构理论初探［J］．经济研究，2009（8）：45－49.

［83］刘华珂，何春．绿色金融促进城市经济高质量发展的机制与检验——来自中国272个地级市的经验证据［J］．投资研究，2021，40（7）：37－52.

［84］刘乃贵，吴桐．绿色金融法律保障机制研究［J］．财经科学，2017（10）：47－57.

［85］刘婧宇，夏炎，林师模，等．基于金融CGE模型的中国绿色信贷政策短中长期影响分析［J］．中国管理科学，2015，23（4）：46－52.

［86］刘强，王伟楠，陈恒宇．《绿色信贷指引》实施对重污染企业创新绩效的影响研究［J］．科研管理，2020，41（11）：100－112.

［87］刘锡良，文书洋．中国的金融机构应当承担环境责任吗？［J］．经济研究，2019（3）：38－52.

［88］刘霞，何鹏．绿色金融在中部地区经济发展中的影响效应研究［J］．工业技术经济，2019，38（3）：76－84.

［89］刘玚，植率，王学龙．融资规模、融资结构与实体经济发展——基于我国金融供给侧改革研究［J］．西南民族大学学报（人文社会科学版），2017（5）：138－143.

［90］刘尧．我国绿色金融发展机制及路径创新研究［D］．昆明：云南财经大学，2020.

［91］卢雁，唐士亚，吴瑕．香港绿色金融的政府主导发展模式及其启示［J］．亚太经济，2021（5）：146－152.

［92］陆宗锴．供给侧结构性改革背景下的绿色金融发展研究［D］．杭州：浙江大学，2018.

［93］马弘，郭于玮．利率市场化与信贷歧视——基于2004年贷款利率改革的倍差法检验［R］．经济研究工作报告，2016.

［94］马骏．论构建中国绿色金融体系［J］．金融论坛，2015（5）：18－27.

［95］马骏．中国绿色金融的发展与前景［J］．经济社会体制比较，2016（6）：25－32.

［96］马骏．国际绿色金融发展与案例分析［M］．北京：中国金融出版社，2017.

［97］马骏．构建中国绿色金融体系［M］．北京：中国金融出版社，2017.

［98］马骏等．构建支持绿色技术创新的金融服务体系［M］．北京：中国金融出版社，2020.

［99］马骏，孟海波，邵丹青，等．绿色金融、普惠金融与绿色农业发展［J］．金融论坛，2021（3）：3－9.

［100］麦均洪，徐枫．基于联合分析的我国绿色金融影响因素研究［J］．宏观经济研究，2015（5）：23－37.

［101］孟科学，严清华．绿色金融与企业生态创新投入结构优化［J］．科学学研究，2017，35（12）：1886－1895.

［102］宁金辉，苑泽明，王晓祺．绿色信贷政策与企业过度投资［J］．金融论坛，2021（6）：7－16.

［103］宁伟，佘金花．绿色金融与宏观经济增长动态关系实证研究［J］．求索，2014（8）：62－66.

［104］牛海鹏，张夏羿，张平淡．我国绿色金融政策的制度变迁与效果评价——以绿色信贷的实证研究为例［J］．管理评论，2020，32（8）：3－12.

［105］戚湧，王明阳．绿色金融政策驱动下的企业技术创新博弈研究［J］．工业技术经济，2019，38（1）：3－10.

［106］乔琴，樊杰，孙勇，宋邱惠．“一带一路”沿线省域绿色金融测度及影响因素研究［J］．工业技术经济，2021（7）：120－126.

［107］邵传林，段博．绿色金融与创新驱动发展的耦合机制研究［J］．西安财经学院学报，2019，32（5）：5－12.

［108］邵光学．我国绿色金融研究述评［J］．湖南社会科学，2019（3）：128－135.

［109］沈璐，廖显春．绿色金融改革创新与企业履行社会责任——来自绿色金融改革创新试验区的证据［J］．金融论坛，2020（10）：69－80.

［110］史代敏，施晓燕．绿色金融与经济高质量发展：机理、特征与实证研究［J］．统计研究，2022，39（1）：31－48.

［111］宋国青．利率的波动与企业融资成本［C］．“CMRC 中国经济观察”第38 次季度报告会，北京大学国家发展研究院，会议论文集，2014（38）：41－47.

［112］苏冬蔚，连莉莉．绿色信贷是否影响重污染企业的投融资行为?［J］．金融研究，2018（12）：123－137.

［113］孙彦红．德国与英国政策性银行的绿色金融实践比较及其启示［J］．欧洲研究，2018，36（1）：26－40.

［114］孙莹，孟瑶．绿色金融政策与绿色技术创新——来自绿色金融改革创新试验区的证据［J］．学术交流，2021（11）：126－138.

［115］田慧芳．绿色金融发展中的政府行为——基于欧美国家的经验分析［J］．国际经济合作，2016（11）：27－32.

［116］王殿武．绿色信贷对绿色低碳技术进步的经济效应研究［D］．长

春：吉林大学，2020.

［117］王东静，张祥建．利率市场化、企业融资与金融机构信贷行为研究［J］．世界经济，2007（2）：50－59.

［118］王凤荣，王康仕．绿色金融的内涵演进、发展模式与推进路径——基于绿色转型视角［J］．理论学刊，2018（3）：59－66.

［119］王凤荣，王康仕．“绿色”政策与绿色金融配置效率——基于中国制造业上市公司的实证研究［J］．财经科学，2018（5）：1－13.

［120］王静．我国绿色金融发展驱动因素与进展研究［J］．经济体制改革，2019（5）：136－142.

［121］王康仕，孙旭然，王凤荣．绿色金融发展、债务期限结构与绿色企业投资［J］．金融论坛，2019（7）：9－19.

［122］王康仕，孙旭然，王凤荣．绿色金融、融资约束与污染企业投资［J］．当代经济管理，2019（8）：83－96.

［123］王康仕，孙旭然，张林曦，等．金融数字化是否促进了绿色金融发展？——基于中国工业上市企业的实证研究［J］．财经论丛，2020（9）：44－53.

［124］王丽萍，徐佳慧，李创．绿色金融政策促进企业创新的作用机制与阶段演进［J］．学术交流，2021，35（12）：81－87.

［125］王娜．环境意识与绿色金融：基于环境意识对资产价格影响与碳价预测的研究［D］．厦门：厦门大学，2018.

［126］王韧．中国绿色金融治理效应评估及绿色政策选择——基于334家公众公司的微观数据［J］．宏观经济研究，2021（6）：133－145.

［127］汪炜，戴雁南，乔桂明．绿色信贷政策对商业银行竞争力影响研究——基于区域性商业银行的准自然实验［J］．财经问题研究，2021（8）：62－71.

［128］王文，崔震海，刘锦涛．后疫情时代中国经济绿色复苏的契机、困境与出路［J］．学术探索，2021（3）：77－86.

［129］王小江．绿色金融关系论［M］．北京：人民出版社，2017.

［130］王馨，王营．绿色信贷政策增进绿色创新研究［J］．管理世界，2021（6）：173－189.

［131］王修华，刘锦华，赵亚雄．绿色金融改革创新试验区的成效测度［J］．数量经济技术经济研究，2021（10）：107－127.

［132］王修华，刘娜．我国绿色金融可持续发展的长效机制探索［J］．理论探索，2016（4）：99－106.

［133］王遥，潘冬阳，彭俞超，等．基于DSGE模型的绿色信贷激励政策研究［J］．金融研究，2019（11）：1－18.

［134］王遥，潘冬阳，张笑．绿色金融对中国经济发展的贡献研究［J］．经济社会体制比较，2016（6）：33－42.

［135］巫剑飞．浙江省绿色金融发展水平测度研究［J］．现代商贸工业，2019（30）：3－6.

［136］西南财经大学发展研究院、环保部环境与经济政策研究中心课题组，李晓西，夏光，蔡宁．绿色金融与可持续发展［J］．金融论坛，2015，20（10）：30－40.

［137］夏诗园．绿色金融的内涵、现实问题及国际经验［J］．区域金融研究，2021（4）：44－48.

［138］谢乔昕．环境规制、绿色金融发展与企业技术创新［J］．科研管理，2021，42（6）：65－72.

［139］熊邦娟．绿色金融发展对我国能源消费结构的影响研究［D］．重庆：重庆工商大学，2021.

［140］徐政，江小鹏．绿色金融支持碳中和：现状、机理与路径［J］．学术交流，2021（10）：78－87.

［141］严然．我国绿色金融发展支持产业结构转型升级效应的计量研究［D］．南昌：江西财经大学，2021.

［142］杨娟．促进绿色金融发展的公共治理道路探析——基于国家职责的视角［C］．北京：中国软科学研究会会议论文集，2016：235－244.

［143］杨涛，杜晓宇．绿色金融：助力碳达峰、碳中和［M］．北京：人民日报出版社，2021.

［144］杨阳，王国松．绿色金融发展水平测度——以上海为例［J］．海南金融，2017（4）：20－26.

［145］杨熠，李余晓璐，沈洪涛．绿色金融政策、公司治理与企业环境

信息披露——以502家重污染行业上市公司为例［J］．财贸研究，2011，22（5）：131－139.

［146］姚星垣．绿色金融50问［M］．杭州：浙江工商大学出版社，2021.

［147］尹子擘，孙习卿，邢茂源．绿色金融发展对绿色全要素生产率的影响研究［J］．统计与决策，2021（3）：139－144.

［148］于波．绿色信贷政策如何影响重污染企业技术创新［J］．经济管理，2021（11）：35－51.

［149］于冬菊．金融机构发展绿色金融的影响因素研究——基于先行国家的实证检验［J］．财经问题研究，2017（12）：53－60.

［150］俞岚．绿色金融发展与创新研究［J］．经济问题，2016（1）：78－81.

［151］余明桂，钟慧洁，范蕊．民营化、融资约束与企业创新——来自中国工业企业的证据［J］．金融研究，2019（4）：75－91.

［152］袁飞飞，张友棠．贷款利率波动、融资约束与企业绩效［J］．财会通讯，2019（33）：30－34.

［153］袁丽兰．英国绿色金融发展研究［D］．长春：吉林大学，2018.

［154］岳永生．绿色金融发展水平测度及比较分析——基于绿色金融改革创新试验五省区的实践经验［J］．区域金融研究，2019（4）：34－38.

［155］詹小颖．我国绿色金融发展的实践与制度创新［J］．宏观经济管理，2018（1）：41－48.

［156］张丽．我国绿色金融发展的经济与环境效应研究［D］．徐州：中国矿业大学，2019.

［157］张莉莉，肖黎明，高军峰．中国绿色金融发展水平与效率的测度及比较——基于1040家公众公司的微观数据［J］．统计与决策，2018（9）：100－112.

［158］张木林，赵魁．基于空间溢出效应的绿色金融与企业全要素生产率关系研究［J］．技术经济，2021，40（5）：64－72.

［159］张平淡．绿色金融的探索与发展［J］．中国高校社会科学，2018（1）：43－50.

［160］张小可，葛晶．绿色金融政策的双重资源配置优化效应研究［J］．

产业经济研究，2021（6）：15－28.

［161］张修凡，范德成．我国碳排放权交易机制和绿色信贷制度支持低碳技术创新的路径研究［J］．湖北社会科学，2021（11）：71－83.

［162］张璇，刘贝贝，汪婷，李春涛．信贷寻租、融资约束与企业创新［J］．经济研究，2017（5）：161－174.

［163］张一凡，董晓红，吴井泉．广东省绿色金融发展水平测度——基于遗传算法优化的神经网络模型的研究［J］．对外经贸，2018（10）：95－101.

［164］张玉．京津冀地区绿色金融发展水平测度探究［J］．中国市场，2016（21）：31－32.

［165］张岳，周应恒．绿色金融“漂绿”现象的成因与防范：来自日本的经验启示［J］．现代日本经济，2021（5）：79－94.

［166］郑立纯．中国绿色金融政策的质量与效应评价［D］．长春：吉林大学，2020.

［167］中国工商银行绿色金融课题组，张红力，周月秋，等．ESG 绿色评级及绿色指数研究［J］．金融论坛，2017，22（9）：3－14.

［168］中国工商银行绿色金融课题组，周月秋，殷红，等．商业银行构建绿色金融战略体系研究［J］．金融论坛，2017，22（1）：3－16.

［169］中国金融学会绿色金融专业委员会．绿色金融的机遇与展望：名家解读中国绿色发展［M］．北京：中国金融出版社，2021.

［170］周纪昌．国外金融与环境保护的理论与实践［J］．金融理论与实践，2004（10）：60－62.

［171］周腾，田发．中国区域绿色金融发展水平的测度分析——基于不同经济发展阶段的视角［J］．经济研究导刊，2019（33）：60－62.

［172］祝佳，郑文华，吴非．利率市场化、生命周期与企业融资约束［J］．商业经济与管理，2020（3）：50－62.

［173］朱宁，赖晓璇．我国绿色信贷效率评价及改善路径研究［J］．金融监管研究，2020（6）：41－58.

［174］朱四荣．绿色金融对经济发展的影响研究［D］．南昌：江西财经大学，2019.

［175］朱向东，黄永源，朱晟君，等．绿色金融影响下中国污染性产业

技术创新及其空间差异［J］. 地理科学，2021，41（5）：777 -787.

［176］左正龙. 绿色金融创新助力乡村振兴：机制、困境、路径［J］. 学术交流，2021（9）：83 -95.

［177］Aghion P, Bergeaud A, Cette G, et al. Coase Lecture - The Inverted - U Relationship Between Credit Access and Productivity Growth［J］. Economica, 2019, 86（341）: 1 -31.

［178］Anna Geddes, Tobias S. Schmidt, Bjarne Steffen. The multiple roles of state investment banks in low - carbon energy finance: An analysis of Australia, the UK and Germany［J］. Energy Policy, 2018（115）: 158 -170.

［179］Artur Tamazian, Juan Pieiro Chousa, Krishna Chaitanya Vadlamannati. Does Higher Economic and Financial Development Lead to Environmental Degradation: Evidence from BRIC Countries［J］. Energy Policy, 2009（37）: 246 -253.

［180］Bert S. Borrowing green: Economic and environmental effects of green fiscal policy in the Netherlands［J］. Ecological Economics, 2001, 39（3）: 425 -435.

［181］Bert Scholtens, Lammertjan Dam. Banking on the Equator. Are Banks That Adopted the Equator Principles Different from Non - Adopters［J］. World Development, 2007, 35（8）.

［182］Brennan M. J., Schwartz, E. S. Evaluating Natural Resourse Investments［J］. Journal of Business, 1985, 58（2）.

［183］Carolyn F. Environmental Protection for Sale: Strategic Green Industrial Policy and Climate Finance［J］. Environmental and Resource Economics, 2017, 66（3）: 553 -575.

［184］Chami R, Cosimano T F, Fullenkamp C. Managing Ethical Risk: How Investing in Ethics Adds Value［J］. Journal of Banking and Finance, 2002（26）: 1697 -1781.

［185］China Banking Association. Green Credit［M］. Bei jing: China Financial Publishing House, 2018.

［186］Chengchao Lv, Baocheng Bian, Chien - Chiang Lee, Zhiwen He. Regional gap and the trend of green finance development in China［J］. Energy Economics, 2021, 102, Article No. 105476.

[187] Chiara C. , Carlo M. Environmental policies and risk finance in the green sector: Cross - country evidence [J]. Energy Policy, 2015, 83 (8): 38 -56.

[188] Chin - Hsien Yu, Xiuqin Wu, Dayong Zhang, Shi Chen, Jinsong Zhao. Demand for green finance: Resolving financing constraints on green innovation in China [J]. Energy Policy, 2021, 153, Article No. 112255.

[189] Chris Wright. Green finance: Cleaning up in China [J]. Euro - money, 2007 (9).

[190] Climent, F. , Soriano, P. Green and Good? The Investment Performance of US Environmental Mutual Funds [J]. Journal of Business Ethics, 2011 (2).

[191] Cortazar, G. , Schwartz, E. S. A Compound Option Model of Production an Inventories [J]. Journal of Business, 1993, 66 (4).

[192] Cowan, E. Topical Issues in Environmental Finance [Z]. Research Paper was Commissioned by the Asia Branch of the Canadian International Development Agency (CIDA), 1999 (1): 1 -20.

[193] Dong - xiao Y. , Zi - yue C. , Yong - cong Y. , Pu - yan N. Green financial policies and capital flows [J]. Physica A: Statistical Mechanics and its Applications, 2019, 522 (5): 135 - 146.

[194] Farhad Taghizadeh - Hesary, Naoyuki Yoshino. The way to induce private participation in green finance and investment [J]. Finance Research Letters, 2019 (31): 98 - 103.

[195] Galema, R. , Auke, P. , Bert, S. The Stocks at Stake: Return and Risk in Socially Responsible Investment [J]. Journal of Banking and Finance, 2008 (32).

[196] Garcia B. , Roberts E. . Carbon finance environmental market solutions to climate change [R]. Working Papers, Yale School of Forestry and Environmental Studies, 2008.

[197] Gelos, G. , and M. Werner. Financial Liberalization, Credit Constraints and Collateral: Investment in the Mexican Manufacturing Sector [J]. Journal of Development Economics, 2002 (1): 1 -27.

[198] Gianfranco G. , Mattia P. The green advantage: Exploring the conven-

ience of issuing green bonds [J]. Journal of Cleaner Production, 2019, 219 (5): 127 - 135.

[199] Goldsmith R. Financial structure and economic development [M]. New Haven: Yale University Press, 1969.

[200] Graham, A., Maher, J. J. Environmental Liability Information and Bond Ratings [J]. Journal of Accounting, Auditing and Finance, 2000 (3).

[201] Grossman G. M., Krueger A. B. Economic growth and environment [J]. Quarterly Journal Economics, 1995, 110 (2): 353 - 377.

[202] Guangyou Zhou, Jieyu Zhu, Sumei Luo. The impact of fintech innovation on green growth in China: Mediating effect of green finance [J]. Ecological Economics, 2022, 193, Article No. 102476.

[203] Harris J R, Schiantarelli, Siregar. The Effect of Financial Liberalization on the Capital Structure and Investment Decisions of Indonesian Manufacturing Establishments [J]. World Bank Economic Review, 1994, 67 (1): 17 - 47.

[204] Hong RU. Government Credit, a Double - Edged Sword: Evidence from the China Development Bank [J]. Journal of Finance, 2018 (1): 275 - 316.

[205] Hoti, S., McAleer, M. An Empirical Assessment of Country Risk Ratings and Associated Models [J]. Journal of Economic Surveys, 2004 (18).

[206] Jan Christoph Steckel, Michael Jakob. The role of financing cost and de - risking strategies for clean energy investment [J]. International Economics, 2018 (155): 19 - 28.

[207] Jaramillo, D., Imperfect Information Uncertainty and Credit Rationing [J]. Quarterly Journal of Economics, 1996 (90): 651 - 666.

[208] Jeucken J. Sustainable Finance and Banking [M]. USA: The Earths Can Publication, 2006.

[209] Jose Salazar. Environmental Finance: Linking Two World [R]. Bratislava, Slovakia, 1998.

[210] Koo, J., and K. Maeng. The Effect of Financial Liberalization on Firms' Investments in Korea [J]. Journal of Asian Economics, 2005 (16): 281 - 297.

[211] Koo, J., and Shin S. Financial Liberalization and Corporate Invest-

ments: Evidence from Korean Firm Data [J]. Asian Economic Journal, 2004 (18): 277 -292.

[212] Kościelniak H., Górka A. Green Cities PPP as a Method of Financing Sustainable Urban Development [J]. Transportation Research Procedia, 2016, 16 (12): 227 -235.

[213] Kula E. History of environmental economic thought [M]. London: Routledge, 1998.

[214] Kultida K., Viganda V., Natanee V., Chanin P., Thumrongrut M. Thailand Green GDP assessment based on environmentally extended input - output model [J]. Journal of Cleaner Production, 2017, 167 (11): 970 -977.

[215] Labatt S, White R. Environmental Finance: A Guide to Environmental Risk Assessment and Financial Products [M]. Canada: John Wiley & Sons Inc, 2002.

[216] Laeven, L. Does Financial Liberalization Reduce Financing Constraints? [J]. Financial Management, 2003 (32): 5 -34.

[217] Lensink, R, and V. Hernesn, The Effect of Financial Liberalization on Capital Flight in African Economies [J]. World Development, 2002 (26): 1349 - 1368.

[218] Leonidas P., Kostas F., Panagiotis F. Macro - economic analysis of green growth policies: The role of finance and technical progress in Italian green growth [J]. Climatic Change, 2019. doi: 10.1007/s10584 -019 -02543 -1.

[219] Levenson, R., and K. Willard. Do Firms Get the Financing They Want? Measuring Credit Rationing Experienced by Small Businesses in the US [J]. Small Businesses Economics, 2000 (14): 83 -94.

[220] Liu ZF, Tao YC, Tian GX. Change of China's "Green" Financial Policy and Its Allocation Efficiency - An Empirical Study Based on the Listed Companies of China's Eco - industry [J]. Ekoloji, 2019, 28 (107): 3701 -3714.

[221] Magri, S. The Financing of Small Entrepreneurs in Italy [J]. Annals of Finance, 2009 (5): 397 -419.

[222] Marcel Jeucken. Sustainable Finance and Banking: The Financial Sector

and the Future of the Planet [M]. The Earthscan Publication Ltd., 2001.

[223] McKinnon R I. Money and capital in economic development [M]. Washington: Brookings Institution Press, 1973.

[224] Megan B., Stephen M. Resilience through interlinkage: The green climate fund and climate finance governance [J]. Climate Policy, 2019, 19 (3): 342-353.

[225] Michael Flaherty, Arkady Gevorkyan, Siavash Radpour, Willi Semmler. Financing climate policies through climate bonds - A three stage model and empirics [J]. Research in International Business and Finance, 2017 (42): 468-479.

[226] Muhammad Asif Khan, Hammad Riaz, Masood Ahmed, Abubakr Saeed. Does green finance really deliver what is expected? An empirical perspective [J]. Borsa Istanbul Review, 2021.

[227] Muhammad Saeed Meo, Mohd Zaini Abd Karim. The role of green finance in reducing CO_2 emissions: An empirical analysis [J]. Borsa Istanbul Review, 2021.

[228] Obstfeld M. Risk-Taking, Global Diversification, and Growth [J]. The American Economic Review, 1994, 84 (5): 1310-1329.

[229] Patrick H T. Financial development and economic growth in underdeveloped countries. Economic development and Cultural change, 1966, 14 (2): 174-189.

[230] Porter M E, Claas V D L. Toward a New Conception of the Environment-Competitiveness Relationship [J]. Journal of Economic Perspectives, 1995, 9 (4): 97-118.

[231] Robyn O., Geraldine B., Fergus L., Enabling investment for the transition to a low carbon economy: Government policy to finance early stage green innovation [J]. Current Opinion in Environmental Sustainability, 2018, 31 (4): 137-145.

[232] Sachs, J.. Climate change and intergenerational well-being. In: Lucas, B. willi, S. (Eds.), The Oxford handbook of the Macroeconomics of Global Warming [M]. Oxford University Press, Oxford, 2014.

[233] Salazar J. Environmental Finance: Linking Two World [Z]. Presented at a Workshop on Financial Innovations for Biodiversity Bratislava, 1998, (1): 2-18.

[234] Scholtens B. Finance as a Driver of Corporate Social Responsibility

[J]. Journal of Business Ethics, 2006, 68 (1): 19 – 33.

[235] Scholtens B, Dam L. Banking on the Equator: Are Banks that Adopted the Equator Principles Different from Non – Adopters [J]. World Development, 2007, 35 (8): 1307 – 1328.

[236] Schwartz, E. S. , Cortazar, G. , et al. Evaluating Environmental Investments: A Real Options Approach [J]. Management Science, 1998, 44 (8) .

[237] Segura S , Ferruz L, Garallo P, et al. Environmental versus economic performance in the EU ESTfrom the point of view of policy makers: A statistical analysis based on copulas [J]. Journal of Cleaner Production, 2018, 176 (3): 1111 – 1132.

[238] Shahbaz M, Solarin S A, Mahmood H, et al. Does Financial Development Reduce CO_2Emissions in Malaysian Economy? A Time Series Analysis [J]. Economic Modelling, 2013 (35) .

[239] Shengling Zhang, Zihao Wu, Yao Wang, Yu Hao. Fostering green development with green finance: An empirical study on the environmental effect of green credit policy in China [J]. Journal of Environmental Management, 2021, 296, Article No. 113159.

[240] Street P , Monaghan P E . Assessing the sustainability of bank service channels: The case of the co – operative bank [J]. Sustainable Banking the Greening of Finance, 2001 (16): 72 – 87.

[241] Sonia, Labatt, White Rodney R. Environmental Finance: A Guide to Environmental Risk Assessment and Financial Product [R]. John Wiley & Sons. Inc, 2002.

[242] Tadiwanashe Muganyi, Linnan Yan, Huaping Sun. Green finance, fintech and environmental protection: Evidence from China [J]. Environmental Science and Ecotechnology, 2021, 7, Article No. 100107.

[243] Tamazian A, Rao B B. Do economic, financial and institutional developments matter for environmental degradation? Evidence from transitional economies. Energy Economics, 2010, 32 (1) : 137 – 145.

[244] Tong Zhang, Hongfei Yue, Jing Zhou & Hao Wang. Technological inno-

vation paths toward green industry in China [J]. Chinese Journal of Population Resources and Environment, 2018, 16 (2): 97 - 108.

[245] Tony S. Australian Economic Review: Recent Articles [J]. Australian Economic Review, 2004, 37 (4): 1 - 2.

[246] Wang, J., W. Ke, S. Xuepeng, W. YiMing. 2Spatial Heterogeneity and Driving Forces of Environmental Productivity Growth In China: Would It Help to Switch Pollutant Discharge Fees to Environmental Taxes? Journal of Cleaner Production, 2019, 25 (223): 36 - 44.

[247] Wara M.. Is the Global Carbon Market Working [J]. Nature, 2007 (7128): 595.

[248] Wei W, Li P, Wang S, et al. CO_2 emission driving force and corresponding mitigation strategies under low - carbon economy mode: Evidence from China's Beijing - Tianjin - Heber region [J]. Chinese Journal of Population, Resources and Environment, 2017, 15 (2): 109 - 119.

[249] Whited, ToniM. Debt, Liquidity Constraints and Corporate Investment: Evidence from Panel Data [J]. Journal of Finance, 1992, 47 (4): 1425 - 1460.

[250] Xinghe L., Enxian W., Danting C. Green credit policy, property rights and debt financing: Quasi - natural experimental evidence from China [J]. Finance Research Letters, 2019, 29 (6): 129 - 135.

[251] Xinyue Wang, Qing Wang. Research on the impact of green finance on the upgrading of China's regional industrial structure from the perspective of sustainable development [J]. Resources Policy, 2021, 74, Article No. 102436.

[252] Xiuling Yin, Zhaoran Xu. An empirical analysis of the coupling and coordinative development of China's green finance and economic growth [J]. Resources Policy, 2022, 75, Article No. 102476.

[253] Yang D, Chen Z, Yang Y, et al. Green financial policies and capital flows [J]. Physica A: Statistical Mechanics and its Applications, 2019, 522: 135 - 146.

[254] Yannis D., Maria N., Giorgos G., Climate Change, Financial Stability and Monetary Policy [J]. Ecological Economics, 2018, 152 (10): 219 - 234.

[255] Yong Woon Chung, Kyung Nam Shin, Sang Hak Sohn. The Effects of

Climate Technology - related Development Finance on Greenhouse Gases Reduction [J]. Korea and the World Economy, 2018, 19 (2): 105 - 135.

[256] Youngho Chang. Green Finance in Singapore: Barriers and Solutions [R]. Adbi Working Paper Series, 2019, No. 915.

[257] Yuxue Yang, Xiang Su, Shuangliang Yao. Nexus between green finance, fintech, and high - quality economic development: Empirical evidence from China [J]. Resources Policy, 2021, 74, Article No. 102445.

[258] Zakaria Z, CO_2 emissions, renewable energy and the Environmental Kuznets Curve, a panel cointegration approach [J]. Renewable and Sustainable Energy Reviews, 2017, 72 (5): 1067 - 1075.

[259] Zhang B, Yang Y, Bi J. Tracking the implementation of green credit policy in China: Top - down perspective and bottom up reform [J]. Journal of environmental management, 2011, 92 (4): 1321 - 1327.

致　谢

时光荏苒、岁月如梭，转眼间已到了完成这部学术著作的日子。从学术著作开始构思到完成写作的这段日子里，我的心情始终无法平静，记忆中太多想感谢的人，我的师长、我的家人、我的同学，还有我的朋友，他们给予了我太多无私的教导、帮助、关心和理解，因为一直有你们的鼓励和肯定，才有了我今天的成果，才有了我今天完成该学术著作开始进入人生另一个新征程的丝丝喜悦。

感谢培养我的母校云南财经大学给予我读硕士和博士研究生继续深造的机会，同时也为我创造了一个良好的学习生活环境，真诚感谢培养单位云南财经大学金融学院以及经济学院及其各位老师和给我帮助的金融学院领导、老师们对我的教导和栽培，才能使我顺利完成该学术著作。

在完成该学术著作期间，我首先要感谢我的导师——唐青生教授，导师治学严谨，知识渊博，工作认真负责，品德高尚，为人和蔼可亲，生活简朴，热爱运动。唐老师在我学习生活中遇到困难时经常给予帮助、在情绪失落时给予鼓励、在骄傲自满时给予提醒，还常常教导我们要学会劳逸结合，多参加体育运动，强健体魄，只有一个好的身体才能更好地投入到紧张忙碌的学习中。师母陈爱华老师也经常关心我们的学习生活，在学习生活会上，气氛都非常和谐，充满欢声笑语，让我们真切感受到了家的浓浓情意。

此外，还要深深感谢我在云南财经大学攻读硕士和博士学位深造期间的所有授课老师专业细致的教导，以及相关部门的领导、老师在生活和学习上给予的关心和帮助，特别是金融学院熊德平老师、李江城老师、周伟老师、杨国辉老师；金融研究院龚刚老师、龙超老师；教务处王智勇老师等多位前辈。也要感谢一些云南财经大学的校外老师对我的悉心教导和帮助，特别要感谢施本植老师和文淑惠老师对我细心的指导和帮助。还要感谢经济学院的兰剑老师给我的支持和帮助，每一位老师都像是我前行路上的明灯，照亮了我前行的方向，给了我不断前行的动力。

关于我，我是出生于农村家庭，作为家里最小的孩子，从小父母对我严格要求，从上学开始就不断教导我要刻苦学习，用知识改变命运，平常父母在田间地头辛苦的干活挣钱供我们读书，学习方面由哥哥姐姐督促指导，父母家人不断的鞭策，让我从小养成了良好的学习习惯，为以后的求学生涯打下了基础。父母恩，用再多感谢的语言都不足以来表达，唯有用自己的实际行动来报答父母的养育之恩和哥哥姐姐在我成长道路上给我的陪伴和关怀。我已尽我最大的努力顺利完成了本科、硕士研究生和博士研究生学业。目前在云南财经职业学院任教，在此，也要深深感谢云南财经职业学院党委书记张金甫和校长邹丽对我支持和帮助出版这部学术专著，也使我更加充满信心在工作岗位上踏实工作，积极做好学术科研，学以致用，让远方的父母和哥哥姐姐放心。

在读博士深造期间，我也成家了，肩上又多了一份家庭的责任，感谢我的妻子杨琳，我也特别感谢岳父岳母像亲生儿子一样对我的照顾和关心，正是因为有了他们的陪伴和勉励，才能使我在学习生活中以及在撰写这部学术著作中遇到困难和挫折时，不气馁，不灰心，永远正能量满满地往前走。

最后，我也要感谢在学校读书学习的这几年里，师弟和师妹们的帮助，共同进步，从他们身上，我也学习到了许多优秀的品质，感谢他们，同时，也要感谢和我一起研讨该著作学的朋友们，特别要感谢叶小娇、李玲娟、陈俊杰以及刘忠舟等各位朋友对该著作的大力支持；在这几年生活中，感谢陪伴我的一些朋友们，特别要感谢代杰、张立雄等对我生活和学习以及在撰写该著作中寻找数据方面的莫大帮助。